3급

기업
회계

초보자 30일 완성

기업회계 3급
초보자 30일 완성

초판 발행	2018년 3월 30일
개정판 발행	2026년 1월 30일

편 저 자 ｜ 유준수, 자격시험연구소
발 행 처 ｜ (주)서원각
등록번호 ｜ 1999-1A-107호
주　　소 ｜ 경기도 고양시 일산서구 덕산로 88-45(가좌동)
대표번호 ｜ 031-923-2051
팩　　스 ｜ 031-923-3815
교재문의 ｜ 카카오톡 플러스 친구 [서원각]
홈페이지 ｜ goseowon.com

기업회계 3급은 재무회계와 원가회계를 중심으로 한 기업회계의 이론과 실무 능력을 평가하는 자격시험이다. 회계원리에 대한 기본적인 이해를 바탕으로, 기업체 등의 회계관리담당자로서 실제 회계업무를 처리할 수 있는 역량을 갖추었는지를 검정하는 데 목적이 있다. 이를 통해 회계 관련 학습 방향을 제시하고, 평생학습과 취업 기회를 확대하며, 산업 현장에서 요구하는 전문 인력을 양성하고자 한다.

본 교재는 이러한 기업회계 3급 시험의 취지와 검정기준에 맞추어, 회계의 기초 이론부터 실무 적용까지 단계적으로 학습할 수 있도록 구성되었다. 재무회계와 원가회계의 핵심 개념을 중심으로 이론을 정리하고, 이를 실제 문제에 적용할 수 있도록 예상문제와 기출문제를 함께 수록하였다.

이론 파트에서는 기업회계 3급 시험 범위에 해당하는 주요 개념을 체계적으로 정리하였다. 회계 비전공자나 초보 수험생도 이해할 수 있도록 흐름을 고려해 설명하였으며, 실무에서 자주 활용되는 개념과 시험에 반복 출제되는 내용을 중심으로 구성하였다.

문제 파트는 출제 경향을 반영한 예상문제와 기출문제로 구성되어 있다. 예상문제를 통해 이론 이해도를 점검하고, 기출문제를 통해 실제 시험에서 요구하는 문제 해결 능력을 기를 수 있도록 하였다. 이를 통해 수험생은 회계업무 처리에 필요한 기본 역량을 자연스럽게 강화할 수 있을 것이다.

본 교재가 기업회계 3급 자격 취득을 목표로 하는 수험생에게 체계적인 학습 도구가 되어, 회계에 대한 이해를 넓히고 실무에 바로 활용할 수 있는 기반을 다지는 데 도움이 되기를 바란다.

Information

● 목적

재무회계와 원가회계 등 기업회계의 이론과 실무에 관한 자격시험을 시행하여 그 능력을 객관화된 등급으로 인증함으로 써, 회계 관련 교육방향을 제시하고 평생학습과 취업기회를 확대하며, 전산회계처리능력과 더불어 기업에서 필요로 하는 체계적이고 수준있는 지식을 겸비한 전문인력을 양성하여 산업계의 요구에 부응하면서 국가발전에 기여하고자 한다.

자격 구분

종목 및 등급		시험구성
기업회계	기업회계 1급	필기시험(객관식, 주관식 혼합)
	기업회계 2급	필기시험(100% 객관식)
	기업회계 3급	필기시험(100% 객관식)

● 시행근거

- 법적근거 : 자격기본법
- 종목 및 등급 : 기업회계 1급·2급·3급
- 자격의종류 : 등록민간자격

● 검정기준 및 방법

- 검정기준 : 회계원리에 관한 지식을 갖추고 기업체 등의 회계관리 담당자로서 회계업무를 처리할 수 있는 능력
- 검정방법 : 회계원리(일반기업회계기준, 중소기업회계기준) 1·2부 객관식 20문항

● 회계원리 평가범위

평가 범위	세부내용
회계의 기초	• 회계의 기본 원리 • 기업의 재무상태와 경영성과 • 거래 • 계정기입 방법 • 분개와 전기 • 결산(회계의 순환과정) • 전표의 기입 : 입금전표, 출금전표, 대체전표 • 전표별 금액의 계산과 분개

금융자산의 회계처리	• 현금 및 현금성자산 : 현금, 현금과부족, 당좌예금, 현금출납장과 당좌예금출납장
	• 단기금융상품과 단기매매증권
	• 매출채권과 기타의 채권
	  −외상매출금, 매출처원장
	  −받을어음, 받을어음기입장
	  −매출채권 양도와 대손의 처리
	  −단기대여금, 미수금, 선급금, 가지급금, 미결산

재고자산의 회계처리	• 상기업의 재고자산 • 제조업의 재고자산 • 매입장과 매출장 • 재고자산의 평가방법(선입선출법, 후입선출법, 평균법)
비유동자산의 회계처리	• 유형자산의 취득. 관리와 처분 : 토지, 건물, 건설중인 자산,차량운반구, 비품 • 유형자산의 감가상각(정액법, 정률법) • 무형자산의 개념과 종류 • 투자자산의 개념과 종류 • 기타 비유동자산의 개념과 종류

부채의 회계처리	• 유동부채의 개념과 종류
	  −매입채무와 기타의 채무
	  −매입처원장과 지급어음기입장
	• 비유동부채의 개념과 종류 : 장기차입금 차입과 상환

자본의 회계처리	• 개인기업의 자본금(인출금) • 주식회사의 자본 : 자본금, 자본잉여금, 이익잉여금, 자본조정, 기타 포괄손익누계액
수익과 비용의 회계처리	• 매출액과 매출원가 • 판매비와 관리비 • 영업외 수익과 영업외 비용 • 중단사업손익 • 법인세비용

결산과 재무제표	• 결산
	  −시산표의 작성
	  −자산에 관한 결산정리
	  −손익에 관한 결산정리
	• 총계정원장의 마감
	• 재무상태표의 작성
	• 손익계산서의 작성

Structure

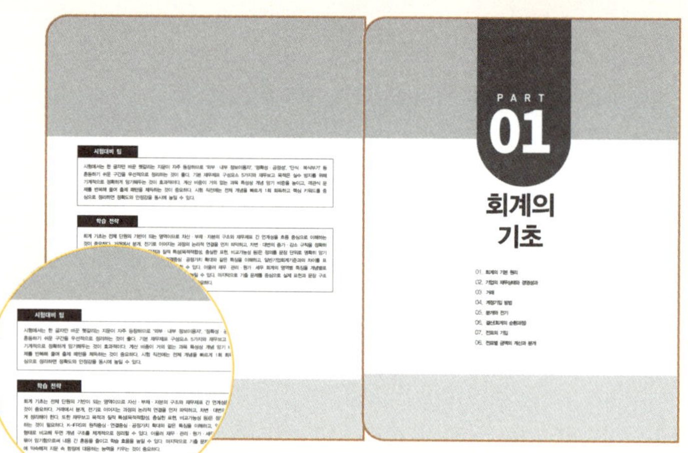

학습 전략 및 시험 대비 팁

기업회계 3급 시험에 맞춘 효율적인 학습 순서와 학습 방법을 제시하였다. 시험 전에 반드시 점검해야 할 핵심 포인트를 정리하여, 단기간 학습자도 실전에 효과적으로 대비할 수 있도록 구성하였다.

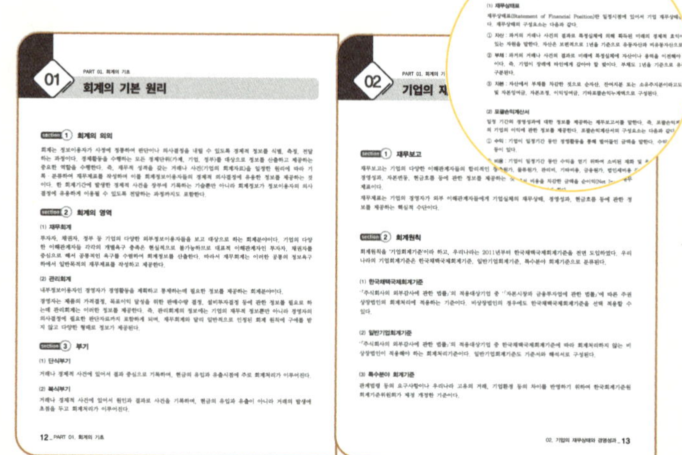

핵심 이론 정리

기업회계 3급 시험에 필요한 핵심 이론을 중심으로 내용을 체계적으로 정리하였으며, 불필요한 설명은 줄이고, 문제 풀이에 바로 적용할 수 있도록 하였다.

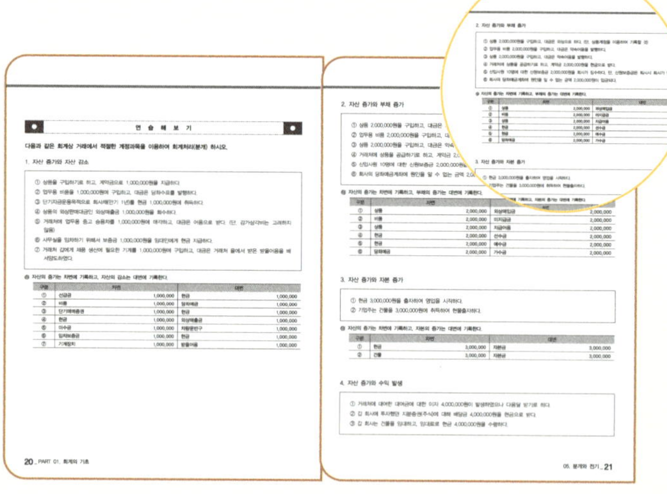

연습해보기

이론 학습 과정에서 이해를 돕기 위한 간단한 연습문제를 배치하였다. 개념을 확인하며 자연스럽게 문제 풀이로 이어질 수 있도록 구성하였으며 이론과 문제를 연결하며 학습 효과를 높일 수 있다.

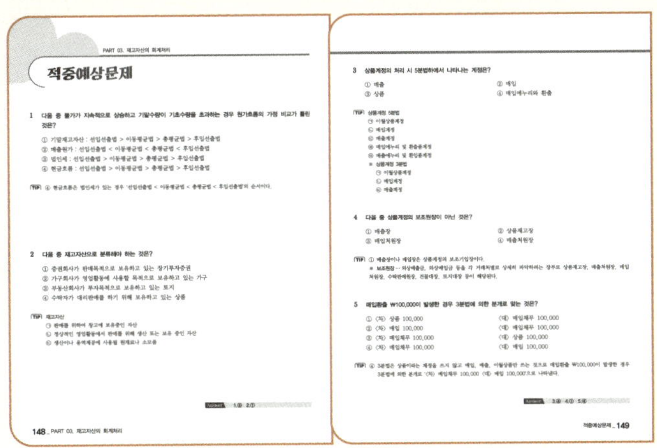

적중예상문제

출제 경향을 반영한 예상문제를 통해 핵심 이론의 이해 여부를 점검할 수 있도록 구성하였다.
실제 시험과 유사한 유형의 문제를 반복적으로 풀며 실전 감각을 기를 수 있다.

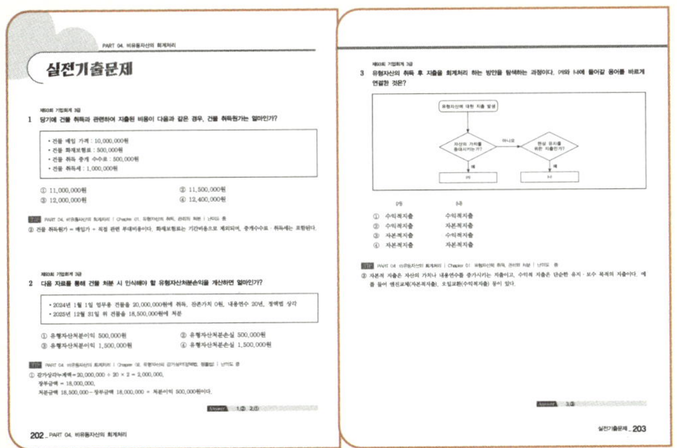

실전기출문제

기업회계 3급 기출문제를 수록하여 실제 시험에서 출제되는 문제 유형과 난이도를 파악할 수 있도록 하였다. 이를 통해 시험에 대한 적응력을 높이고 실전 대응 능력을 강화할 수 있다.

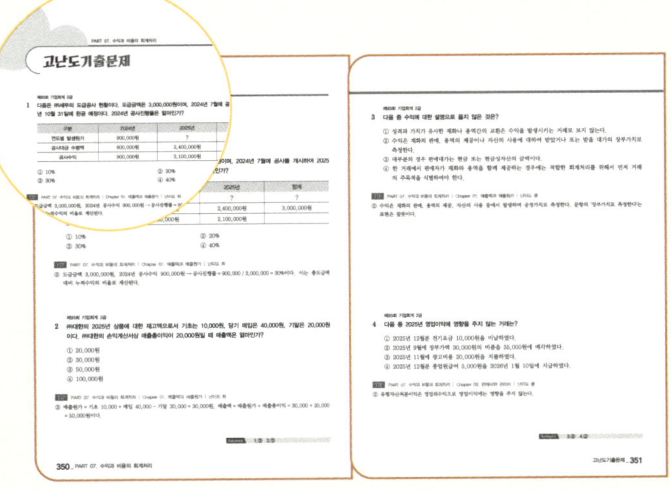

고난도기출문제

기업회계 2급 기출문제 중 핵심적인 고난도 문항을 선별하여 수록하였다. 보다 깊이 있는 개념 이해와 응용력을 기를 수 있도록 구성하였다. 기본 개념을 확실히 다지고 한 단계 높은 문제 해결 능력을 갖출 수 있다.

Contents

시험에서는 한 글자만 바꾼 헷갈리는 지문이 자주 등장하므로 '외부 · 내부 정보이용자', '정확성 · 공정성', '단식 · 복식부기' 등 혼동하기 쉬운 구간을 우선적으로 정리하는 것이 좋다. 기본 재무제표 구성요소 5가지와 재무보고 목적은 실수 방지를 위해 기계적으로 정확하게 암기해두는 것이 효과적이다. 계산 비중이 거의 없는 과목 특성상 개념 암기 비중을 높이고, 객관식 문제를 반복해 풀며 출제 패턴을 체득하는 것이 중요하다. 시험 직전에는 전체 개념을 빠르게 1회 회독하고 핵심 키워드를 중심으로 정리하면 정확도와 안정감을 동시에 높일 수 있다.

회계 기초는 전체 단원의 기반이 되는 영역이므로 자산 · 부채 · 자본의 구조와 재무제표 간 연계성을 흐름 중심으로 이해하는 것이 중요하다. 거래에서 분개, 전기로 이어지는 과정의 논리적 연결을 먼저 파악하고, 차변 · 대변의 증가 · 감소 규칙을 정확하게 정리해야 한다. 또한 재무보고 목적과 질적 특성(목적적합성, 충실한 표현, 비교가능성 등)은 정의를 문장 단위로 명확히 암기하는 것이 필요하다. K-IFRS의 원칙중심 · 연결중심 · 공정가치 확대와 같은 특징을 이해하고, 일반기업회계기준과의 차이를 표 형태로 비교해 두면 개념 구조를 체계적으로 정리할 수 있다. 아울러 재무 · 관리 · 원가 · 세무 회계의 영역별 특징을 개념별로 묶어 암기함으로써 내용 간 혼동을 줄이고 학습 효율을 높일 수 있다. 마지막으로 기출 문제를 중심으로 실제 표현과 문장 구조에 익숙해져 지문 속 함정에 대응하는 능력을 키우는 것이 중요하다.

회계의 기본 원리

section 1 회계의 의의

회계는 정보이용자가 사정에 정통하여 판단이나 의사결정을 내릴 수 있도록 경제적 정보를 식별, 측정, 전달하는 과정이다. 경제활동을 수행하는 모든 경제단위(가계, 기업, 정부)를 대상으로 정보를 산출하고 제공하는 중요한 역할을 수행한다. 즉, 재무적 성격을 갖는 거래나 사건(기업의 회계자료)을 일정한 원리에 따라 기록·분류하여 재무제표를 작성하며 이를 회계정보이용자들의 경제적 의사결정에 유용한 정보를 제공하는 것이다. 한 회계기간에 발생한 경제적 사건을 장부에 기록하는 기술뿐만 아니라 회계정보가 정보이용자의 의사결정에 유용하게 이용될 수 있도록 전달하는 과정까지도 포함한다.

section 2 회계의 영역

(1) 재무회계

투자자, 채권자, 정부 등 기업의 다양한 외부정보이용자들을 보고 대상으로 하는 회계분야이다. 기업의 다양한 이해관계자들 각각의 개별욕구 충족은 현실적으로 불가능하므로 대표적 이해관계자인 투자자, 채권자를 중심으로 해서 공통적인 욕구를 수렴하여 회계정보를 산출한다. 따라서 재무회계는 이러한 공통의 정보욕구하에서 일반목적의 재무제표를 작성하고 제공한다.

(2) 관리회계

내부정보이용자인 경영자가 경영활동을 계획하고 통제하는데 필요한 정보를 제공하는 회계분야이다.

경영자는 제품의 가격결정, 목표이익 달성을 위한 판매수량 결정, 설비투자결정 등에 관한 정보를 필요로 하는데 관리회계는 이러한 정보를 제공한다. 즉, 관리회계의 정보에는 기업의 재무적 정보뿐만 아니라 경영자의 의사결정에 필요한 판단자료까지 포함하게 되며, 재무회계와 달리 일반적으로 인정된 회계 원칙에 구애를 받지 않고 다양한 형태로 정보가 제공된다.

section 3 부기

(1) 단식부기

거래나 경제적 사건에 있어서 결과 중심으로 기록하며, 현금의 유입과 유출시점에 주로 회계처리가 이루어진다.

(2) 복식부기

거래나 경제적 사건에 있어서 원인과 결과로 사건을 기록하며, 현금의 유입과 유출이 아니라 거래의 발생에 초점을 두고 회계처리가 이루어진다.

02 기업의 재무상태와 경영성과

section 1 재무보고

재무보고는 기업의 다양한 이해관계자들의 합리적인 경제적 의사결정을 위해 경영자가 기업실체의 재무상태, 경영성과, 자본변동, 현금흐름 등에 관한 정보를 제공하는 것이다. 이때 재무보고의 가장 주된 수단은 재무제표이다.

재무제표는 기업의 경영자가 외부 이해관계자들에게 기업실체의 재무상태, 경영성과, 현금흐름 등에 관한 정보를 제공하는 핵심적 수단이다.

section 2 회계원칙

회계원칙을 '기업회계기준'이라 하고, 우리나라는 2011년부터 한국채택국제회계기준을 전면 도입하였다. 우리나라의 기업회계기준은 한국채택국제회계기준, 일반기업회계기준, 특수분야 회계기준으로 분류된다.

(1) 한국채택국제회계기준

'「주식회사의 외부감사에 관한 법률」'의 적용대상기업 중 '「자본시장과 금융투자업에 관한 법률」'에 따른 주권상장법인의 회계처리에 적용하는 기준이다. 비상장법인의 경우에도 한국채택국제회계기준을 선택 적용할 수 있다.

(2) 일반기업회계기준

'「주식회사의 외부감사에 관한 법률」'의 적용대상기업 중 한국채택국제회계기준에 따라 회계처리하지 않는 비상장법인이 적용해야 하는 회계처리기준이다. 일반기업회계기준도 기준서와 해석서로 구성된다.

(3) 특수분야 회계기준

관계법령 등의 요구사항이나 우리나라 고유의 거래, 기업환경 등의 차이를 반영하기 위하여 한국회계기준원 회계기준위원회가 제정 개정한 기준이다.

(1) 재무상태표

재무상태표(Statement of Financial Position)란 일정시점에 있어서 기업 재무상태를 나타내는 재무제표이다. 재무상태의 구성요소는 다음과 같다.

① 자산 : 과거의 거래나 사건의 결과로 특정실체에 의해 획득된 미래의 경제적 효익이다. 즉, 용역잠재력이 있는 자원을 말한다. 자산은 보편적으로 1년을 기준으로 유동자산과 비유동자산으로 구분된다.

② 부채 : 과거의 거래나 사건의 결과로 미래에 특정실체에 자산이나 용역을 이전해야 하는 특정실체의 의무이다. 즉, 기업이 장래에 타인에게 갚아야 할 빚이다. 부채도 1년을 기준으로 유동부채와 비유동부채로 구분된다.

③ 자본 : 자산에서 부채를 차감한 것으로 순자산, 잔여지분 또는 소유주지분이라고도 한다. 자본은 자본금 및 자본잉여금, 자본조정, 이익잉여금, 기타포괄손익누계액으로 구성된다.

(2) 포괄손익계산서

일정 기간의 경영성과에 대한 정보를 제공하는 재무보고서를 말한다. 즉, 포괄손익계산서를 통해 일정 기간의 기업의 이익에 관한 정보를 제공한다. 포괄손익계산서의 구성요소는 다음과 같다.

① 수익 : 기업이 일정기간 동안 경영활동을 통해 벌어들인 금액을 말한다. 수익항목으로는 매출액, 기타수익 등이 있다.

② 비용 : 기업이 일정기간 동안 수익을 얻기 위하여 소비된 재화 및 용역의 원가를 말한다. 비용항목으로는 매출원가, 물류원가, 관리비, 기타비용, 금융원가, 법인세비용 등이 있다.

③ 이익 : 수익에서 비용을 차감한 금액을 순이익(Net Income)이라고 한다. 반대로 비용이 수익을 초과할 경우 그 초과액은 순손실이라 한다.

④ 기타포괄손익 : 당기 손익거래에서 발생한 항목 중에서 미실현손익을 말한다. 예로는 매도가능증권평가손익, 파생상품평가손익 등이 있다. 당기의 기타포괄손익은 재무상태표의 자본항목인 기타포괄손익누계액에 누적되어 표시된다.

(3) 자본변동표

일정 기간 동안 발생한 자본의 변동을 나타내는 재무제표이다. 자본변동표는 자본의 구성항목인 자본금, 자본잉여금, 자본조정, 기타포괄손익누계액 및 이익잉여금(또는 결손금)의 연간 변동내역을 보여준다.

자본변동표의 구성요소는 다음과 같다.

① 소유주의 투자 : 주주들의 회사에 대한 투자를 말하는 것으로서 순자산의 증가를 가져온다.

② 소유주에 대한 분배 : 현금배당 등을 함으로써 회사의 순자산이 감소하는 것을 말한다.

(4) 현금흐름표

일정 기간 기업의 현금흐름을 나타내는 표로서 발생주의 회계의 문제점을 보완하기 위해 작성한다. 기업의 활동을 영업활동, 투자활동, 재무활동으로 나누고 활동별로 발생되는 현금의 흐름에 관한 전반적인 정보를 상세하게 제공한다. 현금흐름표의 구성요소는 다음과 같다.

① 영업활동으로 인한 현금흐름 : 제품의 생산과 상품 및 용역의 구매·판매활동에 해당하는 영업활동에 의한 현금의 유입과 유출을 말한다.

② 투자활동으로 인한 현금흐름 : 고정자산 취득 및 처분, 투자유가증권 취득 및 처분과 관련하여 증감되는 현금의 유입과 유출을 말한다.

③ 재무활동으로 인한 현금흐름 : 은행 차입 및 주식 발행, 배당금 지급 등과 같이 회사 자금 조달활동으로 인해 증감되는 현금의 유입과 유출을 말한다.

(5) 주석

주석(footnotes)은 각주라고도 부르며 재무제표 본문의 특정 항목에 대한 추가적 정보를 재무제표 본문 밖의 '별지'에 기술한 것을 말한다.

기본적인 주석사항은 회사의 개황과 주요 영업내용, 회사가 채택한 회계정책, 자산과 부채의 측정기준 등이 있다.

03 거래

section 1　거래의 의의

회계상 거래란 재무제표의 구성요소 즉, 자산, 부채와 자본의 변화를 가져오는 것으로 장부의 기록대상이 되는 사건을 의미한다. 다시 말해 순자산의 변동을 가져오는 거래를 회계상 거래라고 한다.

회계상 거래로 인식하기 위해서는 회사의 재산상태에 영향을 미쳐야 하고 그 영향을 금액으로 측정 가능 하여야 한다.

section 2　거래의 8요소

거래의 8요소는 장부기입의 기초가 되는 것으로 자산의 증가, 자산의 감소, 부채의 감소, 부채의 증가, 자본의 감소, 자본의 증가, 비용의 발생, 수익의 발생 등 8가지 요소로 결합되어 구성된다.

거래의 결합관계에서 적용되는 원칙들로 첫째, 거래의 이중성이 있다. 이는 하나의 거래에 원인과 결과가 차변과 대변항목에 동시에 발생하는 것을 말한다. 둘째, 대차평균의 원리는 거래의 이중성의 원칙이 작용하여 회계장부의 차변합계와 대변합계가 일치하는 원리이다. 셋째, 복식부기의 자기검증기능은 대차평균의 원리에 의해 장부상의 오류를 검증하는 것을 말한다.

참고로 재무상태표와 손익계산서를 합친표를 시산표라고 하는데, 시산표 왼쪽에는 자산과 비용을 기재하고 오른쪽에는 부채와 자본, 수익을 기재한다. 시산표의 왼쪽 합계금액과 오른쪽 합계금액은 반드시 일치해야 한다.

04 계정기입 방법

section 1 계정의 의의

기업의 자산, 부채, 자본, 수익, 비용에 속하는 여러 항목들의 증감 변화를 항목별로 세분하여 기록, 계산, 정리하는 구분단위로서 회사에서 일어나는 거래들 중 유사한 것들만 모아서 분류해 놓은 것을 말한다.

section 2 계정의 구성

재무상태표나 손익계산서처럼 각각의 계정 왼쪽을 차변(Dr), 오른쪽을 대변(Cr)으로 구분한다.

차변은 계정의 좌측, 대변은 계정의 우측을 말하며, 차기는 차변계정에 기록하는 것, 대기는 대변계정에 기록하는 것을 의미한다. 그리고 자산, 비용계정은 정상잔액(평상잔액)이 차변에 발생하며, 부채와 자본, 수익계정은 정상잔액(평상잔액)이 대변에 발생한다.

section 3 계정의 분류

(1) 재무상태표 계정

① **자산** : 자산은 과거사건의 결과로 기업이 통제하는 미래 경제적 효익을 창출할 것으로 기대하는 자원이다. 자산은 크게 유동자산과 비유동자산으로 분류할 수 있다.

    ㉠ **유동자산** : 유동자산은 단기간 내에 현금화되거나 정상적인 영업활동으로 소멸되는 경제적 자원이다. 유동자산의 종류는 크게 당좌자산과 재고자산으로 분류된다.

    ㉡ **비유동자산** : 비유동자산은 장기성 자산으로 투자자산, 유형자산, 무형자산, 기타비유동자산으로 구분된다. 투자목적으로 보유하는 자산은 투자자산으로, 영업활동에 사용할 목적으로 장기간 보유하고 있는 영업용 자산은 유형자산으로 분류하여야 한다. 그리고 무형자산은 물리적 형체가 없지만 식별가능하고, 기업이 통제하고 있는 미래 경제적 효익을 창출하는 비화폐성자산이다.

② **부채** : 부채는 과거사건의 결과 경제적 효익이 내재된 자원이 기업외부로 유출될 것으로 기대되는 현재의 의무이다. 기업회계기준에서는 부채를 유동부채와 비유동부채로 분류하고 있다. 매입채무, 미지급비용 등 영업활동과 관련된 부채는 1년 또는 정상영업순환주기에 따라 유동부채와 비유동부채로 분류하고, 기타의 부채는 1년을 기준으로 구분한다.

㉠ 유동부채 : 유동부채는 보고기간일(결산일)로부터 만기가 1년 이내에 도래하는 부채를 유동부채라 한다. 다만 정상영업주기 내에 소멸할 것으로 예상되는 매입채무와 미지급비용 등은 1년 이내에 결제되지 않아도 유동부채로 분류한다.

㉡ 비유동부채 : 유동부채에 속하지 않는 부채를 말하며, 비유동부채는 장기차입금부채, 장기충당부채 및 기타유동부채로 구분되어 재무상태표에 표시된다.

③ **자본** : 자본은 자산에서 부채를 차감한 순자산으로 잔여지분 또는 소유주지분 등으로 정의한다. 자본은 자본금, 자본잉여금, 자본조정, 이익잉여금, 기타포괄손익누계액 등으로 구분한다.

(2) 손익계산서 계정

① **수익** : 기업이 일정 기간 동안 고객에게 재화를 판매하거나 용역을 제공하고 그 대가로 획득한 현금 또는 수취채권을 말한다. 즉, 기업의 경영활동과 관련하여 순자산의 증가를 가져오는 것이다. 수익은 영업주기 전반에 걸쳐 물품을 판매하고 대금을 회수하기 위한 영업활동이 수행되어 현금 또는 현금청구권이 확보되고, 수익창출활동이 사실상 완료되는 시점에 인식한다.

㉠ 영업수익 : 기업의 경상적이고 반복적인 주된 영업활동의 결과로 발생하는 경제적 효익의 증가분, 순자산의 증가분을 영업수익으로 분류한다. 기업의 대표적인 영업수익은 매출액이다. 매출액은 기업의 주된 영업활동에서 발생한 상품, 제품의 판매 또는 용역의 제공으로 실현된 금액으로 순매출액을 의미한다.

㉡ 영업외수익(기타수익) : 기업의 비경상적이고 비반복적인 영업활동과 영업이외의 활동에서 발생하는 경제적 효익의 증가분을 의미한다. 즉, 영업활동 이외의 보조적, 부수적인 활동에서 순환적으로 발생하는 수익이다. 임대료, 이자수익, 배당금수익, 단기매매증권평가이익, 유형자산처분이익 등이 있다.

② **비용** : 비용은 기업이 일정 기간 동안 수익을 얻기 위하여 발생된 지출을 의미한다. 비용은 기업의 경제적 효익 감소분을 지칭하며 순자산을 감소시킨다. 비용은 크게 매출원가와 판매비와 관리비, 영업외비용(기타비용)으로 구분한다.

㉠ 매출원가 : 매출원가는 상품, 제품 등의 매출액에 대응되는 원가로서 일정 기간 중에 판매된 상품이나 제품 등에 대해 배분된 매입원가 또는 제조원가를 말한다. 매출액과 직접 대응되는 원가로서 일정기간 동안 판매된 상품이나 제품에 대한 매입원가이다.

㉡ 판매비와 관리비 : 판매비와 관리비는 상품과 용역의 판매활동 또는 회사의 관리와 유지에서 발생하는 비용으로 매출원가에 속하지 아니하는 모든 영업비용을 포함한다. 예를 들면 급여, 복리후생, 광고선전비, 임차료, 감가상각비 등이 있다.

㉢ 영업외비용(기타비용)과 법인세비용 : 매출수익을 얻기 위한 주된 영업활동 이외의 보조적 또는 부수적인 활동에서 경상적이고 반복적으로 발생하는 비용이다. 이자비용, 단기매매증권평가손실, 유형자산처분손실, 재고자산평가손실 등이 있다.

05 분개와 전기

section 1 분개

회계거래를 장부에 기록하기 위해 회계거래를 발생일자 순으로 해당 계정과목의 차변 또는 대변에 동일 금액을 기록하는 행위이다. 인식 또는 회계처리한다고 표현하며, 거래의 이중성에 따라 거래내용을 원인과 결과로 나누어 왼쪽 계정과 오른쪽 계정으로 나눈다.

계정기입의 원칙에 따라 자산의 증가, 부채의 감소, 자본의 감소, 비용의 발생은 차변에 기록하고, 자산의 감소, 부채의 증가, 저본의 증가, 수익의 발생은 대변에 기록함으로써 완성된다.

section 2 전기

분개는 거래의 발생순서별로 모든 거래를 나열한 단순한 기록일 뿐 특정과목의 잔액이나 기업의 재무현황을 파악할 수는 없다. 따라서 분개장의 기록을 계정과목별로 총계정원장에 옮겨 적는데, 이것을 전기라 한다.

계정에 전기하는 방법은 첫째, 원장에서 해당계정을 찾아 분개의 차변금액은 해당계정의 차변에 기록하고, 분개의 대변금액은 해당계정의 대변에 기입하고 둘째, 차변과 대변에 기입한 금액의 앞에는 분개의 상대편 계정과목과 일자를 기입하면 된다. 단, 상대편 계정과목이 둘 이상일 경우에는 '제좌'라 기입한다.

다음과 같은 회계상 거래에서 적절한 계정과목을 이용하여 회계처리(분개) 하시오.

1. 자산 증가와 자산 감소

① 상품을 구입하기로 하고, 계약금으로 1,000,000원을 지급하다.

② 업무용 비품을 1,000,000원에 구입하고, 대금은 당좌수표를 발행하다.

③ 단기자금운용목적으로 회사채(만기 1년)를 현금 1,000,000원에 취득하다.

④ 상품의 외상판매대금인 외상매출금 1,000,000원을 회수하다.

⑤ 거래처에 업무용 중고 승용차를 1,000,000원에 매각하고, 대금은 어음으로 받다. (단, 감가상각비는 고려하지 않음)

⑥ 사무실을 임차하기 위해서 보증금 1,000,000원을 임대인에게 현금 지급하다.

⑦ 거래처 갑에게 제품 생산에 필요한 기계를 1,000,000원에 구입하고, 대금은 거래처 을에서 받은 받을어음을 배서양도하였다.

⦿ 자산의 증가는 차변에 기록하고, 자산의 감소는 대변에 기록한다.

구분	차변		대변	
①	선급금	1,000,000	현금	1,000,000
②	비품	1,000,000	당좌예금	1,000,000
③	단기매매증권	1,000,000	현금	1,000,000
④	현금	1,000,000	외상매출금	1,000,000
⑤	미수금	1,000,000	차량운반구	1,000,000
⑥	임차보증금	1,000,000	현금	1,000,000
⑦	기계장치	1,000,000	받을어음	1,000,000

2. 자산 증가와 부채 증가

① 상품 2,000,000원을 구입하고, 대금은 외상으로 하다. (단, 상품계정을 이용하여 기록할 것)

② 업무용 비품 2,000,000원을 구입하고, 대금은 약속어음을 발행하다.

③ 상품 2,000,000원을 구입하고, 대금은 약속어음을 발행하다.

④ 거래처에 상품을 공급하기로 하고, 계약금 2,000,000원을 현금으로 받다.

⑤ 신입사원 10명에 대한 신원보증금 2,000,000원을 회사가 징수하다. 단, 신원보증금은 퇴사시 회사가 반환한다.

⑥ 회사의 당좌예금계좌에 원인을 알 수 없는 금액 2,000,000원이 입금되다.

✅ 자산의 증가는 차변에 기록하고, 부채의 증가는 대변에 기록한다.

구분	차변		대변	
①	상품	2,000,000	외상매입금	2,000,000
②	비품	2,000,000	미지급금	2,000,000
③	상품	2,000,000	지급어음	2,000,000
④	현금	2,000,000	선수금	2,000,000
⑤	현금	2,000,000	예수금	2,000,000
⑥	당좌예금	2,000,000	가수금	2,000,000

3. 자산 증가와 자본 증가

① 현금 3,000,000원을 출자하여 영업을 시작하다.

② 기업주는 건물을 3,000,000원에 취득하여 현물출자하다.

✅ 자산의 증가는 차변에 기록하고, 자본의 증가는 대변에 기록한다.

구분	차변		대변	
①	현금	3,000,000	자본금	3,000,000
②	건물	3,000,000	자본금	3,000,000

4. 자산 증가와 수익 발생

① 거래처에 대여한 대여금에 대한 이자 4,000,000원이 발생하였으나 다음달 받기로 하다.

② 갑 회사에 투자했던 지분증권(주식)에 대해 배당금 4,000,000원을 현금으로 받다.

③ 갑 회사는 건물을 임대하고, 임대료로 현금 4,000,000원을 수령하다.

⊘ 자산의 증가는 차변에 기록하고, 수익의 발생은 대변에 기록한다.

구분	차변		대변	
①	미수수익	4,000,000	이자수익	4,000,000
②	현금	4,000,000	배당금수익	4,000,000
③	현금	4,000,000	수입임대료	4,000,000

5. 부채 감소와 자산 감소

① 거래처로부터 단기차입한 차입금 5,000,000원을 현금으로 상환하다.

② 갑 회사는 외상매입금 5,000,000원을 을 회사의 받을어음을 배서양도하여 지급하다.

③ 제품판매계약을 위해 을 회사로부터 받은 계약금 5,000,000원을 계약취소로 반환하다.

④ 상품의 외상구입을 위해 발행한 약속어음 5,000,000원을 당좌수표 발행하여 상환하다.

⑤ 종업원에게 지급하지 못한 급여 5,000,000원을 이번 달에 현금지급하다.

⑥ 비품의 외상구입대금 5,000,000원을 당좌수표를 발행하여 지급하다.

⊘ 부채의 감소는 차변에 기록하고, 자산의 감소는 대변에 기록한다.

구분	차변		대변	
①	단기차입금	5,000,000	현금	5,000,000
②	외상매입금	5,000,000	받을어음	5,000,000
③	선수금	5,000,000	현금	5,000,000
④	지급어음	5,000,000	당좌예금	5,000,000
⑤	미지급급여	5,000,000	현금	5,000,000
⑥	미지급금	5,000,000	당좌예금	5,000,000

6. 부채 감소와 부채 증가

① 갑 회사의 외상매입금 6,000,000원을 상환하기 위해 약속어음을 발행하다.

② 갑 회사에서 단기차입금 6,000,000원을 약속어음을 발행하여 지급하다.

③ 장기차입금 6,000,000원이 결산일로부터 만기가 1년 이내로 도래하여 유동성대체하다.

⊘ 부채의 감소는 차변에 기록하고, 부채의 증가는 대변에 기록한다.

구분	차변		대변	
①	외상매입금	6,000,000	지급어음	6,000,000
②	단기차입금	6,000,000	지급어음	6,000,000
③	장기차입금	6,000,000	유동성장기부채	6,000,000

7. 부채 감소와 자본 증가

전환사채권자가 사채 7,000,000원에 대해 전환권을 행사하였다.

☑ 부채의 감소는 차변에 기록하고, 자본의 증가는 대변에 기록한다.

차변		대변	
사채	7,000,000	자본금	7,000,000

8. 부채 감소와 수익 발생

갑 회사는 8,000,000원의 차입금의 상환을 을 회사로부터 면제받다.

☑ 부채의 감소는 차변에 기록하고, 수익의 발생은 대변에 기록한다.

차변		대변	
차입금	8,000,000	채무면제이익	8,000,000

9. 자본 감소와 자산 감소

갑 회사의 기업주는 개인용도로 현금 9,000,000원을 인출하다. (기중 자본금 변동은 인출금계정을 사용)

☑ 자본의 감소는 차변에 기록하고, 자산의 감소는 대변에 기록한다.

차변		대변	
인출금	9,000,000	현금	9,000,000

10. 자본 감소와 자본 증가

자본잉여금 10,000,000원을 재원으로 무상증자하다.

☑ 자본의 감소는 차변에 기록하고, 자본의 증가는 대변에 기록한다.

차변		대변	
자본잉여금	10,000,000	자본금	10,000,000

11. 비용 발생과 자산 감소

① 영업부 직원 월말 회식비로 1,000,000원을 현금으로 지급하다.

② 사무실 임차료 1,000,000원을 당좌수표로 발행하여 지급하다.

③ 영업부 직원 유준수씨의 출장비로 1,000,000원을 현금지급하다.

④ 신제품 개발과 관련하여 초기 연구비로 1,000,000원을 현금지급하다.

⑤ 본사 건물의 페인트 도색비로 1,000,000원을 현금지급하다. (수익적 지출처리)

⑥ 거래처 직원에게 추석선물세트를 1,000,000원에 현금으로 구입하여 선물하다.

⑦ 사회복지공동모금회에 1,000,000원을 불우이웃돕기 성금으로 지급하다.

비용의 발생은 차변에 기록하고, 자산의 감소는 대변에 기록한다.

구분	차변		대변	
①	복리후생비	1,000,000	현금	1,000,000
②	임차료	1,000,000	당좌예금	1,000,000
③	여비교통비	1,000,000	현금	1,000,000
④	연구비	1,000,000	현금	1,000,000
⑤	수선비	1,000,000	현금	1,000,000
⑥	접대비	1,000,000	현금	1,000,000
⑦	기부금	1,000,000	현금	1,000,000

12. 비용 발생과 부채 증가

① 총무처 직원 5명에 대한 당월분 급여 5,000,000원을 다음 달 15일에 지급하기로 하다.

② 단기차입금에 대한 이자비용 500,000원을 다음 달에 지급하기로 하다.

③ 갑 회사는 당월에 점포를 500,000원에 임차하고 대금은 다음 달에 지급하기로 하다.

④ 영업용 차량의 유지비 500,000원을 다음 달 15일에 지급하기로 하다.

비용의 발생은 차변에 기록하고, 부채의 증가는 대변에 기록한다.

구분	차변		대변	
①	급여	5,000,000	미지급비용	5,000,000
②	이자비용	500,000	미지급비용	500,000
③	임차료	500,000	미지급임차료	500,000
④	차량유지비	500,000	미지급비용	500,000

06 결산(회계의 순환과정)

section 1 결산의 의의 및 절차

회계기간 동안에 발생한 자산, 부채, 자본의 변동내용 및 그 변동들로 인한 결과를 종합하여 재무제표로 작성하는 것을 말한다. 결산의 절차는 예비절차와 본절차, 그리고 재무제표 작성 절차로 구분된다.

(1) 결산의 예비절차

① 시산표의 작성(합계시산표, 잔액시산표, 합계잔액시산표)

② 결산수정분개

③ 수정후시산표 또는 정산표의 작성

(2) 결산의 본절차

원장의 모든 계정을 마감하는 절차로 손익계산서 계정을 먼저 마감하고, 재무상태표 계정을 마감한다. 다음의 절차로 진행된다.

① 비용과 수익계정의 마감(손익계정으로 대체 후 마감)

② 손익계정의 마감(손익계정은 집합손익계정으로 손익계산서 작성의 기초)

③ 자산, 부채, 자본계정의 마감(차기이월로 마감)

④ 이월시산표의 작성

⑤ 전기이월의 표시(차기이월액은 다음 회계기간 최초일자에 전기이월로 기입)

(3) 재무제표 작성 절차

먼저 집합손익계정을 기초로 손익계산서를 작성하고, 이월시산표를 이용하여 재무상태표를 작성한다. 그리고 자본변동표, 현금흐름표 및 주석을 포함하여 재무제표를 완성한다.

거래기록에서 출발하여 재무보고에 이르는 모든 과정을 회계순환과정이라고 한다. 일반적으로 회계의 순환과정은 기중거래를 기록하는 과정과 결산작업을 수행하는 과정으로 이루어진다.

① **거래의 식별** : 회계상 거래인 순자산의 변동과 수익과 비용의 발생 식별

② **분개** : 복식부기 제도, 거래의 이중성의 성질 이용, 분개장 또는 전표에 기록

③ **원장에 전기** : 분개장 또는 전표상의 내용을 원장에 기록하는 과정

④ **수정전 시산표 작성** : 결산의 예비절차

⑤ **결산수정분개** : 결산수정사항의 분개와 원장전기

⑥ **수정후시산표와 정산표** : 결산수정사항을 분개장과 원장에 기록

⑦ **재무제표 작성** : 재무상태표, 포괄손익계산서, 자본변동표, 현금흐름표, 주석

⑧ **손익계정 마감** : 집합손익계정 설정, 수익, 비용 계정의 마감

⑨ **재무상태표 계정 마감** : 자산, 부채, 자본 계정의 마감과 이월

[그림] 회계의 순환과정

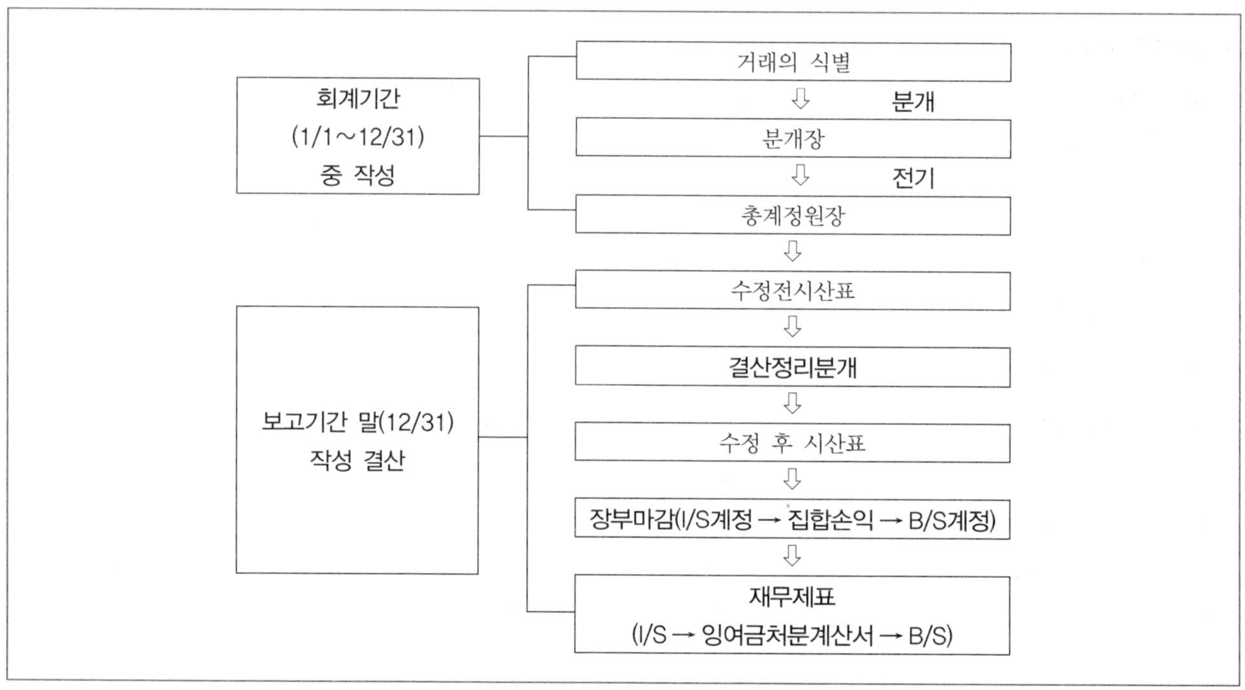

07 전표의 기입

section 1 전표의 의의

거래의 발생사실을 증명하고 그 거래내용을 기입하며 아울러 분개까지 기입하는 종이를 말하며, 분개장 대신 전표를 이용하는 장부조직을 전표제도라고 한다.

section 2 전표의 종류

① **입금전표** : 현금의 수입 시 기입하는 전표로 일반적으로 적색(赤色)으로 인쇄하여 사용한다.

　예 현금 ₩1,000,000을 차입한 경우

입금전표

2025년 9월 27일

계정과목	적요	금액
차입금	한국은행(만기 5월 10일)	1,000,000

② **출금전표** : 현금의 지출 시 기입하는 전표로 일반적으로 청색(靑色)으로 인쇄하여 사용한다.

　예 상품 ₩1,000,000을 현금매입한 경우

출금전표

2025년 9월 27일

계정과목	적요	금액
상품	갑상회(갑상품 1,000개, @1,000)	1,000,000

③ **대체전표** : 현금을 수반하지 않는 거래를 기입하는 전표로 일반적으로 흑색(黑色)으로 인쇄하여 사용한다.

　예 상품 ₩1,000,000을 외상매입한 경우

대체전표

2025년 9월 27일

계정과목	금액	적요	계정과목	금액
상품	1,000,000	갑상회(갑상품 1,000개, @1,000)	외상매입금	1,000,000

section ③ 전표제도에서 원장으로의 전기

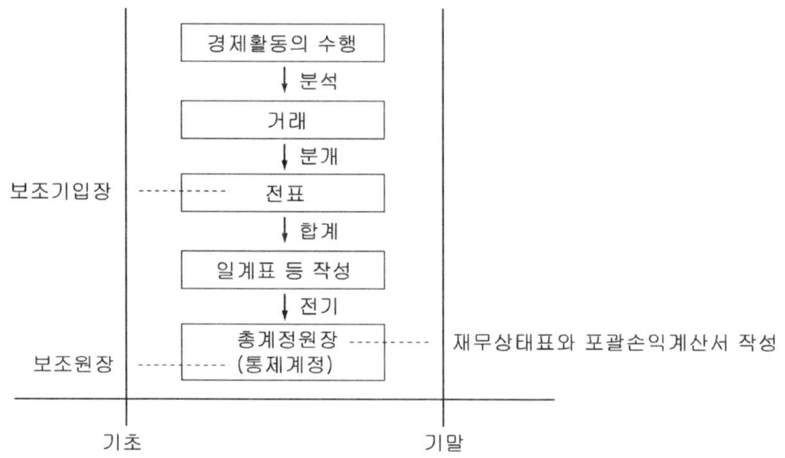

전표제도를 이용하는 경우 발생된 거래는 거래의 종류별로 각 전표에 기입하여 분개한다. 이후 원장으로 전기를 하려면 각 계정의 증감된 총액을 계산하여야 하는데, 이때 사용되는 것이 일계표, 주계표, 월계표이다. 따라서 전표제도 하에서 원장으로의 전기는 일정기간의 합계전기가 이루어지게 된다.

section ④ 전표의 기능 및 전표제도의 이점

(1) 전표는 거래의 발생사실을 증명하는 증빙서류로 이용된다.

(2) 전표는 거래승인에 필요한 결재서류로 이용된다.

(3) 전표는 부서간의 업무연락수단으로 이용된다.

(4) 분개장 대신 이용되므로 장부조직을 간소화한다.

08 전표별 금액의 계산과 분개

section 1 입금 전표

[사례]

2025년 10월 10일, A상사는 고객으로부터 외상매출금 1,200,000원을 현금으로 회수하였다.

이 거래를 전표로 작성하고 분개하시오.

[풀이]
- 거래의 성격 : 현금이 들어오는 거래 → 입금전표 작성
- 거래 분석 : 현금 자산이 증가 → 차변에 '현금'
  외상매출금 감소 → 대변에 '외상매출금'
  전표 금액 : 1,200,000원

[분개]

(차변) 현금   1,200,000   (대변) 외상매출금   1,200,000

이 거래는 현금유입 거래이므로 입금전표로 처리하며, 현금자산이 증가하였고 외상매출금 채권이 소멸되었다.

[사례]

2025년 10월 12일, A상사는 거래처 B상사에 외상매입금 800,000원을 현금으로 지급하였다.

이 거래를 전표로 작성하고 분개하시오.

[풀이]
- 거래의 성격 : 현금이 나가는 거래 → 출금전표 작성
- 거래 분석 : 외상매입금 부채 감소 → 차변에 '외상매입금'
  　　　　　　현금 자산 감소 → 대변에 '현금'
  　　　　　　전표 금액: 800,000원

[분개]

(차변) 외상매입금	800,000	(대변) 현금	800,000

현금이 지급되므로 출금전표로 기록하며, 외상매입금 부채가 상환됨에 따라 부채가 감소한다.

[사례]

2025년 10월 15일, A상사는 사무용 비품의 감가상각비 200,000원을 인식하였다.

이 거래를 전표로 작성하고 분개하시오.

[풀이]
- 거래의 성격 : 현금의 입출금이 없는 내부 거래 → 대체전표 작성
- 거래 분석 : 감가상각비 발생 → 차변에 '감가상각비'
  　　　　　　비품의 가치 감소 → 대변에 '감가상각누계액(비품)'
  　　　　　　전표 금액: 200,000원

[분개]

(차변) 감가상각비	200,000	(대변) 감가상각누계액(비품)	200,000

현금의 이동이 없으므로 대체전표를 작성하며, 회계상 감가상각을 반영한 내부 거래이다.

[사례]

2025년 10월 18일, A상사는 직원 급여 2,000,000원을 지급하되, 1,500,000원은 현금으로 지급하고 500,000원은 예수금(소득세)으로 처리하였다.

[풀이]

- 거래의 성격 : 복수계정이 포함된 출금전표
- 거래 분석 : 급여비용 발생 → 차변에 '급여'
  현금 지급 → 대변에 '현금'
  소득세 예수금 처리 → 대변에 '예수금'
  전표 금액: 2,000,000원

[분개]

(차변) 급여	2,000,000	(대변) 현금	1,500,000
		예수금	500,000

급여비용 전체가 발생하였으나 일부는 세금 예수금으로 대체되어 현금 지급액이 줄어드는 복합형 출금전표이다.

적중예상문제

1 다음 중 특정 시점을 기준으로 작성되는 정태보고서는?

① 재무상태표

② 포괄손익계산서

③ 현금흐름표

④ 이익잉여금처분계산서

TIP ① 특정 시점을 기준으로 작성되는 정태보고서는 재무상태표이다.

2 재무제표 중 기업의 경영성과를 보고하기 위하여 작성되는 것은?

① 재무상태표

② 포괄손익계산서

③ 현금흐름표

④ 이익잉여금처분계산서

TIP ② 기업의 경영성과를 보고하기 위하여 작성되는 동태보고서는 포괄손익계산서이다.

3 다음 중 차변에 기록할 수 없는 것은?

① 자산의 증가

② 부채의 감소

③ 자본의 감소

④ 수익의 발생

TIP ④ 비용의 발생은 차변에 기록하고, 수익의 발생은 대변에 기록한다.

4 다음 중 현금흐름표에 나타나지 않는 것은?

① 영업활동 현금흐름

② 투자활동 현금흐름

③ 재무활동 현금흐름

④ 세무활동 현금흐름

TIP ④ 현금흐름표는 영업활동, 투자활동, 재무활동에 관한 정보를 제공하여 현금변동의 원인을 설명한다.

Answer 1.① 2.② 3.④ 4.④

5 재무상태표에 대한 설명으로 옳은 것은?

① 부채는 유형부채와 비유형부채로 구분한다.
② 자본은 자본금, 자본잉여금, 이익잉여금으로 구분한다.
③ 일정시점 현재 기업이 보유하고 있는 경제적 자원인 자산과 경제적으로 지급 의무인 부채, 그리고 자본에 대한 정보를 제공하는 재무보고서이다.
④ 자산은 유형자산과 비유형자산으로 구분한다. 유형자산은 당좌자산과 재고자산으로 구분하고, 비유형자산은 유동자산, 무형자산, 기타비유동자산으로 구분한다.

TIP ③ 부채는 유동부채와 비유동부채로 구분하고, 유동자산은 당좌자산과 재고자산으로 구분하고, 비유동자산은 투자자산, 유형자산, 무형자산, 기타비유동자산으로 구분한다. 자본은 자본금, 자본잉여금, 이익잉여금, 자본조정, 기타포괄손익누계액으로 구분한다.

6 현금흐름표에서 나타나는 현금흐름의 정보가 주는 유용성이 아닌 것은?

① 재무적 탄력성
② 소유주의 투자 및 분배에 따른 포괄이익
③ 현금지급능력
④ 기업의 수익성 및 위험

TIP ② 현금흐름 정보는 기업실체의 현금지급능력, 재무적 탄력성, 수익성 및 위험 등을 평가하는 데 유용하며, 여러 기업실체의 미래현금흐름의 현재가치를 비교하고 기업가치를 평가하는 데 필요한 기초자료를 제공한다.

7 재무제표의 일부인 주석에 대한 설명이 적절하지 않은 것은?

① 재무제표의 작성기준 및 중요한 거래와 회계사건의 회계처리에 적용한 회계정책을 표시한다.
② 재무제표의 본문에 표시되지 않는 사항으로 재무제표를 이해하는데 필요한 추가정보가 포함된다.
③ 기업회계기준에서 주석공시를 요구하는 사항을 표시한다.
④ 재무제표상의 해당 과목과 밀접한 관련사항을 재무제표 본문에 괄호를 해서 기재한다.

TIP ④ 재무제표상의 해당 과목과 밀접한 관련사항을 재무제표 본문에 괄호를 해서 기재하는 것은 주기에 해당한다.

Answer   5.③ 6.② 7.④

8 다음의 작성방법은 어느 것을 나타내는 것인가?

해당 개별항목에 기호를 붙이고 별지에 동일한 기호를 표시하여 그 내용을 설명한다.

① 주기
② 주석
③ 인식
④ 측정

TIP ② 재무제표상의 해당과목 또는 금액에 기호나 번호를 붙이고 별지에 그 내용을 간결하게 설명하는 것이 주석이다.

9 다음 자료에서 기초부채를 계산하면 얼마인가?

• 기초자산	60,000원
• 추가출자	15,000원
• 기말자산	70,000원
• 기말부채	30,000원
• 당기순이익	5,000원

① 30,000원
② 40,000원
③ 50,000원
④ 60,000원

TIP ② $60,000 - [(70,000 - 30,000) - 15,000 - 5,000] = 40,000$원

10 다음 내용에 가장 알맞은 계정과목은?

회사에서 직원이 납부해야 할 건강보험료 및 소득세를 급여에서 차감하여 보관하고 있는 금액

① 예수금
② 선수금
③ 선수수익
④ 미지급비용

TIP ① 직원부담액은 원천징수하여 회사가 대신 납부하므로 예수금 계정은 부채이다.

11 상품 이외의 자산을 외상으로 매각한 경우에 발생하는 채권과 관련 있는 계정은?

① 미수금

② 선수금

③ 미수수익

④ 가수금

(TIP) ① 미수금은 매출채권이 아니라 일반적 상거래가 아닌 거래에서 재화 또는 용역을 외상으로 판매한 경우에 발생하는 채권이다.

12 잔액은 항상 차변에 있으며 임시계정으로 원인이 판명되거나 또는 상품매매활동 등이 완료되면 없어지는 계정으로 옳은 것은?

① 가수금, 선급금

② 선수금, 가수금

③ 가지급금, 선급금

④ 선수금, 가지급금

(TIP) ③ 차변계정은 자산, 비용계정이다. 그리고 가지급금은 계정과목이나 금액을 확정할 수 없을 때 처리하는 계정으로 임시계정이며 선급금은 계약금을 먼저 지급한 경우 사용할 수 있는 계정으로 계약이행에 따라 본 계정으로 대체된다.

13 다음 자료에 의한 ㈜토펙이엔씨의 총자산은 얼마인가?

• 상품	60,000원
• 미수금	30,000원
• 지급어음	10,000원
• 비품	15,000원
• 선수금	40,000원
• 받을어음	20,000원
• 외상매출금	35,000원

① 140,000원

② 150,000원

③ 160,000원

④ 170,000원

(TIP) ③ 총자산 = 상품 + 미수금 + 비품 + 받을어음 + 외상매출금이므로
60,000 + 30,000 + 15,000 + 20,000 + 35,000 = 160,000원

14 다음 중 판매비와 관리비로 분류되지 않는 것은?

① 접대비

② 급여

③ 이자수익

④ 광고선전비

TIP ③ 이자수익은 영업외수익에 해당한다. 판매비와 관리비는 급여, 복리후생비, 여비교통비, 접대비, 통신비, 수도광열비, 세금과 공과금, 감가상각비, 수선비, 보험료, 차량유지비, 운반비, 교육훈련비, 도서인쇄, 소모품비, 지급수수료, 광고선전비, 대손상각비, 잡비 등이 해당된다.

15 기말에 선수수익의 당기 실현액을 정리해주지 않으면 나타나는 현상은?

① 자산의 과대평가와 비용의 과소평가

② 부채의 과대평가와 수익의 과소평가

③ 비용의 과소평가와 수익의 과소평가

④ 비용의 과대평가와 수익의 과소평가

TIP ② 기말에 선수수익의 당기 실현액을 정리해주지 않으면 부채의 과대평가와 수익의 과소평가가 발생한다.

16 기말에 미지급비용을 정리해주지 않으면 나타나는 현상은?

① 부채의 과소평가와 비용의 과소평가

② 부채의 과대평가와 비용의 과소평가

③ 부채의 과소평가와 비용의 과대평가

④ 부채의 과대평가와 비용의 과대평가

TIP ① 기말에 미지급비용을 정리해주지 않으면 부채의 과소평가와 비용의 과소평가가 발생한다.

17 다음 중 자산의 증가와 결합될 수 있는 거래는?

① 부채의 감소

② 자본의 감소

③ 비용의 발생

④ 수익의 발생

TIP ④ 자산의 증가와 결합될 수 있는 거래는 자산의 감소, 부채의 증가, 자본의 증가, 수익의 발생이다.

Answer   14.③ 15.② 16.① 17.④

18 결산 시 가장 먼저 마감되어 잔액이 결정되어야 하는 계정은?

① 자산 계정 ② 부채 계정
③ 자본 계정 ④ 수익 · 비용 계정

TIP ④ 결산 시 수익 · 비용 계정이 가장 먼저 마감되어 잔액이 결정 되어야 한다.

19 다음 중 자본 등식으로 옳은 것은?

① 자산 = 부채 + 자본
② 자산 − 부채 = 자본
③ 자산 + 비용 = 부채 + 자본 + 수익
④ 수익 − 비용 = 순손익

TIP ② 자본 등식은 '자산 − 부채 = 자본'이다.

20 잔액시산표를 기초로 하여 재무제표를 작성하기 위해 작성되는 다란식의 표는?

① 시산표 ② 정산표
③ 결산정리목록표 ④ 재고조사표

TIP ② 정산표는 잔액시산표를 기초로 하여 재무제표를 작성하는 과정을 하나의 일람표로 나타내는 것을 말한다.

21 특정시점의 계정잔액목록표로 기록의 오류를 검증하기 위해 작성되는 것은?

① 시산표 ② 정산표
③ 결산정리목록표 ④ 재고조사표

TIP ① 시산표는 특정시점의 계정잔액목록표로 시산표 등식에 따라 전기 후에 대차가 일치하는지를 검사하기 위한 것이다.

Answer   18.④ 19.② 20.② 21.①

22 기말에 건물에 대한 감가상각비를 인식하지 않았다면 어떤 결과가 나타나겠는가?

① 자산의 과대평가와 비용의 과소평가
② 부채의 과대평가와 수익의 과소평가
③ 자산의 과소평가와 수익의 과소평가
④ 부채의 과소평가와 비용의 과소평가

TIP ① 기말에 건물에 대한 감가상각비를 인식하지 않았다면 자산의 과대평가와 비용의 과소평가가 나타난다.

23 회계의 순환과정에서 '분개' 다음에 이루어지는 절차는?

① 전기
② 시산표 작성
③ 정산표 작성
④ 수정분개

TIP ① 회계의 순환과정은 '분개 → 전기 → 시산표 작성 → 수정분개 → 수정 후 시산표 작성 → 재무제표 작성 → 장부 마감' 순으로 이루어진다.

24 대차평균의 원리에 대한 설명으로 옳지 않은 것은?

① 단식부기와 복식부기에 공통적으로 적용되는 원리이다.
② 장부기입과정에서 기록계산의 정확 여부를 자동적으로 검사할 수 있다.
③ 거래의 이중성 개념에 의하여 발생한다.
④ 시산표 작성 시 이용된다.

TIP ① 대차평균의 원리는 복식부기에만 적용된다.

25 집합손익계정에서 산출된 당기순이익은 어떤 계정에 대체되는가?

① 당기순이익계정
② 자본계정
③ 인출금계정
④ 가수금계정

TIP ② 집합손익계정에서 산출된 당기순이익은 개인회사의 경우에는 자본금 계정에, 주식회사의 경우에는 이익잉여금 계정에 대체된다.

Answer 22.① 23.① 24.① 25.②

26 다음 중 집합손익계정에 기록할 수 없는 것은?

① 매출액
② 급여
③ 통신비
④ 선수금

TIP ④ 집합손익계정은 수익에 속하는 계정의 잔액을 차변에 기입하고 마감함과 동시에 손익계정의 대변에 대체한다. 그
리고 비용에 속하는 계정의 잔액을 당해 계정의 대변에 기입하여 마감함과 동시에 손익계정의 차변에 대체한다.

27 다음 중 기말 결산 후 차기로 이월되어 사용되는 것은?

① 매출액
② 매출원가
③ 매출채권
④ 매출총이익

TIP ③ 재무상태표계정은 기말결산 후 차기이월된다.

28 전표의 기능 및 전표제도의 이점이 아닌 것은?

① 전표는 거래의 발생사실을 증명하는 증빙서류로 이용된다.
② 전표는 거래승인에 필요한 결재서류로 이용된다.
③ 전표는 부서 간의 업무연락수단으로 이용된다.
④ 분개장 대신 이용되므로 장부조직이 복잡해진다.

TIP ④ 분개장 대신 이용되므로 정부조직을 간소화한다.

실전기출문제

제93회 기업회계 3급

1 다음 중 관리회계의 목적에 대한 설명으로 가장 옳은 것은?

① 기업실체의 경제적 자원과 그 자원에 대한 청구권 및 변동에 관한 유용한 정보를 제공한다.
② 경영자가 관리적 의사결정을 하는 데 유용한 정보를 제공한다.
③ 현재 및 잠재적 투자자, 채권자, 기타의 이용자가 합리적인 투자 결정을 하는 데 유용한 정보를 제공한다.
④ 투자자, 채권자, 기타의 이용자가 배당금의 지급, 대출금의 상환 등 미래의 현금 수입 전망을 평가하는 데 유용한 정보를 제공한다.

TIP PART 01. 회계의 기초 | Chapter 01. 회계의 기본 원리 | 난이도 하

② 관리회계는 기업 내부 경영자에게 의사결정에 필요한 정보를 제공하는 것을 목적으로 한다. 재무회계가 외부 이해관계자(투자자·채권자 등) 중심의 보고라면, 관리회계는 내부 의사결정과 통제 중심이다. 예산편성, 원가통제, 목표이익 분석 등 경영활동을 효율적으로 수행하기 위한 자료를 제공한다.

제93회 기업회계 3급

2 다음의 설명은 회계 정보의 질적 특성 중 어떤 속성에 대한 설명인가?

> 회계 정보 이용자들에게 두 가지 경제적 현상(회계 실체별, 회계 기간별) 사이의 유사점과 차이점을 식별할 수 있도록 하는 정보의 자질

① 중요성   ② 목적 적합성
③ 신뢰성   ④ 비교 가능성

TIP PART 01. 회계의 기초 | Chapter 01. 회계의 기본 원리 | 난이도 하

④ 비교가능성이란 이용자가 서로 다른 기업 간, 또는 동일 기업의 기간 간 재무정보를 비교하여 판단할 수 있게 하는 특성이다. 이 특성은 회계정책의 일관성과 공시의 투명성을 통해 확보되며, 회계정보의 유용성을 높인다.

Answer   1.②   2.④

3   다음 중 거래의 종류와 그 예시로 옳지 않은 것은?

① 교환거래 : 현금 1,000,000원을 출자하여 영업을 개시하였다.
② 혼합거래 : 이번 달 인터넷 사용료 50,000원과 전기요금 150,000원이 보통예금에서 자동 납부되었다.
③ 손익거래 : 업무용 차량에 100,000원 주유하고 현금으로 지급하였다.
④ 교환거래 : 영업용 건물을 800,000원에 구입하고 대금은 현금으로 지급하였다.

TIP   PART 01. 회계의 기초 │ Chapter 03. 거래 │ 난이도 중

② 통신비와 수도광열비의 자동이체는 비용 발생과 현금지출이 함께 일어난다. 이는 손익거래로 분류된다. 교환거래는 자산과 부채 간 교환만 발생하고, 손익변동이 없는 거래다.

4   다음 중 잔액이 차변에 남는 계정은?

① 상품
② 외상매입금
③ 지급어음
④ 퇴직급여충당부채

TIP   PART 01. 회계의 기초 │ Chapter 04. 계정기입 방법 │ 난이도 하

① 자산 계정의 잔액은 차변에, 부채 · 자본 계정의 잔액은 대변에 남는다. 상품은 자산 항목으로 차변 잔액이 남는다.

Answer   3.②   4.①

5　회계 처리는 다음의 과정을 통해 이루어진다. 빈칸 ㈎, ㈏에 들어갈 알맞은 장부는 무엇인가?

> 회계상 거래가 발생하면 거래 내용을 차변과 대변에 나누어 ㈎에 기록하고 분개가 끝나면 분개한 내용을 ㈏에 계정과목별로 전기하는 과정을 반복한다.

	㈎	㈏
①	분개장	총계정원장
②	총계정원장	분개장
③	분개장	정산표
④	정산표	시산표

TIP　PART 01. 회계의 기초 │ Chapter 05. 분개와 전기 │ 난이도 하

① 거래가 발생하면 먼저 분개장에 차·대변으로 기록하고, 이후 총계정원장으로 전기한다. 이 과정을 통해 거래별 계정 잔액이 누적되어 재무제표 작성의 기초가 된다.

6　다음 중 입금 전표에 기입하는 거래로 옳은 것은? (단, 3전표제를 채택하고 있다.)

① 상품 100,000원을 매출하고 대금은 약속어음으로 수취하였다.
② 비품 100,000원을 구입하고 대금은 현금으로 지급하였다.
③ 외상 대금 100,000원을 자기앞수표로 회수하였다.
④ 기말 외상매출금 잔액에 대하여 2%의 대손을 추산하였다.

TIP　PART 01. 회계의 기초 │ Chapter 07 전표의 기입 │ 난이도 중

③ 자기앞수표는 회계상 '현금'으로 본다. 따라서 현금을 수취한 거래로 입금전표에 기입한다. 출금전표는 현금지급, 대체전표는 현금이 개입되지 않은 거래를 기록한다.

Answer　5.①　6.③

7 다음 자료에서 설명하고 있는 회계 개념으로 옳은 것은?

> 이것은 기업실체의 경제적 거래나 사건에 대해 관련된 수익과 비용을 그 현금유출입이 있는 기간이 아니라 당해 거래나 사건이 발생한 기간에 인식하는 것을 말한다. 이것으로 인해 현금거래뿐 아니라, 신용거래, 재화 및 용역의 교환 또는 무상이전 등과 같이 현금유출입을 동시에 수반하지 않는 거래나 사건을 인식함으로써 기업실체의 자산과 부채 그리고 이들의 변동에 관한 정보를 제공하게 된다.

① 발생주의
② 현금주의
③ 회계단위
④ 회계기간

TIP PART 01. 회계의 기초 | Chapter 01 회계의 기본 원리 | 난이도 중

① 발생주의 회계란 현금의 유입·유출 시점이 아니라, 경제적 거래가 실제로 발생한 시점에 수익과 비용을 인식하는 회계 개념이다. 이로써 외상거래나 무상거래와 같이 현금 이동이 없는 거래도 인식되어 자산·부채 및 자본 변동을 정확히 반영한다. 기업의 재무성과를 기간별로 비교 가능하게 해주는 핵심 원칙이다.

8 다음 중 회계거래의 비용인식에 적용되는 원칙으로 가장 옳은 것은?

① 현금주의
② 순액주의
③ 수익·비용 대응
④ 실현주의

TIP PART 01. 회계의 기초 | Chapter 02 기업의 재무상태와 경영성과 | 난이도 중

③ 수익·비용 대응의 원칙이란, 일정 회계기간의 수익을 인식할 때 이에 대응하는 비용도 동일 기간에 인식해야 한다는 원칙이다. 이는 회계의 목적이 특정 기간의 순이익을 공정하게 측정하는 데 있기 때문이다. 따라서 현금지급 시점이 아닌, 수익 발생 시점에 비용을 인식해야 한다.

Answer　　7.①　8.③

9 다음 중 회계와 관련된 등식으로 성립될 수 없는 것은?

① 자산＝부채＋자본
② 기말자본＝기초자본＋당기순이익
③ 당기 순매출액＝매출원가＋매출총이익
④ 당기 판매가능 상품＝기초 상품 재고액－당기 순매입액

TIP PART 01. 회계의 기초 | Chapter 02 기업의 재무상태와 경영성과 | 난이도 하
④ 판매가능상품액은 기초상품재고액＋당기순매입액이다.

10 다음 중 자본감소의 원인이 되는 계정으로만 묶인 것은?

① 잡비, 비품
② 임차료, 보험료
③ 급여, 소모품
④ 차량운반구, 기계장치

TIP PART 01. 회계의 기초 | Chapter 02 기업의 재무상태와 경영성과 | 난이도 하
② 자본감소는 비용 발생에 의해 나타난다. 임차료와 보험료는 모두 비용이므로 자본을 감소시키는 요인이다. 반면 비품·
기계장치 등은 자산 항목이다.

Answer　9.④　10.②

11 다음 중 보기의 ㈎와 ㈏에 동시에 영향을 주는 거래로 옳은 것은?

재무상태표		손익계산서	
㈎			㈏

① 거래처에 1년 상환 조건으로 현금 100,000원을 빌려주었다.
② 장기차입금에 대한 이자 50,000원을 보통예금에서 이체하여 지급하였다.
③ 거래처로부터 상품 300,000원을 외상으로 매입하였다.
④ 대주주로부터 시가 500,000원의 건물을 무상으로 증여받았다.

TIP PART 01. 회계의 기초 │ Chapter 03. 거래 │ 난이도 중

④ 건물 무상증여는 자산의 증가(건물)와 동시에 자본 증가(자산수증이익)를 발생시켜 재무상태표와 손익계산서 모두에 영향을 준다. 즉, 자산수증이익은 수익으로 인식되어 손익계산서에 표시되며, 건물은 자산으로 재무상태표에 반영된다.

12 다음의 계정 기입 내용을 보고 이에 대한 거래를 추정한 것으로 옳은 것은?

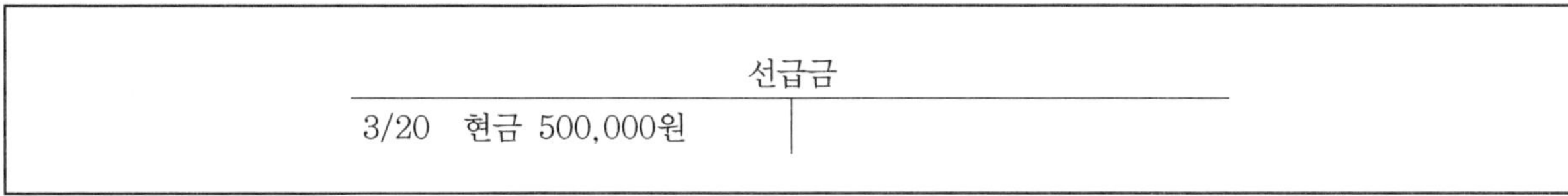

선급금	
3/20 현금 500,000원	

① 거래처에 상품을 주문하고 계약금 500,000원을 현금으로 지급하였다.
② 상품을 구입하고 현금으로 500,000원을 지급하였다.
③ 거래처에 상품을 매출하고 대금 500,000원을 현금으로 받았다.
④ 업무용 컴퓨터를 500,000원에 구입하고 대금은 7일 후에 지급하기로 하였다.

TIP PART 01. 회계의 기초 │ Chapter 03. 거래 │ 난이도 하

① 상품 주문 시 계약금을 현금으로 지급하면, 이는 미래에 받을 상품의 대금 일부를 선지급한 것이므로 선급금(자산)의 증가로 본다. 따라서 차변에 선급금, 대변에 현금이 기록된다.

Answer　11.④　12.①

제92회 기업회계 3급

13 다음 중 계정과목의 증가 또는 발생액이 대변에 기입되는 계정과목은 무엇인가?

① 토지   ② 잡이익

③ 수도광열비   ④ 차량운반구

TIP   PART 01. 회계의 기초 | Chapter 04 계정기입 방법 | 난이도 하

② 대변에는 자본의 증가, 부채의 증가, 수익의 발생을 기록한다. 잡이익은 수익계정으로 자본을 증가시키므로 대변에 기입된다. 반면 자산의 증가나 비용의 발생은 차변에 기록된다.

제92회 기업회계 3급

14 다음과 같이 계정이 기입되는 거래로 옳은 것은?

(차) 자산	(대) 부채

① 제품매출 500,000원을 외상으로 제공하였다.

② 은행 차입금 300,000원을 회사 보통예금 계좌에 입금하였다.

③ 통신비 100,000원이 발생했으나 미지급하였다.

④ 지급수수료 200,000원을 보통예금으로 지급하였다.

TIP   PART 01. 회계의 기초 | Chapter 04 계정기입 방법 | 난이도 중

② 보통예금(자산)이 증가하고, 차입금(부채)이 동시에 증가하는 거래이다. 자산과 부채 모두 변동하므로 회계 등식은 유지된다.

제92회 기업회계 3급

15 실무에서 거래를 기록하는 가장 기초적인 증빙서류이고 발생한 순서대로 정리해 분개장을 대신하는 장부로도 사용할 수 있는 것은 무엇인가?

① 상품재고장   ② 전표

③ 현금출납장   ④ 시산표

TIP   PART 01. 회계의 기초 | Chapter 07. 전표의 기입 | 난이도 하

② 전표는 모든 거래의 최초 기록이자 회계의 출발점이다. 전표는 거래 발생 순서대로 작성되어 분개장을 대신할 수 있으며, 이후 총계정원장으로 전기된다. 따라서 회계의 정확성과 감사 추적성을 확보하는 핵심 장부이다.

Answer   13.②   14.②   15.②

제91회 기업회계 3급

16 제조기업에서 원가에 대한 정보를 획득하기 위하여 제품생산에 소비된 원가를 기록, 계산, 집계하는 회계는?

① 재무회계
② 관리회계
③ 원가회계
④ 세무회계

TIP PART 01. 회계의 기초 │ Chapter 01. 회계의 기본 원리 │ 난이도 하

③ 원가회계는 제조활동에 사용된 재료비·노무비·경비 등을 측정하고, 제품원가를 계산하는 내부 관리용 회계이다. 재무회계는 외부 보고 목적, 관리회계는 내부의사결정 목적, 세무회계는 과세소득 계산 목적에 따른 구분이다.

제91회 기업회계 3급

17 다음 중 회계등식을 이용한 거래의 기록에 대한 설명으로 틀린 것은?

> 가. 자본이란 기업의 자산총액에서 부채총액을 차감하고 남은 순자산이라 정의한다.
> 나. 회계등식은 자산＝부채＋자본으로 표시된다.
> 다. 당기순이익은 배당으로 유출되지 않고 매년 기업에 누적되어 있는 것을 말한다.
> 라. 자본금이란 소유주가 직접 출자한 금액을 주식의 액면가액으로 나타낸 것이다.

① 가
② 나
③ 다
④ 라

TIP PART 01. 회계의 기초 │ Chapter 02. 재무상태와 경영성과 │ 난이도 중

③ 당기순이익의 누적분은 이익잉여금으로, 자본금이 아니다. 자본금은 출자 시 납입된 금액이며, 자본은 자본금·잉여금·자본조정 등으로 구성된다.

Answer 16.③ 17.③

18 다음 거래의 결합관계를 바르게 연결한 것은?

> 불우이웃돕기성금으로 현금 1,000,000원을 대한적십자사에 기탁하였다.

① (차) 부채의 감소   (대) 자산의 감소
② (차) 비용의 발생   (대) 자산의 감소
③ (차) 자산의 증가   (대) 부채의 증가
④ (차) 부채의 감소   (대) 자산의 증가

TIP　PART 01. 회계의 기초 │ Chapter 03. 거래 │ 난이도 하

② 성금 기탁은 기부금(비용)의 발생과 현금(자산)의 감소를 초래한다. 즉, 차변은 비용(기부금), 대변은 현금의 감소로 처리한다.

※ 회계등식 ⋯ 자산 ↓ = 자본 ↓(비용 발생으로 자본 감소)

19 다음 중 거래요소의 결합관계가 성립될 수 없는 것은?

① (차) 자산의 증가   (대) 부채의 증가
② (차) 자산의 감소   (대) 비용의 발생
③ (차) 부채의 감소   (대) 수익의 발생
④ (차) 자본의 감소   (대) 자본의 증가

TIP　PART 01. 회계의 기초 │ Chapter 03. 거래 난이도 하

② 비용 발생은 자본감소(차변)이고, 자산 감소는 대변 항목이므로 한 거래에서 차·대변이 될 수 없다. 즉, 회계의 복식원리상 성립 불가능한 조합이다.

Answer　18.② 19.②

20 다음 내용 중 회계상의 거래를 모두 고른 것은?

> 세무가구는 사업확장을 위해 ㈎영업사원 3명을 채용하고, 거래처에 ㈏판매용 가구 5,000,000원을 주문하였다. ㈐영업용 컴퓨터 8,000,000원을 24개월 무이자할부로 구입하고 ㈑영업용 차량에 휘발유 60,000원을 신용카드로 주유하였다. ㈒국민은행에서 현금 50,000,000원을 대출받았다.

① ㈎, ㈏, ㈐
② ㈎, ㈐, ㈑
③ ㈏, ㈐, ㈒
④ ㈐, ㈑, ㈒

TIP PART 01. 회계의 기초 | Chapter 03. 거래 난이도 중

④ 상품 주문·채용은 자산·부채 변동이 없으므로 거래가 아니다. 기계 구입과 주유행위는 실제 자산·비용 변동이 발생하여 거래로 본다. ④는 비용 발생 및 부채 증가가 수반된다.

21 다음 보기의 ㈎에 기입할 수 없는 계정과목은?

<table>
<tr><td colspan="2" align="center">㈎</td></tr>
<tr><td>1/1 전기이월 100,000원</td><td></td></tr>
</table>

① 현금
② 지급어음
③ 외상매출금
④ 차량운반구

TIP PART 01. 회계의 기초 | Chapter 04. 계정기입 방법 | 난이도 하

② 차변에 이월된 잔액은 자산계정이다. 지급어음은 부채이므로 전기이월은 대변에 기입된다.

Answer 20.④ 21.②

22 다음 중 임시계정이 아닌 것은?

① 가수금
② 가지급금
③ 미지급금
④ 현금과부족

TIP PART 01. 회계의 기초 │ Chapter 05. 분개와 전기 │ 난이도 중

③ 임시계정은 거래는 발생했지만 계정과 금액이 확정되지 않았을 때 사용하는 계정이다. 가수금 · 가지급금 · 현금과부족이
해당하며, 미지급금은 확정된 부채이므로 임시계정이 아니다.

23 다음 거래와 관련하여 작성되는 전표가 바르게 짝지어진 것은? (단, 3전표제를 채택한다.)

> (가) 현금 100,000원을 거래은행에 당좌예금하였다.
> (나) 상품을 100,000원에 매출하고 대금은 타인발행수표로 받았다.

	(가)	(나)
①	출금전표	입금전표
②	출금전표	대체전표
③	입금전표	출금전표
④	입금전표	대체전표

TIP PART 01. 회계의 기초 │ Chapter 07 전표의 기입 │ 난이도 중

① 현금 예입은 현금 감소→출금전표, 타인발행수표 수취는 현금 증가→입금전표이다.
3전표제에서는 현금 유출입 여부로 판단한다.

Answer 22.③ 23.①

24 ㈜세정의 아래 자료를 이용하여 계산한 기초자본은 얼마인가?

> • 기초자산은 8,000,000원이었고 기말에 5,000,000원이 증가하였다.
> • 기말부채액은 4,000,000원이고 당기순이익은 3,000,000원이다.

① 13,000,000원

② 10,000,000원

③ 9,000,000원

④ 6,000,000원

TIP　PART 01. 회계의 기초 │ Chapter 02 재무상태와 경영성과 │ 난이도 중

④ 기초자본＝(기초자산＋자산증가)－(기말부채＋당기순이익)

　＝(8,000,000＋5,000,000)－(4,000,000＋3,000,000)＝6,000,000원

25 다음 중 역사적원가에 대한 설명으로 틀린 것은?

① 자산을 취득할 당시의 공정한 시장가격을 잘 반영한다.

② 자산을 취득할 때의 교환가격이다.

③ 정상적인 청산을 가정하는 경우 현재시점에서 자산의 판매가치를 말한다.

④ 자산을 취득한 시점의 시장가치를 나타낸다.

TIP　PART 01. 회계의 기초 │ Chapter 01. 기본 원리 │ 난이도 중

③ 역사적원가란 자산을 취득 시점의 실제 교환가격으로 평가하는 원칙이다. 이는 객관성과 검증가능성을 확보하기 위한 것으로, 현재시점의 판매가치(청산가치)와는 다르다. 따라서 정상적 청산을 가정한 현재가치라는 설명은 잘못된 설명이다.

Answer　24.④　25.③

26 다음의 거래로 결합관계를 설명한 것 중 올바른 것은?

> 법인 회사를 설립하기 위해 주주들이 현금 10,000,000원을 출자하였다.

① 자산의 증가
② 수익의 증가
③ 비용의 증가
④ 부채의 증가

TIP PART 01. 회계의 기초 | Chapter 03 거래 | 난이도 하

① 출자는 자산(현금)의 증가와 동시에 자본금의 증가를 초래한다. 즉, 회계등식으로 표현하면 자산 10,000,000 ↑ = 자본 10,000,000 ↑으로, 자산과 자본이 동시에 증가하는 거래이다.

27 ㈜한국의 다음 거래에 대한 회계처리 결과로 옳은 것을 〈보기〉에서 고른 것은?

> ㈜세무에 대한 외상매출금 100,000원을 ㈜한국이 ㈜세무에게 발행해 주었던 약속어음으로 회수하였다.

―― 〈보기〉 ――

가. 재고자산 100,000원이 증가한다.
나. 유동자산 100,000원이 감소한다.
다. 당좌자산 100,000원이 증가한다.
라. 유동부채 100,000원이 감소한다.

① 가, 나   ② 가, 다
③ 나, 다   ④ 나, 라

TIP PART 01. 회계의 기초 | Chapter 03 거래 | 난이도 중

④ 외상매출금(유동자산)이 감소하고, 지급어음(유동부채)이 감소한다. 즉, 자산과 부채가 동시에 감소하므로 재무상태표에만 영향을 주는 거래이다.

Answer   26.①   27.④

28 다음에 나열된 사건 중 회계상 거래에 해당하지 않는 것은?

> 가. 은행에서 현금을 인출하였다.
>
> 나. 업무용차량 리스료를 지급하였다.
>
> 다. 재고 상품을 판매하였다.
>
> 라. 공장에서 사용할 기계장치를 구입하기로 약정하였다.

① 가   ② 나

③ 다   ④ 라

TIP PART 01. 회계의 기초 | Chapter 03. 거래 | 난이도 하

④ 거래는 자산·부채·자본의 변동이 실제 발생해야 인식된다. 단순한 계약 약정만으로는 재무상태 변화가 없으므로 거래로 보지 않는다.

29 다음의 자료를 이용하여 기말자본을 계산하면 얼마인가?

> • 기초자본 : 300,000원
>
> • 총수익 : 600,000원
>
> • 총비용 : 400,000원

① 300,000원

② 400,000원

③ 500,000원

④ 600,000원

TIP PART 01. 회계의 기초 | Chapter 02. 재무상태와 경영성과 | 난이도 하

③ 당기순이익 = 600,000 - 400,000 = 200,000원, 기말자본 = 300,000 + 200,000 = 500,000원이다. 이는 회계등식, 기말자본 = 기초자본 + 총수익 - 총비용에 따른 기본 계산이다.

Answer 28.④ 29.③

30 다음 중 재무제표 작성 시 필수 기재사항이 아닌 것은?

① 기업명
② 담당자명
③ 재무제표의 명칭
④ 보고기간 종료일 또는 회계기간

TIP PART 01. 회계의 기초 │ Chapter 01. 회계의 기본 원리 │ 난이도 하

② 재무제표에는 반드시 재무제표의 명칭, 기업명, 보고기간 종료일 또는 회계기간, 보고통화 및 금액 단위를 기재해야 한다. '담당자명'은 기업 내부 문서상의 정보이지, 회계공시의 필수요소가 아니므로 제외된다. 이는 재무보고의 기본 공시 요건 중 식별성(identifiability) 확보를 위한 규정이다.

31 다음의 회계 등식 중 옳지 않은 것은?

① 기말자본＝기말자산－기말부채
② 기말자산＝기말부채＋기초자본＋당기순이익
③ 기말자본＝기초자본＋총수익－총비용
④ 기말자산＋총비용＝기말부채＋기말자본＋총수익

TIP PART 01. 회계의 기초 │ Chapter 02 재무상태와 경영성과 │ 난이도 중

④ 기본 회계등식은 자산 = 부채 + 자본이며, 손익을 반영하면 기말자본 = 기초자본 + 총수익 − 총비용이다. ④는 시산표와 결산 정리 시 오류를 식별하는 기본식이다.

Answer 30.② 31.④

32 세무상사의 2025년 1월 1일 현재의 재무상태가 다음과 같을 때 단기대여금을 구하시오.

> • 현금 : 3,700,000원
> • 선수금 : 1,400,000원
> • 받을어음 : 1,900,000원
> • 단기대여금 : (   )원
> • 자본금 : 5,000,000원
> • 미지급금 : 1,800,000원

① 1,200,000원
② 2,600,000원
③ 2,000,000원
④ 2,400,000원

TIP PART 01. 회계의 기초 │ Chapter 02 재무상태와 경영성과 │ 난이도 중

② 자산＝부채＋자본, 3,700,000＋1,900,000＋(단기대여금)＝1,400,000＋1,800,000＋5,000,000원으로 따라서 단기대여금 = 2,600,000원이다.

33 다음 중 회계상 거래에 속하지 않는 것은?

① 매출 대금으로 받아 보관 중인 받을어음 1,000,000원이 지급 거절되어 부도 처리하였다.
② 신제품 개발을 위하여 ㈜세무와 1,000,000원의 연구개발 용역을 체결하였다.
③ 공장에 화재가 발생하여 1,000,000원의 기계장치가 불에 전소되었다.
④ 폭우로 인해 1,000,000원의 건물 지붕이 소실되었다.

TIP PART 01. 회계의 기초 │ Chapter 03 거래 │ 난이도 중

② 회계상 거래란 자산·부채·자본의 증감에 영향을 미치는 사건을 말한다. 단순한 계약 체결이나 약속은 아직 재화나 용역의 이전이 없으므로 회계상의 거래가 아니다. 따라서 연구개발 용역 계약 체결행위는 거래에 해당하지 않는다.

Answer 32.② 33.②

34 다음 중 재무상태표에만 영향을 주는 거래는?

① 외상 매입 대금을 현금으로 지급
② 대여금의 이자를 현금으로 회수
③ 업무용 차량의 자동차세를 현금으로 지급
④ 차입금에 대한 이자를 현금으로 지급

TIP PART 01. 회계의 기초 | Chapter 03 거래 | 난이도 하

① 부채(외상매입금)의 감소와 자산(현금)의 감소만 발생하므로 재무상태표 항목 간의 대체 거래이다. 다른 선택지는 모두 수익 또는 비용을 수반하므로 손익계산서에도 영향을 준다.

35 다음 중 손익거래에 해당하는 것은?

① 사무용 비품 300,000원을 현금으로 구입하였다.
② 현금 1,000,000원을 출자하여 영업을 개시하였다.
③ 건물 임대차 계약을 맺고 월세 200,000원을 현금으로 받았다.
④ 상품을 500,000원(원가 300,000원)에 매출하고 대금은 현금으로 받았다.

TIP PART 01. 회계의 기초 | Chapter 03 거래 | 난이도 하

③ 손익거래는 수익 또는 비용의 발생으로 자본이 증감하는 거래이다. 임대료 수취는 수익 발생이므로 손익거래이다. 비품 구입은 자산 대체, 출자는 자본 거래, 상품 매출은 혼합거래에 해당한다.

36 다음 중 회계기간에 대한 설명으로 옳지 않은 것은?

① 인위적으로 구분한 기간으로 회계연도라고도 한다.
② 1 회계기간은 당기 기초시점부터 기말시점까지를 말한다.
③ 기업의 경영성과와 재무상태를 파악하기 위한 시간적인 개념이다.
④ 회계기간은 원칙적으로 2년을 초과할 수 없다.

TIP PART 01. 회계의 기초 | Chapter 01 회계의 기본 원리 | 난이도 하

④ 회계기간은 원칙적으로 1년(12개월)을 단위로 하며, 이를 회계연도라고 한다. 2년 이상 설정은 불가능하다. 이는 기간별 보고의 가정(기간별 회계)에 근거한다.

Answer 34.① 35.③ 36.④

제89회 기업회계 3급

37 회계순환과정 중 분개장 작성 후에 수행하는 절차와 가장 관련이 있는 것은?

① 시산표
② 보조부
③ 총계정원장
④ 매입 · 매출장

TIP PART 01. 회계의 기초 | Chapter 05 분개와 전기 | 난이도 하

③ 거래 발생 후 분개장에 기록하고, 그 내용을 총계정원장으로 전기(posting) 한다. 총계정원장은 모든 계정의 잔액을 집계하여 시산표 작성의 기초자료가 된다.

제89회 기업회계 3급

38 거래 발생 시 다음의 과정을 거쳐 회계처리를 하게 된다. 각 과정을 부르는 용어로 옳은 것은?

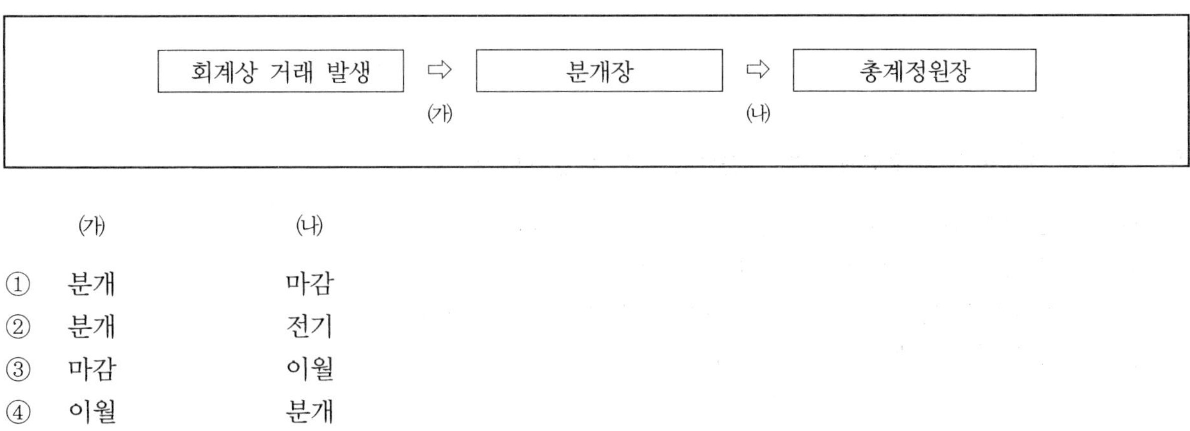

	(가)	(나)
①	분개	마감
②	분개	전기
③	마감	이월
④	이월	분개

TIP PART 01. 회계의 기초 | Chapter 05 분개와 전기 | 난이도 하

② 회계순환과정은 거래 발생 → 분개 → 전기 → 시산표 작성 → 결산의 순으로 이루어진다. '분개'는 거래를 차변과 대변으로 구분하는 기록 행위이며, '전기'는 이를 각 계정의 원장에 옮겨 적는 절차이다.

Answer 37.③ 38.②

39 다음 설명은 회계의 구성 요소에 대한 설명이다. 이에 해당하는 계정과목으로 올바른 것은?

> 과거 거래나 사건의 결과로서 보고기간 종료일 현재 기업에 의해 지배되고 미래에 경제적 가치를 창출할 것으로 기대되는 자원이다.

① 받을어음
② 임차료
③ 이자수익
④ 외상매입금

TIP PART 01. 회계의 기초 | Chapter 02 기업의 재무상태와 경영성과 | 난이도 하

① 받을어음은 미래의 현금유입이 예상되는 자산이다. 임차료는 비용, 이자수익은 수익, 외상매입금은 부채에 속한다.

40 다음 중 회계의 주된 목적에 대한 설명으로 가장 옳은 것은?

① 자금 조달을 원활하게 할 수 있도록 자료를 제공한다.
② 기업의 소유주에게 이익을 극대화 시켜준다.
③ 기업이해관계자들의 의사결정에 유용한 회계 정보를 제공한다.
④ 거래처의 채권과 채무를 기록 및 계산한다.

TIP PART 01. 회계의 기초 | Chapter 01. 회계의 기본 원리 | 난이도 하

③ 회계의 본질은 다양한 이해관계자(투자자, 채권자 등)의 의사결정을 지원할 유용한 정보를 제공하는 것이다. 자금조달 원활화 또는 소유주 이익극대화는 파생 효과일 뿐, 주된 목적 자체는 아니다.

Answer   39.① 40.③

41 다음의 자료를 이용하여 순자산(자본) 금액을 계산하면 얼마인가?

> • 단기대여금 : 200,000원
> • 토지 : 300,000원
> • 임차보증금 : 600,000원
> • 매입채무 : 100,000원
> • 장기차입금 : 500,000원

① 500,000원
② 600,000원
③ 700,000원
④ 800,000원

TIP PART 01. 회계의 기초 | Chapter 02. 기업의 재무상태와 경영성과 | 난이도 하

① 자산 1,100,000(단기대여금＋토지＋임차보증금)－부채 600,000(매입채무＋장기차입금)＝자본 500,000원

42 다음에서 설명하는 재무제표의 구성요소는 무엇인가?

> 기업이 거래나 과거사건의 결과로 미래에 타인에게 현금이나 서비스를 지급해야 하는 채무 또는 의무를 말한다.

① 자산
② 부채
③ 수익
④ 비용

TIP PART 01. 회계의 기초 | Chapter 02. 기업의 재무상태와 경영성과 | 난이도 하

② 과거 사건의 결과로 현재 기업이 부담한 장래 유출 의무를 부채라 한다.

Answer 41.① 42.②

43 다음 중 계정과목을 자산, 부채, 자본 항목으로 연결한 것 중 옳지 않은 것은?

① 단기대여금 : 자산　　　　　　② 미지급금 : 부채
③ 영업권 : 부채　　　　　　　　④ 주식발행초과금 : 자본

TIP　PART 01. 회계의 기초 ｜ Chapter 04. 계정기입 방법 ｜ 난이도 하

③ 영업권 · 특허권 등은 무형자산이며, 주식발행초과금은 자본, 단기대여금은 자산, 미지급금은 부채이다.

44 다음 중 회계상의 거래에 대한 설명으로 가장 옳지 않은 것은?

① 계약을 체결하거나 주문을 접수한 경우도 회계거래로 취급한다.
② 건물이 불에 탔다면 건물이라는 자산에 변화가 일어났으므로 회계상 거래이다.
③ 회계에서는 자산, 부채, 자본의 변화를 가져오는 것이면서 그 변화의 크기를 금액으로 측정할 수 있는 사건을 거래라고 하며 장부기록의 대상이 된다.
④ '회계거래로 인식한다'라는 의미는 금액으로 표시하여 장부상에 반영함으로써 재무상태표와 손익계산서에 그 영향이 나타나도록 하는 것이다.

TIP　PART 01. 회계의 기초 ｜ Chapter 03. 거래 ｜ 난이도 하

① 계약의 체결이나 주문의 접수 그 자체로는 재무상태인 자산, 부채, 자본에 변동이 없으므로 회계거래로 취급하지 않는다. 금액으로 측정 가능한 재무요소의 변동이 있어야 회계거래이다. 주문 · 계약 자체는 장부반영 대상이 아니다.

45 다음 중 계정의 기록이 옳지 않은 것은?

① 매출채권의 감소 : 대변　　　　② 선급금의 감소 : 대변
③ 매입채무의 증가 : 대변　　　　④ 차입금의 감소 : 대변

TIP　PART 01. 회계의 기초 ｜ Chapter 04. 계정기입 방법 ｜ 난이도 하

④ 자산 · 비용 증가는 차변, 감소는 대변. 부채 · 자본 · 수익 증가는 대변, 감소는 차변. 차입금(부채)의 감소는 차변에 기록한다.

Answer　43.③　44.①　45.④

제88회 기업회계 3급

46 다음 중 계정의 잔액을 올바르게 기재한 것은?

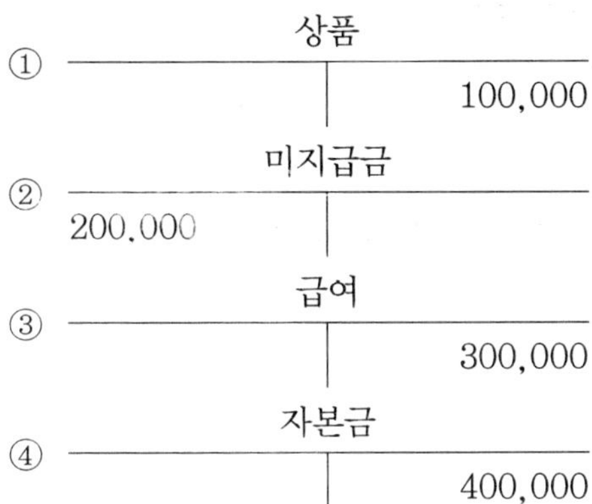

TIP | PART 01. 회계의 기초 | Chapter 04. 계정기입 방법 | 난이도 하

④ 자산 · 비용은 차변잔액, 부채 · 자본 · 수익은 대변잔액이 원칙이다.

제88회 기업회계 3급

47 다음 중 비유동자산의 분류가 나머지와 다른 것은?

① 만기보유증권
② 장기대여금
③ 장기매출채권
④ 투자부동산

TIP | PART 01. 회계의 기초 | Chapter 02. 기업의 재무상태와 경영성과 | 난이도 하

③ 만기보유증권 · 장기대여금 · 투자부동산은 투자자산, 장기매출채권은 기타비유동자산이다.

Answer   46.④   47.③

48 다음 중 재무회계와 관련이 없는 것은?

① 기업회계기준 ② 외부정보이용자

③ 비화폐적 정보 ④ 과거의 실적정보

TIP PART 01. 회계의 기초 | Chapter 01. 회계의 기본 원리 | 난이도 하

③ 재무회계는 기업의 재무상태와 경영성과를 외부 이해관계자에게 보고하기 위해 화폐 단위로 표현된 정보를 제공한다. 따라서 비화폐적 정보는 재무회계의 대상이 아니다.

49 다음 중 회계의 기본가정인 계속기업 가정과 관련이 없는 것은?

① 역사적 원가 ② 현행원가

③ 감가상각 ④ 유동성배열

TIP PART 01. 회계의 기초 | Chapter 01. 회계의 기본 원리 | 난이도 중

② 계속기업 가정은 기업이 영속적으로 운영된다는 전제 아래 역사적원가 · 감가상각 · 유동성배열의 정당성을 제공한다. 현행원가는 시장가치 평가 개념으로, 계속기업 가정보다 시가주의 회계에 가깝다.

50 다음 중 순자산을 증가시키는 거래에 해당하는 것은?

① 자산의 감소 ② 부채의 감소

③ 비용의 발생 ④ 자본의 감소

TIP PART 01. 회계의 기초 | Chapter 02. 기업의 재무상태와 경영성과 | 난이도 하

② 순자산 = 자산−부채이다. 따라서 부채의 감소는 순자산(자본)을 증가시키며, 반대로 자산 감소나 비용 발생은 자본을 감소시킨다.

Answer 48.③ 49.② 50.②

51 다음 중 둘 이상의 거래요소의 결합관계로 옳지 않은 것은?

① (차) 자산의 증가　　　　　　(대) 부채의 감소
　　 비용의 발생

② (차) 자산의 증가　　　　　　(대) 자산의 감소
　　　　　　　　　　　　　　　 수익의 발생

③ (차) 자산의 증가　　　　　　(대) 수익의 발생
　　 비용의 발생　　　　　　　 자산의 감소

④ (차) 부채의 감소　　　　　　(대) 자산의 감소
　　 비용의 발생

TIP　PART 01. 회계의 기초 ┃ Chapter 03. 거래 ┃ 난이도 중

① 차변에 자산 증가가 기록될 경우, 대변에는 부채 감소가 아니라 자본 증가 또는 수익 발생 등이 결합되어야 한다.

52 다음 중 손익거래에 해당하는 것은?

① 현금 1,000,000원을 추가 출자하다.
② 비품 200,000원을 외상으로 구입하다.
③ 전기료 1,000,000원을 현금으로 지급하다.
④ 은행에서 1,000,000원을 3개월 후 상환하기로 하고 차입하다.

TIP　PART 01. 회계의 기초 ┃ Chapter 04. 손익과 자본변동 ┃ 난이도 하

③ 손익거래는 당기의 수익 또는 비용을 발생시켜 이익에 영향을 주는 거래다. 전기료 지급은 비용 인식으로 당기손익에 반영된다. 추가출자, 비품 외상구입, 단기차입 등은 자산·부채·자본 간의 교환거래로 손익 자체는 변동시키지 않는다.

Answer　51.①　52.③

53 다음의 회계장부 중 주요부로만 짝지어진 것은?

① 총계정원장, 상품재고장

② 분개장, 매입장

③ 분개장, 총계정원장

④ 매입장, 매출장

TIP PART 01. 회계의 기초 │ Chapter 06. 회계의 순환과정 │ 난이도 하

③ 회계장부는 기록 목적에 따라 주요부(분개장, 총계정원장)와 보조부(현금출납장, 매입장, 매출장 등)로 구분된다. 주요부는 거래의 최초 기록과 집계의 중심이 되는 장부이다.

54 다음 중 ㈎에 해당하지 않는 계정과목은 무엇인가?

> 자산은 보고기간 종료일로부터 1년 이내에 현금화가 가능한지 여부에 따라 유동자산과 비유동자산으로 분류한다. 비유동자산은 투자자산, ㈎, 무형자산, 기타비유동자산으로 분류된다.

① 토지

② 소모품

③ 차량운반구

④ 건설중인자산

TIP PART 01. 회계의 기초 │ Chapter 02. 기업의 재무상태와 경영성과 │ 난이도 하

② ㈎는 '유형자산'에 해당한다(토지 · 차량운반구 · 건설중인자산 등) 소모품은 유동자산(재고자산)에 속한다.

55 다음 중 회계기간에 대한 설명으로 옳은 것은?

① 사업개시일부터 청산일까지를 말한다.

② 회계기간은 반드시 1년을 기준으로 설정하여야 한다.

③ 기업의 경영성과와 재무상태를 파악하기 위한 시간적인 개념이다.

④ 기업의 각종 재산 및 자본의 증감변화를 기록, 계산하기 위하여 설정한 장소적 범위이다.

TIP PART 01. 회계의 기초 │ Chapter 01. 회계의 기본 원리 │ 난이도 하

③ 회계기간은 계속기업의 존속기간을 일정한 기간으로 나누어 경영성과를 측정하기 위한 인위적 구분이다. 즉, 기업의 재무상태와 손익을 일정한 기간 단위로 보고하기 위한 시간적 개념이며, 일반적으로 1년을 기준으로 설정한다.

Answer 53.③ 54.② 55.③

56 다음 중 기업의 경영자 등 내부 회계 정보 이용자에게 필요한 정보를 제공하기 위해 내부 보고를 목적으로 하는 회계로 가장 올바른 것은?

① 관리회계 ② 재무회계
③ 세무회계 ④ 영리회계

TIP   PART 01. 회계의 기초 | Chapter 01. 회계의 기본 원리 | 난이도 하

① 관리회계는 경영자 등 내부 의사결정자에게 유용한 정보를 제공하기 위한 회계이다. 재무회계는 외부이해관계자(투자자, 정부, 채권자 등) 대상이다. 따라서 내부보고 목적의 회계는 관리회계이다.

57 ㈜재무는 상품 100,000원을 매입하고 대금은 당좌수표를 발행하여 지급하는 경우 ㈜재무가 기입해야 하는 전표로 옳은 것은? (단, 3전표제를 채택한다.)

① 입금전표 ② 출금전표
③ 대체전표 ④ 매입전표

TIP   PART 01. 회계의 기초 | Chapter 07. 전표의 기입 | 난이도 하

③ 현금의 입출금이 수반되지 않는 거래는 대체전표를 사용한다. 당좌수표 발행 시 현금의 실출은 없으므로 차변 '상품', 대변 '당좌예금'으로 대체전표에 기입한다.

58 다음 중 회계의 이해관계자와 회계 정보 활용 목적에 대한 내용으로 가장 올바른 것은?

① 정부 – 원활한 조세 징수 ② 채권자 – 안정적인 고용
③ 소비자 – 배당의 안정성 ④ 종업원 – 이자 지급 능력

TIP   PART 01. 회계의 기초 | Chapter 01 회계의 기본 원리 | 난이도 하

① '정부 – 조세징수 및 경제정책 수립, 채권자 – 기업의 이자지급 및 상환능력 평가, 주주 – 배당가능성 및 투자수익 판단, 종업원 – 고용 안정성 및 급여 지급능력 판단' 등 회계정보는 다양한 이해관계자의 의사결정에 활용된다. 따라서 정부의 목적은 조세징수를 위한 회계정보 활용이 가장 적절하다.

Answer   56.① 57.③ 58.①

59 다음은 회계 정보의 질적 특성 중 무엇에 대한 설명인가?

> 기업 간 또는 기간별 비교가 가능하도록 회계 방법 및 절차를 변경하지 않고 계속적으로 사용하여 일관성 있는 정보여야 한다는 속성

① 이해가능성
② 비교가능성
③ 신뢰성
④ 목적적합성

TIP PART 01. 회계의 기초 | Chapter 01 회계의 기본 원리 | 난이도 하

② 비교가능성이란 기업 간 또는 기간 간 재무정보를 비교할 수 있도록 동일한 회계방법과 절차를 지속적으로 사용하는 특성이다. 이는 회계정보의 신뢰성과 일관성을 확보하기 위한 핵심 질적 특성 중 하나이다.

60 다음은 개인기업인 인천상점의 자료이다. 다음 자료를 이용하여 기초 자본총액을 계산하면 얼마인가?

> • 기말자산 500,000원
> • 기말부채 250,000원
> • 당기순이익 150,000원

① 100,000원
② 150,000원
③ 250,000원
④ 400,000원

TIP PART 01. 회계의 기초 | Chapter 02. 기업의 재무상태와 경영성과 | 난이도 중

① 기말자본 = 자산 − 부채 = 500,000 − 250,000 = 250,000원, 기초자본 = 기말자본 − 당기순이익 = 250,000 − 150,000 = 100,000원이다. 이는 기본적인 자본 변동 관계식인 '기말자본 = 기초자본 + 당기순이익'에 따른 계산이다.

Answer 59.② 60.①

61 다음 중 회계상 거래에 해당하는 것은?

① 상품의 주문서 발송　　　　　② 직원의 연봉계약
③ 건물의 담보설정　　　　　　　④ 상품의 도난

TIP　PART 01. 회계의 기초 ｜ Chapter 03 거래 ｜ 난이도 중

④ 회계상 거래는 금전적 가치로 측정 가능하며, 재무제표 요소(자산 · 부채 · 자본 · 수익 · 비용)에 변동을 가져오는 사건을 의미한다. 상품의 도난은 자산 감소를 초래하므로 회계상 거래에 해당한다.

62 다음 중 발생주의 회계와 관련이 없는 것은?

① 미지급 비용　　　　　　　　② 선수수익
③ 발생과 이연　　　　　　　　④ 회계정보의 질적 특성

TIP　PART 01. 회계의 기초 ｜ Chapter 06. 결산(회계의 순환과정) ｜ 난이도 하

④ 발생주의는 현금의 수수 여부와 관계없이 거래가 발생한 기간에 인식하는 회계기준이다. 미지급비용 · 선수수익 등은 발생주의의 대표적 적용 예시이며, 질적 특성은 별도의 개념이다.

63 다음 중 재무제표의 기본가정으로 기업실체의 존속기간을 일정한 기간 단위로 분할하여 각 기간별로 재무제표를 작성하는 것과 관련이 있는 것은?

① 기업실체　　　　　　　　　② 계속기업
③ 기간별 보고　　　　　　　　④ 비교가능성

TIP　PART 01. 회계의 기초 ｜ Chapter 01 회계의 기본 원리 ｜ 난이도 하

③ 재무제표 작성의 기본가정 중 '기간별 보고의 가정'은 기업의 존속기간을 인위적으로 구분하여 일정 기간마다 경영성과를 보고하도록 하는 원칙이다. 이는 발생주의 회계의 전제가 되며, 재무제표의 비교가능성과 시기별 성과 측정을 가능하게 한다.

Answer　　61.④　62.④　63.③

64 다음 중 손익계산서의 기본요소에 해당하지 않는 것은?

① 수익   ② 비용
③ 자본   ④ 포괄이익

> **TIP**   PART 01. 회계의 기초 | Chapter 02 기업의 재무상태와 경영성과 | 난이도 하

③ 손익계산서의 기본요소는 수익과 비용으로 구성된다. 자본은 재무상태표의 구성요소이며, 수익 · 비용의 결과로 변동되는 항목이므로 손익계산서의 기본요소가 아니다.

65 다음 자료에 의하여 기초자본을 계산하면 얼마인가?

• 기초자산 500,000원	• 기말자산 600,000원
• 기말부채 400,000원	• 당기순이익 40,000원

① 40,000원   ② 100,000원
③ 160,000원   ④ 200,000원

> **TIP**   PART 01. 회계의 기초 | Chapter 02 기업의 재무상태와 경영성과 | 난이도 중

③ 기말자본은 자산−부채로 계산되고, 기초자본은 기말자본−당기순이익으로 구한다. 따라서 기말자본(600,000−400,00= 200,000원), 기초자본=200,000−40,000=160,000원이다. 이는 자본변동의 기본공식 '기말자본=기초자본+당기순이익(또는−순손실)'에 따른 계산이다.

66 다음 중 회계상 거래를 분개장에 기록할 때 거래의 8요소의 결합관계로 옳은 것은?

① (차) 자산의 증가   (대) 부채의 감소
② (차) 부채의 증가   (대) 자본의 감소
③ (차) 비용의 발생   (대) 자본의 감소
④ (차) 부채의 감소   (대) 수익의 발생

> **TIP**   PART 01. 회계의 기초 | Chapter 03 거래 | 난이도 중

④ 자산의 증가는 차변, 수익의 발생은 대변에 기록된다. 회계의 이중기입원리에 따라 모든 거래는 차변과 대변이 반드시 일치해야 한다. 자산 · 비용은 차변에서 증가하며, 부채 · 자본 · 수익은 대변에서 증가한다.

Answer   64.③   65.③   66.④

제84회 기업회계 3급

67 다음 중 회계상 거래에 관한 설명으로 틀린 것은?

① 재무제표의 구성요소에 변동이 발생하여야 한다.
② 자산, 부채, 자본, 수익, 비용을 재무제표의 구성요소라 한다.
③ 일상생활의 거래와 회계상 거래는 항상 같은 개념이다.
④ 회계상 거래는 화폐단위로 신뢰성 있게 측정할 수 있다.

`TIP` PART 01. 회계의 기초 | Chapter 03 거래 | 난이도 하

③ 회계상 거래는 화폐 단위로 측정 가능하고, 재무제표의 구성요소(자산 · 부채 · 자본 · 수익 · 비용)에 영향을 미치는 거래를 의미한다. 단순 주문이나 계약은 회계상 거래가 아니다.

제84회 기업회계 3급

68 다음 중 아래 자료에 대한 거래 요소의 결합관계가 바르게 연결된 것은?

> 업무용 사무실을 임차하고 사용료 500,000원을 당좌수표를 발행하여 지급하다.

① (차) 부채의 감소   (대) 비용의 발생
② (차) 비용의 발생   (대) 자산의 감소
③ (차) 부채의 감소   (대) 자산의 감소
④ (차) 비용의 발생   (대) 부채의 증가

`TIP` PART 01. 회계의 기초 | Chapter 05 분개와 전기 | 난이도 중

② 당좌수표를 발행하면 당좌예금이 감소하고, 임차료는 발생한 기간의 비용이므로 차변에 기록한다. 회계처리는 차변 임차료 500,000원(비용의 발생) | 대변 당좌예금 500,000원(자산의 감소)으로 한다.

제84회 기업회계 3급

69 다음 중 입출금전표와 가장 관련이 있는 계정과목은 무엇인가?

① 당기 미지급보험료   ② 대손상각비
③ 현금   ④ 감가상각비

`TIP` PART 01. 회계의 기초 | Chapter 07 전표의 기입 | 난이도 하

③ 입출금전표는 현금의 입금 또는 출금이 있을 때 사용하는 전표이다. 따라서 '현금' 계정이 중심이 되며, 전표기입 시 현금의 증감 방향에 따라 차변 또는 대변으로 처리된다.

Answer   67.③   68.②   69.③

고난도기출문제

제92회 기업회계 2급

1 다음 중 재무 보고의 목적에 대한 설명으로 옳지 않은 것은?

① 경영자의 수탁 책임 평가에 유용한 정보를 제공한다.
② 투자 및 신용 의사결정에 유용한 정보를 제공한다.
③ 재무 상태, 경영성과, 현금흐름, 자본변동에 관한 정보를 제공한다.
④ 과거 재무에 대한 보고이므로 미래현금흐름 예측에 유용한 정보 제공이 불가능하다.

TIP PART 01. 회계의 기초 | Chapter 01. 회계의 기본 원리 | 난이도 하

④ 재무보고의 목적은 투자자·채권자 등 외부 이해관계자의 의사결정을 돕는 것이다. 재무보고는 과거의 정보를 제공하지만, 과거의 수익성·현금흐름 정보를 바탕으로 미래현금흐름 예측에도 유용하다.

제92회 기업회계 2급

2 다음 중 재무제표 인식요건에 대한 설명으로 옳지 않은 것은?

① 자산은 미래경제적 효익이 기업에 유입될 가능성이 높고 해당 항목의 원가 또는 가치를 신뢰성 있게 측정할 수 있어야 한다.
② 부채는 현재 의무의 이행에 따라 경제적 효익이 내재된 자원의 유출가능성이 높고 결제될 금액에 대해 신뢰성 있게 측정할 수 있어야 한다.
③ 수익은 자산의 감소나 부채의 감소와 관련하여 미래경제적 효익이 증가하고 이를 신뢰성 있게 측정할 수 있어야 한다.
④ 비용은 자산의 감소나 부채의 증가와 관련하여 미래경제적 효익이 감소하고 이를 신뢰성 있게 측정할 수 있어야 한다.

TIP PART 01. 회계의 기초 | Chapter 01. 회계의 기본 원리 | 난이도 중

③ 수익은 자산의 증가 또는 부채의 감소로 인해 경제적 효익이 증가해야 한다. 즉, 수익은 자산 증가 또는 부채 감소 시 인식된다.

Answer 1.④ 2.③

3 다음의 보기 중 재무제표의 기본가정에 해당하는 것은 몇 개인가?

• 기업실체	• 계속기업
• 현금주의	• 기간별보고

① 1개　　　　　　　　　　　② 2개
③ 3개　　　　　　　　　　　④ 4개

TIP PART 01. 회계의 기초 ┊ Chapter 01. 회계의 기본 원리 ┊ 난이도 중

③ 재무제표는 일정한 기본가정하에서 작성되며, 그 핵심은 기업실체의 가정, 계속기업의 가정, 기간별 보고의 가정이다. 현금주의는 기본가정이 아니라 회계기록 기준에 해당한다. 따라서 정답은 3개(기업실체, 계속기업, 기간별보고)이다.

4 아래와 같은 거래요소의 결합관계가 아닌 것은?

(차변) 부채의 감소	(대변) 자산의 감소
(차변) 비용의 발생	(대변) 부채의 증가
(차변) 자산의 증가	(대변) 자본의 증가

① 미지급금 1,000원을 보통예금에서 인출하여 지급하였다.
② 직원의 식대 500원을 외상으로 처리하고 다음 달에 지급하기로 하였다.
③ 현금 2,000원을 출자하여 영업을 개시하였다.
④ 예금이자 100원을 보통예금 통장으로 받았다.

TIP PART 01. 회계의 기초 ┊ Chapter 03. 거래 ┊ 난이도: 중

④ 회계거래는 자산·부채·자본의 결합관계로 구성된다. 예금이자 수입은 "차변 : 자산(보통예금) 증가/대변 : 수익 발생"으로 표시한다. 따라서 "차변 자산의 증가－대변 자본의 증가"는 자본거래가 아닌 수익거래에 해당하여 틀린 진술이다.

Answer　　3.③　4.④

5 재무회계는 기업의 재무상태와 경영실적을 측정하여 정보이용자들에게 재무정보를 제공한다. 다음 중 재무
정보이용자에 대한 설명으로 옳지 않은 것은?

① 소비자는 해당 기업의 제품을 구입하는 경우 제품의 품질과 내용연수를 평가하는 데 유용한 정보를
필요로 한다.

② 채권자는 원금과 이자의 회수가능성을 평가하는 데 유용한 정보를 필요로 한다.

③ 경영자는 투자자와 채권자들이 이용하는 회계정보를 전혀 이용하지 않는다.

④ 재무정보의 이용자는 현재 및 잠재적 투자자, 채권자, 기타 정보이용자를 대상으로 한다.

> **TIP** PART 01. 회계의 기초 | Chapter 01. 회계의 기본 원리 | 난이도 하

③ 회계정보이용자에는 투자자, 채권자, 경영자, 정부, 소비자 등이 포함된다. 경영자 또한 경영계획 수립과 통제, 성과평가
를 위해 회계정보를 적극 활용한다. 회계정보는 기업 내·외부 이해관계자 모두에게 의사결정의 기초자료를 제공한다.

제91회 기업회계 2급

6 다음 중 재무제표 요소의 측정기준에 대한 설명으로 옳은 것은?

① 현행원가로 측정한 자산은 동일하거나 동등한 자산을 취득 시점에 취득할 경우에 그 대가로 지급할
현금이나 현금성 자산의 금액으로 평가한다.

② 역사적 원가는 자산과 부채를 최초로 인식할 때의 금액이며, 자산의 경우에는 취득원가라고도 한다.

③ 자산의 실현 가능 가치는 정상적이지 않은 처분거래에서도 실현 가능할 것으로 예상되는 현금이나
현금성 자산의 금액으로 평가한다.

④ 현재가치 측정 자산은 정상적인 영업과정에서 그 자산이 창출한 확정된 과거 현금유입액의 현재할인
가치로 평가한다.

> **TIP** PART 01. 회계의 기초 | Chapter 02. 기업의 재무상태와 경영성과 | 난이도 중

② 재무제표에서 자산과 부채의 측정기준은 역사적원가, 현행원가, 실현가능가치, 현재가치 등이 있다. 역사적원가는 자산
과 부채를 최초 인식할 때의 금액이며 자산의 경우 '취득원가'라고 한다. 현행원가는 현재 시점에 동일 자산을 취득할 때
의 현금지급액, 실현가능가치는 정상적인 처분에서의 기대 현금유입액이다. 따라서 '역사적원가는 최초 인식 시점의 금
액'이라는 설명이 적절하다.

Answer 5.③ 6.②

7 다음 중 회계상 거래인 것은?

① 종업원을 월급 1,200,000원으로 채용하였다.

② 상품 300,000원의 주문을 받았다.

③ 광고료 100,000원을 현금으로 지급하였다.

④ 건물 월세 계약을 500,000원으로 하기로 구두상 약속하였다.

TIP PART 01. 회계의 기초 │ Chapter 03. 거래 │ 난이도 하

③ 회계상 거래란 기업의 자산, 부채, 자본에 영향을 미치는 외부적 사건이다. 채용·주문·계약은 미래 거래로 아직 재무적 변동이 없으므로 회계거래로 보지 않는다. 따라서 '광고료를 현금으로 지급하였다'는 경우만 회계상 거래에 해당한다.

8 [중소기업회계기준] 다음 중 재무제표에 해당하지 않는 것은?

① 대차대조표

② 손익계산서

③ 현금흐름표

④ 자본변동표

TIP PART 01. 회계의 기초 │ Chapter 06. 결산(회계의 순환과정) │ 난이도 하

③ 중소기업회계기준 제4조에 따르면 재무제표는 대차대조표, 손익계산서, 자본변동표, 이익잉여금처분계산서(또는 결손금처리계산서)로 구성된다. 현금흐름표는 선택항목이므로 재무제표 필수 구성서류가 아니다.

※ 재무제표〈중소기업회계기준 제4조 제1항〉 … 이 기준에서 재무제표는 다음 각 호의 서류로 구성된다. 다만, 제3호와 제4호의 경우 하나를 선택하여 작성한다.

1. 대차대조표
2. 손익계산서
3. 자본변동표
4. 이익잉여금처분계산서 또는 결손금처리계산서

Answer 7.③ 8.③

9 다음은 재무회계의 질적 특성에 대한 설명이다. 틀린 것은 모두 몇 개인가?

> 가. 근본적 질적 특성 구성에는 목적 적합성과 충실한 표현이 있고, 보강적 질적 특성 구성에는 비교 가능성, 검증 가능성, 적시성 및 이해 가능성이 있다.
> 나. 목적 적합한 재무정보가 예측 가치를 갖기 위해서 그 자체가 예측치 또는 예상치일 필요는 없다.
> 다. 충실한 표현에 있어 완전한 서술은 정보이용자가 서술되는 현상을 이해하는 데 필요한 모든 정보를 포함하는 것이다.
> 라. 검증 가능성은 합리적인 판단력이 있고 독립적인 서로 다른 관찰자가 어떤 서술이 충실한 표현이라는 데, 비록 반드시 완전히 일치하지는 못하더라도, 의견이 일치할 수 있다는 것을 의미한다.

① 0개
② 1개
③ 2개
④ 3개

TIP PART 01. 회계의 기초 | Chapter 01. 회계의 기본 원리 | 난이도 하

① 재무정보의 질적 특성은 근본적 특성과 보강적 특성으로 구분된다. 근본적 특성에는 목적적합성과 충실한 표현이, 보강적 특성에는 비교가능성 · 검증가능성 · 적시성 · 이해가능성이 포함된다.

10 다음 중 재무제표에 대한 설명으로 틀린 것은?

① 재무제표 작성 시 계속기업을 전제로 한다.
② 재무제표는 재무상태표, 포괄손익계산서, 현금흐름표, 자본변동표로 구성되며 주석을 포함한다.
③ 재무제표의 기업간 비교가능성을 제고하기 위하여 원칙적으로 재무제표 항목의 표시는 매기 동일하여야 한다.
④ 재무상태표는 일정 시점 현재 기업의 재무상태를 나타내는 보고서이다.

TIP PART 01. 회계의 기초 | Chapter 02. 기업의 재무상태와 경영성과 | 난이도 중

③ 재무제표는 기업의 재무상태와 경영성과를 나타내는 보고서로, 재무상태표 · 포괄손익계산서 · 현금흐름표 · 자본변동표 및 주석으로 구성된다. 재무제표의 비교가능성을 높이기 위해서는 매 회계기간마다 동일한 표시방법을 유지해야 한다. 문항의 "재무제표 항목의 표시는 매기 동일하여야 한다"는 표현은 '기간별' 비교가능성에 관한 원칙을 잘못 언급한 것으로, 올바른 문장은 '기간 간 비교가능성을 높이기 위해 동일 표시를 유지해야 한다'이다.

Answer 9.① 10.③

11 다음 중 재무상태표의 작성기준에 대한 설명으로 틀린 것은?

① 자산, 부채 및 자본은 총액에 의하여 기재함을 원칙으로 하고 자산의 항목과 부채 또는 자본의 항목을 상계함으로써 그 전부 또는 일부를 재무상태표에서 제외하여서는 안 된다.

② 재무제표의 작성과 표시에 대한 책임은 경영자에게 있다.

③ 중요한 항목은 재무제표의 본문이나 주기에 그 내용을 가장 잘 나타낼 수 있도록 구분하여 표시한다.

④ 재무상태표에 기재하는 자산과 부채의 항목배열은 유동성 배열법에 의함을 원칙으로 한다.

TIP　PART 01. 회계의 기초 ┊ Chapter 02. 기업의 재무상태와 경영성과 ┊ 난이도 중

③ 재무상태는 자산, 부채, 자본을 총액으로 표시해야 하며, 자산과 부채를 상계하지 않는다. 또한 중요한 항목은 재무제표의 본문 또는 주석에 표시해야 하며, '주기'라는 표현은 잘못이다. 이 문항은 표현상의 오류를 묻는 문제로, "주기"가 아니라 "주석"이 올바른 용어이다.

12 다음 중 일반적으로 인정된 회계원칙의 특성으로 올바른 것은?

① 회계원칙은 회계실무적 측면이 강조되는 것으로 회계원칙 제정과정에 영향을 미치지 않는다.

② 경제적, 사회적 환경이 변화하면 회계원칙도 변화한다.

③ 회계원칙은 회계이론적인 측면으로 회계실무에 적용할 수는 없다.

④ 회계원칙은 회계기준으로서의 역할을 할 수 없어 회계감사인이 재무제표의 적정성을 판단하는 기준이 될 수 없다.

TIP　PART 01. 회계의 기초 ┊ Chapter 01　회계의 기본 원리 ┊ 난이도 중

② 회계원칙은 회계실무에서 일반적으로 인정된 기준으로, 경제적 · 사회적 환경이 변화하면 이에 맞추어 변화할 수 있다. 즉, 회계원칙은 고정불변의 절대규범이 아니라 실무적 · 환경적 변화에 따라 유연하게 조정되는 상대적 규범이다. 이러한 회계원칙은 회계기준 제정과 회계감사 시 판단의 근거로 작용하며, 재무제표의 적정성을 판단하는 중요한 기준이 된다.

Answer　11.③　12.②

13 다음 중 재무제표의 특성과 한계에 대한 설명으로 틀린 것은?

① 재무제표는 화폐단위로 측정된 정보를 주로 제공한다.

② 재무제표는 대부분 과거에 발생한 거래나 사건에 대한 정보를 나타낸다.

③ 재무제표는 추정에 의한 측정치를 포함하고 있다.

④ 재무제표는 산업 또는 경제 전반에 관한 정보를 제공하며, 특정 기업실체에 관한 정보를 제공하지 않는다.

TIP PART 01. 회계의 기초 | Chapter 01 회계의 기본 원리 | 난이도 중

④ 재무제표는 기업실체의 재무상태와 경영성과를 화폐단위로 측정해 보고하는 문서로, 과거의 거래와 사건을 중심으로 정보를 제공한다. 그러나 산업이나 경제 전반의 정보를 제공하는 것은 아니며, 특정 기업에 대한 정보를 전달한다. 또한 추정치가 포함되어 있어 한계가 존재한다. 따라서 "재무제표는 산업 전반의 정보를 제공한다"는 설명은 틀린 진술이다.

Answer 13.④

14 다음 중 재무제표의 자산과 부채의 측정 속성으로 "독립된 당사자 간의 현행 거래에서 자산이 매각 또는 구입되거나 부채가 결제 또는 이전될 수 있는 교환가치"를 나타내는 것은?

① 공정가치
② 취득원가
③ 기업특유가치
④ 상각후가액

TIP PART 01. 회계의 기초 │ Chapter 02. 기업의 재무상태와 경영성과 │ 난이도 중

① 자산과 부채의 측정속성 중 '공정가치'는 독립된 당사자 간에 자산이 매각·구입되거나 부채가 결제될 수 있는 교환가치를 의미한다. 이는 시장참여자 간의 현재 거래가격을 반영하며, 과거원가인 취득원가나 기업 고유의 가치와 구분된다. 따라서 '공정가치'가 되어야 한다.

Answer 14.①

01 현금 및 현금성 자산

section 1 당좌자산

(1) 당좌자산의 의의

당좌자산은 유동자산 중에서 현금화하기 쉬운 성질의 자산으로 판매과정을 거치지 않고 현금화가 가능하며 비교적 운용이 자유로운 자산이다. 그리고 당좌자산은 재무상태표일로부터 1년 이내에 현금화 가능한 자산이므로 유동자산에 해당한다.

(2) 당좌자산의 종류

현금 및 현금성자산, 당기손익인식금융자산(단기매매금융자산), 매출채권, 단기대여금, 미수금, 미수수익, 선급금, 선급비용, 기타당좌자산

section 2 현금 및 현금성자산

(1) 현금 및 현금성자산의 의의

① 현금 및 현금성자산이란 현금(통화 및 통화대용증권)과 예금(당좌예금·보통예금) 및 현금성자산으로 한다.

② 현금성자산이라 함은 큰 거래비용이 없이 현금으로 전환이 용이하고, 이자율 변동에 따른 가치변동의 위험이 중요하지 않은 유가증권 및 단기금융상품으로서, 취득 당시 만기가 3개월 이내에 도래하는 것을 말한다(예 : 3개월 이내 환매조건의 환매채와 양도성예금증서, 초단기수익증권 등).

③ 주의할 점은 우표나 수입인지는 현금처럼 유통될 수 없으므로 소모품(비)이나 선급비용으로 분류하고 차용증서는 대여금으로 분류한다. 또한 선일자수표는 매출채권 또는 미수금으로 분류한다.

(2) 현금과부족

① 장부상 현금잔액과 실제 현금잔액이 계산의 착오나 거래의 누락 등에 의해서 일치하지 않는 경우 처리하는 임시계정으로서 외부에 공시하는 재무제표에 표시되어서는 안된다.

② 따라서 현금불일치를 발견하였을 때 현금과부족이라는 임시계정에 회계처리를 하였다가, 추후 차이내역을 규명하여 해당 계정으로 회계처리한다.

③ 그러나 결산 시까지 그 원인이 밝혀지지 않는 경우 부족액은 잡손실 계정으로 처리하고, 초과액은 잡이익 계정으로 대체 처리하여야 한다.

(3) 당좌예금

① 당좌예금은 기업이 은행과 당좌계약을 맺고서 은행에 현금을 예입하고 필요에 따라 수표를 발행하여 현금을 인출할 수 있는 예금이다. 기업은 예금할 때 현금, 타인발행의 수표 등으로 예입하고 은행으로부터 수표장을 받아 수표를 발행한다.

② 당좌예금 계정의 차변에는 현금의 예입이 기록되고 대변에는 인출이 기입된다. 따라서 잔액은 보통 차변에 남아 당좌예금의 현재액을 나타내게 된다.

③ 당좌예금의 인출은 당좌예금잔액의 범위 내에서 행해지는 것이 원칙이다. 그러나 은행과 미리 당좌차월계약을 체결하여 일정한 한도 내에서 예금잔액을 초과하여도 수표를 발행하여 은행이 지급할 수 있도록 하는데, 이것을 당좌차월이라고 한다. 당좌차월은 회사의 은행에 대한 부채라고 볼 수 있어 단기차입금으로 분류한다. 금융회사의 요구에 따라 즉시 상환하여야 하는 당좌차월은 기업의 현금관리의 일부를 구성하는데 이때 당좌차월은 현금 및 현금성자산의 구성요소에 포함된다.

(4) 현금출납장과 당좌예금출납장

① 현금출납장

㉠ 현금출납장은 현금의 수입/지출을, 현금수입장은 현금의 수입액만을, 현금지급장은 현금의 지급액만을 기록하는 장부이다. 보조부로 사용될 수도 있는데 복수분개장제도의 경우에는 특수분개장의 하나가 된다.

㉡ 현금거래가 많지 않고 복잡하지 않은 중소기업의 경우에 많이 사용되며, 대기업에서와 같이 현금거래가 많고 복잡하면 현금출납장을 분리하여 현금수입장과 현금지급장을 각각 작성할 필요가 있다. 이렇게 함으로써 현금의 수납여부와 지급업무를 분리하여 실무적으로도 편리하다.

② 당좌예금출납장

㉠ 당좌예금출납장은 당좌예금의 예입과 인출을 기록한 장부이고, 현금당좌예금출납장은 현금출납장과 당좌예금출납장을 합친 장부이며, 수표기입장은 수표발행을 순서대로 기입한 장부이다.

㉡ 기업의 거래가 많고 복잡하면 현금당좌예금출납장보다는 당좌예금출납장, 수표기입장이 많이 사용된다.

02 단기금융상품과 단기매매증권

section 1 단기금융상품

금융기관이 취급하는 정기예금 · 정기적금 및 기타 정형화된 금융상품 등으로 기업이 단기적 자금운영목적으로 보유하거나 보고기간말로부터 만기가 1년 이내에 도래하여야 한다.

회계기간 중 정기예금 · 정기적금은 각각의 계정을 설정하여 회계처리를 하지만 발생빈도가 거의 없거나 비교적 소액일 경우 단기금융상품이라는 통합계정을 사용하기도 한다. 공시할 경우에도 단기금융상품으로 통합하여 표시한다.

section 2 단기매매증권

유가증권 중 공개된 시장을 통하여 공개적인 매매거래가 이루어지고 있고, 단기적 자금(1년 이내 처분목적) 운용을 목적으로 소유하는 것을 말한다.

따라서 당기손익 − 공정가치 측정 금융자산은 재무상태표에 유동자산으로 분류한다.

한편, 기업이 여러 종류의 주식으로 구성된 포트폴리오를 보유하고 있다면 각 증권의 평가손익을 중요성의 관점에서 통합하여 단일금액으로 표시할 수 있다.

> **tip** 유가증권의 분류
> ㉠ 단기매매금융자산 : 단기간 내의 매매차익을 목적으로 주식과 채권을 취득하였을 경우 단기매매금융자산 계정으로 회계처리한다.
> ㉡ 만기보유금융자산 : 기업이 채권을 취득하였는데 당해 채권을 만기까지 보유할 적극적인 의도와 능력이 있다면 만기보유금융자산 계정으로 회계처리한다. 주식은 만기개념이 없으므로 만기보유증권으로 분류될 수 없다.
> ㉢ 매도가능금융자산 : 단기매매증권과 만기보유증권으로 분류되지 않는 증권과 채권은 매도가능증권으로 회계처리한다.
> ㉣ 지분법적용투자주식 : 다른 기업에 대해서 유의적인 영향력을 행사할 수 있는 정도의 주식을 취득한 경우, 발행된 총주식의 20% 이상을 보유하면 지분법적용투자주식으로 회계처리한다.

(1) 단기매매증권의 취득원가의 결정

단기매매증권의 취득원가에는 취득부대비용(대리인 또는 중개인 수수료, 증권거래소의 거래 수수료 등)은 당기비용(지급 수수료)으로 처리한다.

(2) 단기매매증권의 기말평가

단기매매증권은 보고기간 말에 공정가치로 측정하고 이 금액을 새로운 장부금액으로 한다. 즉, 측정 전에 장부금액을 기말 공정가치로 조정하여 재무상태표에 표시한다. 단기매매증권의 기말평가에서 평가이익과 평가손실이 동시에 발생하는 경우 총액 보고하는 것이 원칙이지만 금액이 중요하지 않는 경우 서로 상계하여 순액 표시할 수 있다.

(3) 단기매매증권의 처분

처분가액과 처분 시 장부가액을 비교하여 처분손익을 인식한다. 단기매매증권의 매각대금에서 매각수수료는 매각대금에서 차감하여 회계처리한다.

03 매출채권과 기타의 채권

section 1 매출채권

(1) 매출채권의 의의

매출채권은 기업의 계속적이며 반복적인 주된 영업활동에서 발생되는 채권으로 외상매출금과 받을어음이 있으며, 매출채권은 매출의 발생과 동시에 생겨난다.

(2) 외상매출금, 매출처원장

① 외상매출금

　　㉠ 외상매출금은 일반적 상거래에서 발생한 채권을 말한다.

　　㉡ 상품이나 제품을 외상으로 판매하고 대금을 회수하지 않은 미수액이다.

　　㉢ 매출에누리는 불량품, 수량부족, 견본과의 상이 등으로 인하여 매출액에서 차감되는 금액이고, 매출환입은 일단 매출되었던 상품을 반환받은 것으로 매출액에서 차감된다. 매출할인은 할인기간 내에 대금을 상환하는 것으로 매출액에서 차감되는 금액이다.

② 매출처원장

　　㉠ 외상거래의 기장 시에는 총계정원장에 통제계정인 외상매출금 계정을 설정하고, 보조원장으로 매출처원장을 거래처별로 설정하여 회계처리 하는 것이 편리하다.

　　㉡ 통제계정은 총계정원장에는 하나의 계정을 두고 그 계정 아래 보조원장을 두어 인명계정을 통제할 수 있도록 한 계정이다. 외상거래에 있어서 통제계정은 총계정원장의 외상매출금계정이 되고, 이들 통제계정에 대해 보조원장의 각 거래처별 계정은 채권의 상세한 내역을 나타내는 것이다. 통제계정을 사용할 경우에 통제계정의 잔액은 보조원장의 개별계정의 금액이 바뀌지 않는 한 변동될 수 없어 통제계정의 잔액은 개별계정의 잔액과 항상 일치한다.

(3) 받을어음, 받을어음기입장

① 받을어음 : 어음은 상품의 외상거래에 있어서 구두 약속보다 법적 구속력이 있기 때문에 신뢰성이 있는 증거가 된다. 상품을 매출하고 약속어음을 받으면 받을어음계정 차변에 기록한다. 어음은 어음수취인과 만기일, 만기금액, 채무자인 어음발행인의 거래은행, 이자율(이자부어음) 등이 기재된다.

② 받을어음기입장

　　㉠ 받을어음기입장은 받을어음을 발생순서에 따라 기입하되 거래내용·금액·어음종류·발행인 등 명세를 기입하는 장부이다. 이 장부로부터 특정일 현재의 받을어음의 현재액을 알 수 있다.

　　㉡ 받을어음기입장은 회계장부상으로는 보조부로서 보조기입장에 속한다.

(4) 매출채권의 양도와 대손의 처리

① **매출채권의 양도** : 기업은 거액의 매출채권의 보유로 인한 자금부담을 완화시키기 위하여 매출채권의 양도와 담보 등의 방법으로 현금화하기도 한다. 이러한 양도는 그 경제적 실질에 따라 매각거래와 차입거래로 구분된다. 당해 채권에 대한 권리와 의무가 양도인과 분리되어 실질적으로 이전되는 경우는 매각거래로 판단되는 양도로 보아 회계처리한다.

배서양도	(차) 보통예금	***	(대) 받을어음	***
어음할인 (매각거래)	(차) 보통예금 매출채권처분손실	*** ***	(대) 받을어음	***
어음할인 (차입거래)	(차) 보통예금 이자비용	*** ***	(대) 단기차입금	***

② 대손의 처리

　㉠ **대손의 의의** : 기업이 보유한 모든 채권을 100% 회수 한다는 것은 거의 불가능하다. 채무자의 부도, 파산, 사망 등으로 어느 일정 정도 회수 불가능한 위험을 가지고 있다. 예를 들면, 거래처의 재정궁핍·파산·재해, 기업주의 행방불명·사망 등으로 인하여 채권의 회수가 불가능하게 될 수 있다. 수취채권의 회수가 불가능하게 되어 발생한 손실을 '대손'이라고 한다.

　㉡ **대손상각비와 대손충당금**
- 대손상각비는 모든 회수불능채권에 대한 손실을 계상하는 비용계정으로 매출채권에 대한 것일 경우 판매비와 관리비로 분류하고, 기타 채권에 대한 것일 경우 영업외비용으로 분류한다.
- 한국채택국제회계기준은 매출채권의 대손(손상)상각 회계처리방법으로 직접상각법과 충당금설정법을 모두 인정하고 있다.
- 대손충당금은 충당금설정법에 의하여 설정되는 것으로, 수취채권의 잔액 중 회수불능채권의 추정금액을 나타내는 것이다. 이것은 자산인 수취채권으로부터 차감되어 수취채권의 장부가액을 나타내기 위한 수취채권의 평가계정이다.
- 한국채택국제회계기준은 대손상각비의 인식은 매출채권의 추정미래현금흐름의 현재가치에 기초하여 장부금액과의 차이를 대손상각비로 인식한다.

> 대손충당금의 기말잔액 = 손상 고려 전 매출채권의 명목금액 - 매출채권 현재가치

　㉢ **대손의 회계처리방법**
- 직접상각법 : 특정채권이 대손되기 전까지는 전혀 회계처리하지 않고, 특정채권의 회수가 실제로 불가능하게 되었을 때 회수불가능한 금액을 당기비용으로 인식하고 동시에 수취채권에서 직접 차감하는 방법이다.
- 충당금설정법 : 매출액 또는 수취채권잔액으로부터 회수불능채권의 금액을 추정하여 차변에 대손상각비, 대변에 대손충당금으로 기입하는 방법이다. 이 방법에 의하면 회수불능채권의 추정액과 대손충당금의 잔액을 비교하여 양자의 차액만큼 대손충당금 계정에 추가로 설정하거나 환입한다.

| 기말대손추산액 > 설정전 대손충당금잔액 | (차) 대손상각비 | *** | (대) 대손충당금 | *** |
| 기말대손추산액 < 설정전 대손충당금잔액 | (차) 대손충당금 | *** | (대) 대손충당금환입 | *** |

section 2 기타의 채권

(1) 단기대여금

금전소비대차계약에 따른 자금의 대여거래로 회수기한이 1년 이내에 도래하는 채권이다.

(2) 미수금

일반적 상거래(주된 영업활동) 이외에서 발생한 미수채권으로 유가증권, 비유동자산의 처분 등으로 나타나는 채권이다.

(3) 선급금

상품·원재료 등의 매입을 위하여 선급한 금액으로 유동자산으로 분류된다.

(4) 가지급금

현금이 지급되었으나 계정과목·금액을 확정할 수 없을 때 일시적으로 처리하는 자산계정이다. 예를 들면, 사원의 출장으로 인한 여비의 전도, 내용불명의 지급 등이 있다.

(5) 미결산계정

① 현금의 수급이 없고 거래 자체가 완료되지 않아 처리할 계정과목이나 금액이 미확정인 경우 잠정적으로 처리하는 계정이다. 예를 들면, 건물이 소실되어 보험회사에 화재보험금을 청구하였으나 아직 금액이 결정되지 않았을 경우, 또는 소송 중인 채권·채무가 아직 판결이 나지 않았을 경우가 있다.

② 미결산계정은 차변과 대변의 과목명칭이 동일한데, 차변이면 채권적 성질의 것이고 대변이면 채무적 성질의 것이다. 그러나 양자가 동시에 존재할 경우에는 미결산채권과 미결산채무로 구별하여 처리할 수도 있다.

③ 가지급금·가수금의 경우와 마찬가지로 공표용 재무제표에 표시되어서는 안 되나 편의상 기중의 회계처리에는 나타날 수 있다. 기중에 나타나더라도 결산 시에는 해당 계정과목으로 대체하여 없애야 한다.

적중예상문제

1 다음 중 현금 및 현금성자산에 속하지 않는 것은?

① 배당금지급통지표 ② 기일도래 공사채이자표
③ 당좌개설보증금 ④ 통화 및 타인발행수표

TIP 현금 및 현금성자산의 종류
  ㉠ 현금 : 통화, 타인발행수표, 가계수표, 송금수표, 우표환증서, 자기앞수표, 만기도래 공사채이자표, 배당금통지서 등
  ㉡ 요구불 예금 : 보통예금, 당좌예금
  ㉢ 현금성자산 : 취득 당시 만기 3개월 이내에 도래하는 단기금융상품

2 현금시재액과 장부에 표시된 현금이 차이가 있을 때 이를 처리하기 위해 설정되는 계정과목은 무엇인가?

① 당좌차월계정 ② 당좌예금계정
③ 소액현금계정 ④ 현금과부족계정

TIP ④ 현금시재액과 장부에 표시된 현금이 차이가 있을 때 현금과부족계정을 설정한다.

3 당좌차월은 무엇으로 분류되는가?

① 유동부채 ② 비유동부채
③ 유동자산 ④ 비유동자산

TIP ① 당좌차월, 단기차입금 및 유동성장기차입금 등은 유동부채로 분류된다.

Answer 1.③ 2.④ 3.①

4 결산 시 현금부족액의 원인이 밝혀지지 않은 경우에 발생하는 잡손실은 어떻게 처리되는가?

① 매출원가
② 판매비와관리비
③ 영업외비용
④ 기타포괄손익

TIP ③ 현금과부족은 임시계정으로 기말 결산 시 원인이 밝혀지지 않은 경우 잡손실로 잡아야 한다. 따라서 잡손실은 영업외비용으로 처리한다.

[5 ~ 6] 다음 자료를 보고 물음에 답하시오.

> (자료) ㈜국세는 2025년 12월 31일 자금담당직원이 회사자금을 횡령하고 잠적한 사건이 발생하였다. 12월 31일 현재 회사 장부상 당좌예금계정 잔액을 검토한 결과 ₩106,000이었으며, 은행 측 당좌예금계정 잔액을 조회한 결과 ₩70,000으로 확인되었다. 회사 측 잔액과 은행 측 잔액이 차이가 나는 이유는 다음과 같다고 할 경우 그 차액은 자금담당직원이 회사에서 횡령한 것으로 추정한다.
>
> - 은행 미기입예금 : ₩60,000
> - 은행수수료 : ₩10,000
> - 기발행미인출수표 : ₩50,000
> - 미통지입금 : ₩46,000
> - 타사발행수표를 ㈜국세의 당좌예금계좌에서 차감한 금액 ₩22,000

5 수정 후 회사 측과 은행 측의 올바른 잔액은 얼마인가?

	회사 측	은행 측
①	₩120,000	₩80,000
②	₩80,000	₩120,000
③	₩142,000	₩102,000
④	₩102,000	₩142,000

TIP ㉠ 회사 측 = 106,000 − 10,000 + 46,000 = ₩475,000
㉡ 은행 측 = 70,000 + 60,000 − 50,000 − 22,000 = ₩102,000

6 자금담당직원이 회사에서 횡령한 것으로 추정할 수 있는 금액은 얼마인가?

① ₩22,000

② ₩32,000

③ ₩36,000

④ ₩40,000

TIP ④ 횡령액 = 142,000 − 102,000 = ₩40,000

7 은행계정조정표의 조정항목 중 회사 측에서 가산해야 하는 항목은?

① 은행수수료

② 회사미통지예금

③ 이자비용

④ 부도수표

TIP ② 회사미통지예금은 회사 측에서 가산해야 하는 항목이다.
　　①③④ 회사 측에서 감소시키는 항목이다.

8 상품 ₩1,000,000을 매출하고 대금은 수표로 받아 당좌예입한 경우 차변에 기입할 계정과목과 금액은?
(단, 당좌차월 잔액이 ₩400,000이다.)

① 현금 ₩1,000,000

② 당좌예금 ₩600,000과 당좌차월 ₩400,000

③ 당좌예금 ₩1,000,000

④ 당좌예금 ₩400,000과 당좌차월 ₩600,000

TIP ② 당좌차월을 상환한 후 나머지를 당좌예입한다.

9 현금과부족계정이 결산까지 밝혀지지 않으면 어떻게 회계처리 하는가?

① 가지급계정

② 미결산계정

③ 잡손실 또는 잡이익

④ 현금

TIP ③ 용도가 밝혀지면 해당 계정에 대체하고 그렇지 않으면 잡손실 또는 잡이익으로 회계처리한다.

Answer　6.④　7.②　8.②　9.③

10 사용이 제한되어 있는 예금으로 기간이 1년 내에 도래하는 것은 무엇으로 처리하는가?

① 현금및현금성자산　　　　　　　　② 단기금융자산

③ 장기금융자산　　　　　　　　　　④ 당좌차월

TIP ② 사용이 제한되어 있는 예금으로 기간이 1년 내에 도래하는 것은 단기금융자산으로 처리한다.

11 직원가불금 및 차용증서는 어떻게 분류하여야 하는가?

① 매출채권 또는 미수금　　　　　　② 단기대여금

③ 선급비용 또는 소모품　　　　　　④ 단기차입금

TIP ② 직원가불금 및 차용증서는 단기대여금으로 분류한다.
　　① 선일자수표
　　③ 우표 및 수입인지
　　④ 당좌차월

12 우표 및 수입인지는 어떻게 처리하는가?

① 매출채권 또는 미수금　　　　　　② 단기대여금

③ 선급비용 또는 소모품　　　　　　④ 단기차입금

TIP ③ 우표 및 수입인지는 선급비용 또는 소모품으로 처리한다.

13 선일자수표는 어떻게 처리하는가?

① 매출채권 또는 미수금　　　　　　② 단기대여금

③ 선급비용 또는 소모품　　　　　　④ 단기차입금

TIP ① 선일자수표는 매출채권 또는 미수금으로 처리한다.

Answer　　10.②　11.②　12.③　13.①

14 당좌자산에 대한 설명으로 옳지 않은 것은?

① 유동자산 중 판매과정을 거치지 않고 바로 현금화할 수 있는 자산이다.
② 현금계정에서 처리되는 것에는 보험증권, 주식, 상품권도 포함된다.
③ 미수수익, 미수금, 선급금은 항목이 중요한 경우에는 재무제표에 개별 표시한다.
④ 단기투자자산은 기업의 단기 유동성을 파악하는데 중요한 정보이기 때문에 당좌자산 내에 별도 항목
　으로 표시한다.

TIP ② 주식은 당기손익-공정가치 측정 금융자산 외에는 투자자산에 해당하며 보험증권과 상품권도 채권적 권리가 있는
　　증서로 현금계정으로 처리되지 않는다.

15 다음 내용을 보고 12월 31일 결산 시 평가에 따른 분개로 옳은 것은?

> 12월 31일 현재 단기매매차익을 목적으로 소유한 A주식 100주
> (취득가액 1주당 6,000원, 공정가액 1주당 7,000원, 액면가액 1주당 5,000원)

① (차변) 당기손익-공정가치 측정 금융자산 200,000원
　(대변) 당기손익-공정가치 측정 금융자산평가이익 200,000원
② (차변) 당기손익-공정가치 측정 금융자산 100,000원
　(대변) 당기손익-공정가치 측정 금융자산평가이익 100,000원
③ (차변) 당기손익-공정가치 측정 금융자산평가손실 200,000원
　(대변) 당기손익-공정가치 측정 금융자산 200,000원
④ (차변) 당기손익-공정가치 측정 금융자산평가손실 100,000원
　(대변) 당기손익-공정가치 측정 금융자산 100,000원

TIP ② 당기손익-공정가치 측정 금융자산평가이익 = (7,000원 − 6,000원) × 100주 = 100,000원

16 다음 자료에서 2025년말 대손충당금 추가설정액은 얼마인가? (단, 대손충당금은 매출채권 잔액의 1%를 설정하며, 전기회수불능채권은 대손충당금으로 상계처리한 것으로 가정한다.)

2025년 1월 1일 : 대손충당금 이월액 1,200,000원

2025년 7월 1일 : 전기회수불능채권 현금회수액 200,000원

2025년 12월 31일 : 매출채권잔액 200,000,000원

① 600,000원
② 800,000원
③ 1,000,000원
④ 1,200,000원

TIP ① 대손충당금 기초잔액 1,200,000원이며, 7월 1일 대손처리 채권이 회수되었으므로 1,400,000원

채권잔액 200,000,000원에 대손율이 1%이므로 2,000,000원

대손추계액과 대손충당금계정의 잔액을 보면 차액은 600,000원이 된다.

17 ㈜토펙이엔씨는 유형자산 처분에 따른 미수금 기말잔액 45,000,000원에 대하여 2%의 대손충당금을 설정하려 한다. 기초 대손충당금 400,000원이 있었고 당기 중 320,000원 대손이 발생되었다면 보충법에 의하여 기말 대손충당금 설정 분개로 옳은 것은?

① (차변) 대손상각비 820,000원   (대변) 대손충당금 820,000원
② (차변) 기타의 대손상각비 820,000원   (대변) 대손충당금 820,000원
③ (차변) 대손상각비 900,000원   (대변) 대손충당금 900,000원
④ (차변) 기타의 대손상각비 900,000원   (대변) 대손충당금 900,000원

TIP ② 유형자산 처분에 따른 미수금은 기타의 대손상각비로 처리하고, 대손충당금 설정액은 45,000,000원 × 2% − 80,000원 = 820,000원이다.

(차) 기타의 대손상각비   820,000   (대) 대손충당금   820,000

(대손충당금에서 당기 대손액을 설정한 다음 남아 있는 80,000원을 제외해야 하므로 −80,000원을 계산하는 것이다.)

18 기말에 기설정된 대손충당금 잔액이 ₩30,000이고, 기말에 매출채권잔액 ₩1,000,000에 대해 2%의 대손충당금을 설정했을 경우 옳은 분개는?

① 〈차〉매출채권 10,000 　　　　　〈대〉대손충당금 10,000
② 〈차〉대손충당금 10,000 　　　　〈대〉매출채권 10,000
③ 〈차〉대손충당금 10,000 　　　　〈대〉대손충당금환입 10,000
④ 〈차〉대손상각비 10,000 　　　　〈대〉대손충당금환입 10,000

TIP ③ 대손충당금환입 = 기말 대손충당금 잔액 − (기말매출채권잔액 × 대손추정률)
= 30,000 − (1,000,000 × 2%) = 10,000

19 배서어음과 같은 계정을 무엇이라 하는가?

① 대조계정 　　　　　　　　② 인명계정
③ 통제계정 　　　　　　　　④ 평가계정

TIP ④ 배서어음과 같은 계정을 평가계정이라고 한다.

20 받을어음 계정의 차변에 기록되는 항목은?

① 약속어음의 수취 　　　　　② 어음금액의 회수
③ 어음의 배서양도 　　　　　④ 어음의 할인

TIP 받을어음 계정
　㉠ 차변에 기입하는 항목 : 약속어음의 수취, 환어음의 수취
　㉡ 대변에 기입하는 항목 : 어음대금의 회수, 어음의 배서양도, 어음의 할인, 어음의 부도

21 매출채권에 대한 경상적인 대손상각비는 무엇으로 처리하는가?

① 매출원가 　　　　　　　　② 판매비와 관리비
③ 영업외비용 　　　　　　　④ 부도어음

TIP ② 매출채권에 대한 경상적인 대손상각비는 판매비와 관리비로 처리한다.

Answer　18.③　19.④　20.①　21.②

22 ㈜춘천의 2025년 1월 1일 현재 대손충당금 잔액은 ₩250,000이며, 2025년 중 대손확정된 금액은 ₩130,000이고 대손된 채권 중 회수된 금액은 ₩20,000이다. ㈜춘천은 대손추산액을 산정하는 방법으로 연령분석법을 사용하고 있으며, 2025년 말 현재 매출채권을 연령별로 분석한 자료와 회수율은 다음과 같다. ㈜춘천이 2025년도 포괄손익계산서에 인식할 대손상각비와 2025년 말 현재 재무상태표의 대손충당금 잔액은 얼마인가?

연령	금액	회수예상율
1개월 이내	1,500,000	95%
1개월 ~ 3개월	800,000	90%
3개월 ~ 6개월	500,000	80%
6개월 ~ 12개월	300,000	50%
12개월 이상	70,000	0%

① 대손상각비 : ₩335,000   대손충당금 : ₩405,000
② 대손상각비 : ₩335,000   대손충당금 : ₩475,000
③ 대손상각비 : ₩365,000   대손충당금 : ₩405,000
④ 대손상각비 : ₩365,000   대손충당금 : ₩475,000

TIP ① 12개월 이상 채권 70,000의 회수율이 0%인 것은 대손확정을 의미한다.
대손충당금 잔액 = 현재잔액 − 대손확정금액 + 회수금액 − 확정금액 = 250,000 − 130,000 + 20,000 − 70,000
       = 70,000
대손충당금 = (1,500,000 × 5%) + (800,000 × 10%) + (500,0000 × 20%) + (300,000 × 50%)
       = 405,000
대손상각비 = 405,000 − 70,000 = 335,000

23 만기가 된 구어음과 새로 발행한 신어음을 교환하는 것을 무엇이라 하는가?

① 어음의 배서   ② 어음의 할인
③ 어음의 부도   ④ 어음의 개서

TIP ④ 어음채무자가 자금부족 등의 사유로 인하여 만기일에 어음금액을 지급할 수 없을 경우에 어음채권자인 어음소지인에게 지급연기를 요청할 수가 있다. 이때 어음소지인이 이를 승낙하면 어음채무자는 어음채권자가 소유한 어음을 바꿀 수 있는데, 이를 어음의 개서라고 한다.

Answer   22.①   23.④

[24~25] 다음 자료를 보고 물음에 답하시오.

> (자료) 2025년 6월 1일 ㈜한국은 판매대금으로 만기가 2025년 9월 30일인 액면금액 ₩1,200,000의 어음을 거래처로부터 수취하였다. ㈜한국은 2025년 9월 1일 동 어음을 은행에서 할인하였으며, 은행의 할인율은 연 12%였다. 단, 어음할인은 제거요건을 충족시킨다고 가정하며 이자는 월할계산한다.

24 동 어음이 무이자부어음인 경우 어음 할인 시 ㈜한국이 인식할 매출채권처분손실은 얼마인가?

① ₩10,000　　　　　　　　　　　② ₩12,000
③ ₩24,000　　　　　　　　　　　④ ₩36,000

TIP ② 무이자부어음 = 1,200,000 × 12% × 1/12 = 12,000

25 동 어음이 연 10% 이자부어음인 경우 어음 할인 시 ㈜한국이 인식할 매출채권처분손실은 얼마인가?

① ₩2,400　　　　　　　　　　　② ₩12,000
③ ₩12,400　　　　　　　　　　　④ ₩27,600

TIP ① 할인일의 어음가치 = 1,200,000 + 1,200,000 × 10% × 3/12 = 1,230,000원
현금수령액 = [1,200,000 + 1,200,000 × 10%×4/12] − [1,240,000 × 12% × 1/12] = 1,227,600
이자부어음 = 1,230,000 − 1,227,600 = 2,400원
※ 어음의 만기금액 … 액면금액 + 액면금액 ×액면이자율 × 월 수/12)

26 만기 이전에 어음을 은행 등 금융기관에 양도하고 현금을 조달하는 것을 무엇이라고 하는가?

① 어음의 할인　　　　　　　　　② 어음의 부도
③ 어음의 회수　　　　　　　　　④ 팩토링

TIP ① 만기 이전에 어음을 은행 등 금융기관에 양도하고 현금을 조달하는 것을 어음의 할인이라고 하며, 팩토링은 외상매출금의 할인을 말한다.

Answer　24.②　25.①　26.①

27 결산 시에 대손충당금을 과소 설정하였을 경우 정상적으로 설정한 경우와 비교하여 어떤 차이가 있는가?

① 자산이 과소 표시된다.　　　　　　　② 부채가 과대 표시된다.

③ 비용이 과대 표시된다.　　　　　　　④ 당기순이익이 많아진다.

TIP ④ 대손충당금의 과소계상은 매출채권의 과대계상, 자본의 과대계상, 대손상각비의 과소계상을 초래하므로 결국 당기
순이익이 과대계상된다.

[28 ～ 29] 다음 자료를 보고 물음에 답하시오.

(자료) ㈜가나는 2025년 12월 25일에 ㈜다라팩토링에 액면 ₩3,500,000의 매출채권을 다음과 같은 조건으로
양도하였다. 단, 매출채권의 양도가 제거요건을 충족시킨다.

- ㈜다라팩토링은 매출채권 액면가의 3%를 금융비용으로 부과하고, 5%를 매출할인 및 매출환입 목적으로
유보한 후 나머지 잔액을 ㈜가나에 지급하였다. 매출할인 및 매출환입에 대한 유보액은 이후 실제발생액
에 따라 양자 간에 정산하기로 하였다.
- ㈜가나는 양도한 매출채권에 대하여 대손처리를 한 적이 없으며, 이후 대손발생에 대한 위험은 ㈜다라팩토링
이 전액 부담한다. ㈜다라팩토링은 12월 말에 당해 매출채권에 대하여 1%의 대손충당금을 설정하였다.
- 2025년 1월과 2월 중 당해 매출채권과 관련하여 매출환입 ₩70,000과 매출할인 ₩15,000이 발생하였으며,
₩30,000은 회수가 불가능한 것으로 판명되었고, 나머지는 현금으로 회수되었다.

28 ㈜가나가 인식할 매출채권처분손실은 얼마인가?

① ₩90,000　　　　　　　　　　　　　② ₩105,000

③ ₩160,000　　　　　　　　　　　　　④ ₩175,000

TIP ② 매출채권처분손실 = 3,500,000 × 3% = 105,000원

29 거래 정산시 ㈜가나가 ㈜다라팩토링으로부터 수취할 현금은 얼마인가?

① ₩55,000　　　　　　　　　　　　　② ₩90,000

③ ₩160,000　　　　　　　　　　　　　④ ₩175,000

TIP ② 정산 시의 현금수령액 = 3,500,000 × 5% − 70,000 − 15,000 = 90,000원

Answer　　27.④　28.②　29.②

실전기출문제

제93회 기업회계 3급

1 다음이 설명하는 계정과목은 무엇인가?

> 큰 거래 비용 없이 현금으로 전환이 용이하고, 이자율 변동에 따른 가치 변동의 위험이 경미한 금융 자산
> 으로서 취득 당시 만기일(또는 상환일)이 3개월 이내에 도래하는 유가증권과 금융 상품

① 보통예금 ② 단기매매증권

③ 현금성 자산 ④ 단기예금

TIP PART 02. 금융자산의 회계처리 | Chapter 01. 현금 및 현금성 자산 | 난이도 하

③ 현금성 자산은 단기간 내 현금으로 전환 가능하고 가치변동 위험이 거의 없는 금융상품을 말한다. 취득 시 만기가 3개
월 이내인 단기예금, 환매조건부채권(RP) 등이 포함된다. 이는 현금흐름표 작성 시 현금과 동일하게 취급된다.

제93회 기업회계 3급

2 다음 거래를 분개할 때 차변으로 가장 적절한 것은?

> ㈜한국은 영업 사원 김민국에게 지방 출장을 지시하고, 여비 개산액 500,000원을 현금으로 지급하였다

① (차) 선급금   500,000원

② (차) 가지급금   500,000원

③ (차) 복리후생비   500,000원

④ (차) 급여   500,000원

TIP PART 02. 금융자산의 회계처리 | Chapter 01. 현금 및 현금성 자산 | 난이도 중

② 가지급금은 일시적으로 현금을 지급했지만 거래의 확정 내역이 결정되지 않은 경우 사용하는 임시계정이다. 출장비의 실
제 사용액이 정산되면, 사용분은 경비로, 남은 금액은 반환 처리한다.

Answer 1.③ 2.②

3 다음 거래를 분개할 때 차변으로 옳은 것은?

> 단기간 내의 매매 차익을 얻을 목적으로 거래가 빈번한 시장성이 있는 ㈜한국의 주식 100주(액면금액 5,000원)를 1주당 7,000원에 구입하고 대금은 수수료 30,000원과 함께 당좌 수표를 발행하여 지급하였다.

① (차) 단기매매증권   700,000원
        수수료비용   30,000원
② (차) 단기매매증권   500,000원
        수수료비용   30,000원
③ (차) 단기매매증권   730,000원
④ (차) 단기매매증권   530,000원

TIP PART 02. 금융자산의 회계처리 | Chapter 02. 단기금융상품과 단기매매증권 | 난이도 중

① 단기매매증권은 취득가액으로 기록하며, 부대비용(수수료 등)은 별도의 비용으로 처리한다. 따라서 단기매매증권 700,000원과 수수료비용 30,000원이 각각 차변에 기입된다.

4 다음 설명에 해당하는 계정과목은 무엇인가?

> 만기가 확정된 채무증권으로 상환금액이 확정되었거나 확정이 가능한 채무증권을 만기까지 보유할 적극적인 의도와 능력이 있는 경우의 유가증권

① 단기매매증권
② 장기성 예금
③ 매도가능증권
④ 만기보유증권

TIP PART 02. 금융자산의 회계처리 | Chapter 02. 단기금융상품과 단기매매증권 | 난이도 하

④ 만기보유증권은 기업이 만기까지 보유할 확정 의도와 능력이 있는 채권형 유가증권이다. 이자수익을 목적으로 하며, 비유동자산으로 분류된다.

Answer　3.①　4.④

5 다음과 같은 ㈜파주의 외상 매출 자료를 이용하여 기말 외상매출금 잔액을 계산하면 얼마인가?

> • 기초 외상매출금 : 500,000원
> • 단기 외상매출액 : 400,000원
> • 당기 외상매출금 회수액 : 350,000원
> • 기말 외상매출금 잔액 : ?

① 250,000원
② 450,000원
③ 550,000원
④ 750,000원

TIP PART 02. 금융자산의 회계처리 │ Chapter 03. 매출채권과 기타의 채권 │ 난이도 하

③ 기말 외상매출금＝기초잔액＋당기매출－회수액 ＝500,000＋400,000－350,000＝550,000원이다.

6 다음 설명은 어음의 할인에 대한 내용이다. ㈎에 들어갈 계정과목으로 옳은 것은?

> 어음의 할인은 기업이 자금을 융통할 목적으로 소지하고 있는 어음을 만기일 이전에 금융기관에 배서 양도하고 만기일까지의 이자(할인료)를 차감한 실수금을 회수하는 것을 말한다. 매각거래일 경우 이때 발생하는 이자(할인료)는 ㈎ 계정으로 처리한다.

① 유형자산처분손실
② 무형자산처분손실
③ 매출채권처분손실
④ 잡손실

TIP PART 02. 금융자산의 회계처리 │ Chapter 03. 매출채권과 기타의 채권 │ 난이도 중

③ 어음의 할인은 자금을 융통하기 위해 만기 전 은행에 매각하는 것이다. 이때 발생하는 할인료(이자)는 '매출채권처분손실'로 처리한다. 이는 금융비용이 아니라 영업외손실에 해당한다.

Answer   5.③ 6.③

7 일반기업회계기준은 재무상태표상 매출채권을 회수 가능한 금액으로 표시하도록 하고 있다. 다음 설명 중 빈칸 ㈎, ㈏에 해당하는 계정과목으로 옳은 것은?

> 매출채권 중 회수가 불가능한 금액을 합리적으로 추정하여 대손 추산액 만큼을 매출채권에서 차감해야 한다. 이때 매출채권을 직접 차감하지 않고 ㈎ 계정을 통해 간접적으로 감소시키게 된다. ㈎의 설정으로 인한 자산감소액을 비용 처리하기 위해 사용하는 계정은 ㈏이다.

	㈎	㈏
①	대손충당금	대손상각비
②	대손충당금	기타의대손상각비
③	대손상각비	대손충당금
④	기타의대손상각비	대손충당금

TIP PART 02. 금융자산의 회계처리 | Chapter 03. 매출채권과 기타의 채권 | 난이도 중

① 매출채권의 회수불능 예상액은 직접 차감하지 않고 '대손충당금'으로 간접상계한다. 결산 시 충당금 설정액은 '대손상각비'로 비용 처리한다.

8 다음 중 현금 및 현금성 자산에 대한 설명으로 옳지 않은 것은?

① 기업이 통화 및 통화대용증권을 보관하고 있을 때 현금이라 한다.
② 사채상환목적으로 적립된 정기예금은 현금 및 현금성 자산으로 보고한다.
③ 송금환, 가계수표 등 통화대용증권은 현금 및 현금성 자산으로 보고한다.
④ 단기금융상품 중 취득 당시 만기가 3개월 미만인 것은 현금성자산으로 본다.

TIP PART 02. 금융자산의 회계처리 | Chapter 01. 현금 및 현금성 자산 | 난이도 중

② 사채상환목적의 예금처럼 사용이 제한된 예금은 현금성자산으로 보지 않는다. 만기 3개월 미만의 자유로운 단기금융상품만 현금성자산에 포함된다. 사채상환예금은 특정 목적용 자금으로, 비유동자산 또는 투자자산으로 분류된다.

Answer 7.① 8.②

9 다음 중 회계처리와 계정과목에 대한 설명으로 옳지 않은 것은?

① 당좌수표를 발행하여 인출하면 당좌예금 계정으로 처리한다.
② 타인에게 받은 수표는 현금으로 처리한다.
③ 상품을 매입하고 어음을 발행하면 지급어음 계정으로 처리한다.
④ 비품을 외상으로 구입하면 외상매입금 계정으로 처리한다.

TIP PART 02. 금융자산의 회계처리 │ Chapter 01. 현금 및 현금성자산 │ 난이도 하

④ 비품 외상구입은 영업외거래로 '미지급금' 계정을 사용한다. 외상매입금은 상품 매입 시에만 사용된다.

10 다음 중 만기보유목적으로 소유하는 사채의 계정과목은?

① 단기매매증권
② 관계기업투자주식
③ 만기보유증권
④ 장기차입금

TIP PART 02. 금융자산의 회계처리 │ Chapter 02. 단기금융상품과 단기매매증권 │ 난이도 하

③ 만기보유증권은 만기가 고정되어 있고, 지급금액이 확정된 채무증권으로서 만기까지 보유할 의도와 능력이 있는 경우에 분류된다. 단기매매증권은 단기 시세차익 목적이므로 성격이 다르다.

11 다음의 외상거래 중 매출채권 계정에 계상할 수 없는 항목은?

① 서비스 회사의 용역 제공액
② 제조회사의 제품 판매액
③ 전력회사의 전기 공급액
④ 상품판매회사의 본사 건물 매각액

TIP PART 02. 금융자산의 회계처리 │ Chapter 03. 매출채권과 기타의 채권 │ 난이도 중

④ 매출채권은 주된 영업활동에서 발생한 외상대금만 포함한다. 건물 매각은 영업활동이 아닌 일회성 거래이므로 '미수금'으로 처리한다. 즉, 본사건물 매각대금은 매출채권이 아니라 기타채권이다.

Answer 9.④ 10.③ 11.④

12 다음 자료에서 결산 시 손익계산서에 기입되는 대손상각비를 계산한 금액으로 옳은 것은?

> 11/10 : 세무상점에 외상으로 매출한 외상매출금 100,000원이 회수불능 되었다(단, 대손충당금 잔액 150,000원이 있음).
>
> 12/13 : 위의 대손 처리한 외상매출금 중 10,000원을 현금으로 회수하였다.
>
> 12/31 : 결산 시 외상매출금 잔액 5,000,000원에 대하여 2%의 대손을 예상하였다.

① 20,000원

② 30,000원

③ 40,000원

④ 60,000원

TIP PART 02. 금융자산의 회계처리 | Chapter 03. 매출채권과 기타의 채권 | 난이도 중

③ 기말 대손충당금 설정액은 5,000,000 × 2% = 100,000원이다. 기존 잔액(150,000)에서 회수분(10,000)을 반영하면 60,000이 남으므로, 필요충당금 100,000 − 60,000 = 40,000원을 추가로 설정해야 한다.

13 다음 거래에서 ㈜회계가 은행에 지급하는 할인료를 처리하는 가장 적절한 계정과목은?

> ㈜회계는 소지하고 있는 약속어음 1,000,000원을 거래은행에 할인하고 950,000원을 수령하였다. 거래 은행은 이 어음을 자유로이 처분할 수 있다.

① 이자비용

② 세금과공과

③ 광고선전비

④ 매출채권처분손실

TIP PART 02. 금융자산의 회계처리 | Chapter 03. 매출채권과 기타의 채권 | 난이도 중

④ 어음을 할인하고 현금 수령 시, 어음 권리가 은행에 이전되면 매각거래로 본다. 이때 발생하는 할인료는 금융비용이 아닌 '매출채권처분손실'로 처리한다.

Answer 12.③ 13.④

14 다음 계정과목 중 당좌자산에 해당하는 것을 모두 고른 것은?

가. 상품	나. 받을어음
다. 장기대여금	라. 단기매매증권

① 가, 나   ② 가, 다

③ 나, 라   ④ 다, 라

TIP   PART 02. 금융자산의 회계처리 | Chapter 01. 현금 및 현금성 자산 | 난이도 하

③ 당좌자산은 즉시 현금화 가능한 자산으로, 현금 · 당좌예금 · 받을어음 · 단기매매증권 등이 포함된다. 상품은 재고자산, 장기대여금은 투자자산이므로 제외된다.

15 다음의 자산계정들을 재무상태표에 기록할 경우 유동성배열법에 따라 표기했을 때 가장 먼저 배열되는 것은?

① 건물
② 당좌예금
③ 산업재산권
④ 투자부동산

TIP   PART 02. 금융자산의 회계처리 | Chapter 01. 현금 및 현금성 자산 | 난이도 하

② 유동성 배열법에서는 유동성이 높은 자산부터 순서대로 표시한다. 당좌예금 → 재고자산 → 투자자산 → 유형자산 → 무형자산 순이다. 따라서 가장 먼저 오는 항목은 당좌예금이다.

Answer   14.③   15.②

제91회 기업회계 3급

16 다음 빈칸에 들어갈 말로 알맞게 짝지은 것은?

> 현금 및 현금성 자산은 통화 및 타인발행수표 등 통화대용증권과 당좌예금, 보통예금 및 큰 거래비용 없이 현금으로 전환이 용이하고 이자율 변동에 따른 가치변동의 위험이 경미한 금융상품으로서 ___(가)___ 만기일(또는 상환일)이 ___(나)___ 이내인 것을 말한다.

	(가)	(나)
①	결산 시	3개월
②	결산 시	6개월
③	취득 시	3개월
④	취득 시	6개월

TIP PART 02. 금융자산의 회계처리 | Chapter 01. 현금 및 현금성 자산 | 난이도 하

③ 현금성자산은 취득 당시 만기 3개월 이내 단기금융상품이다. 결산일 기준이 아니라 취득 시점 기준으로 판단한다.

제91회 기업회계 3급

17 단기매매차익을 목적으로 100주의 주식을 주당 20,000원에 매입하고 수수료 200,000원을 지급한 경우의 분개로 옳은 것은?

①	(차) 단기매매증권	2,200,000원	(대) 현금	2,200,000원	
②	(차) 단기매매증권	2,000,000원	(대) 현금	2,000,000원	
	(차) 지급수수료권	200,000원			
③	(차) 단기매매증권	2,000,000원	(대) 현금	2,000,000원	
④	(차) 만기보유증권	2,200,000원	(대) 현금	2,200,000원	

TIP PART 02. 금융자산의 회계처리 | Chapter 02. 단기금융상품과 단기매매증권 | 난이도 중

② 증권 취득 시 부대비용(거래수수료 등)은 당기비용으로 처리한다. 따라서 취득원가에는 포함하지 않으며, 지급수수료 계상 후 현금지급으로 기록한다.

Answer 16.③ 17.②

18 다음 중 대손충당금에 대한 설명으로 틀린 것은?

① 대손충당금은 채권계정에 대한 차감적 평가계정이다.

② 모든 채권에 대한 대손액과 대손추산액은 판매비와관리비에 속한다.

③ 미수금에 대해서도 대손충당금을 설정할 수 있다.

④ 대손충당금은 수익과 비용의 기간적 대응을 위해 설정한다.

TIP   PART 02. 금융자산의 회계처리 | Chapter 03. 매출채권과 기타의 채권 | 난이도 중

② 대손상각비 중 매출 관련 채권의 대손은 판매비와관리비, 미수금 등 비매출채권의 대손은 영업외비용으로 처리한다.

19 다음 자료에서 외상매출금 기말잔액을 계산한 금액으로 옳은 것은? (단, 상품 매출은 외상거래로만 이루어졌다.)

- 상품 매출액 : 200,000원
- 외상매출금 전기이월액 : 50,000원
- 외상매출금 당기 회수액 : 70,000원
- 당기 외상매출액 중 대손발생액 : 5,000원

---

① 75,000원

② 175,000원

③ 185,000원

④ 200,000원

TIP   PART 02. 금융자산의 회계처리 | Chapter 03. 매출채권과 기타의 채권 | 난이도 하

② 기말잔액 = 전기이월 − 매출 − 회수 − 대손 = 50,000 + 200,000 − 70,000 − 5,000 = 175,000원

Answer   18.② 19.②

20 다음 중 가지급금 계정에 기입된 내용을 바탕으로 거래를 추정한 것으로 옳은 것은?

	가지급금	
10/15	현금	10,000원

① 현금 10,000원의 수입이 있었으나 원인을 알 수 없다.
② 상품 구입을 위해 계약금 10,000원을 현금으로 지급하였다.
③ 여비 정산을 하며 출장비 잔액 10,000원을 현금으로 반납하였다.
④ 현금 10,000원의 지출이 있었으나 계정과목과 금액을 확정할 수 없다.

TIP PART 02. 금융자산의 회계처리 | Chapter 01. 현금 및 현금성 자산 | 난이도 하

④ 가지급금은 현금이 지출되었으나 계정과 금액이 불명확할 때 임시로 사용하는 자산계정이다. 반대로, 가수금은 원인을 알 수 없는 현금 유입일 때 사용한다.

21 ㈜정릉이 결산 기말에 재무상태표에 계상할 현금 및 현금성 자산은 얼마인가?

- 소액현금 : 100,000원
- 타인발행 수표 : 200,000원
- 배당금 지급통지표 : 300,000원
- 타인발행 약속어음 : 400,000원

① 300,000원
② 350,000원
③ 500,000원
④ 600,000원

TIP PART 02. 금융자산의 회계처리 | Chapter 01. 현금 및 현금성 자산 | 난이도 하

④ 현금 및 현금성자산 = 소액현금 + 타인발행수표 + 배당금지급통지표 = 100,000 + 200,000 + 300,000 = 600,000원이다. 타인발행 약속어음은 매출채권이므로 제외된다.

Answer 20.④ 21.④

22 다음은 현금과부족 계정의 기입 내용이다. 결산 시 현금부족분의 원인이 판명되지 않았을 경우 ㈎에 기입될 계정과목으로 옳은 것은?

<table>
<tr><td colspan="6" style="text-align:center">현금과부족</td></tr>
<tr><td>12/5</td><td>현금</td><td style="text-align:right">150,000</td><td>12/17</td><td>보험료</td><td style="text-align:right">140,000</td></tr>
<tr><td></td><td></td><td></td><td>12/31</td><td>㈎</td><td style="text-align:right">10,000</td></tr>
<tr><td></td><td></td><td style="text-align:right">150,000</td><td></td><td></td><td style="text-align:right">150,000</td></tr>
</table>

① 손익
② 현금
③ 잡손실
④ 차기이월

TIP PART 02. 금융자산의 회계처리 | Chapter 01. 현금 및 현금성 자산 | 난이도 중

③ 결산 시 현금부족의 원인을 알 수 없을 경우 잡손실로 처리한다. 반대로, 현금이 초과된 경우 원인을 알 수 없으면 잡이익으로 처리한다. 이는 결산 시 발생하는 기타손익 항목 처리 사례다.

23 만기가 1년 이내 도래하는 특정현금예금은 다음 중 어디에 속하는가?

① 유동자산
② 비유동부채
③ 유형자산
④ 유동부채

TIP PART 02. 금융자산의 회계처리 | Chapter 02. 단기금융상품과 단기매매증권 | 난이도 하

① 만기 1년 이내 특정현금예금은 유동자산으로 분류하며, 그중에서도 당좌자산(단기금융상품)에 해당한다. 유동자산은 1년 이내 현금화가 가능한 자산을 의미한다.

Answer 22.③ 23.①

24 다음은 ㈜인천이 단기시세차익을 목적으로 취득한 ㈜경기의 주식 관련 자료이다. 이를 통해 ㈜인천의 단기매매증권처분이익을 구하면?

> - 4월 3일 : ㈜인천은 ㈜경기의 주식 10주를 주당 12,000원에 취득하고, 대금은 수수료 10,000원과 함께 보통예금에서 이체하여 지급하였다.
> - 12월 21일 : 위 주식 중 7주를 1주당 15,000원에 처분하였으며, 수수료 5,000원을 제외한 잔액을 보통예금으로 입금받았다.

① 14,000원
② 16,000원
③ 20,000원
④ 21,000원

TIP PART 02. 금융자산의 회계처리 | Chapter 02. 단기금융상품과 단기매매증권 | 난이도 중

② 취득원가 = (10 × 12,000) + 10,000 = 130,000원, 매각금액 = (7 × 15,000) − 5,000 = 100,000원, 매각한 주식의 원가 = 130,000 × (7/10) = 91,000원
→ 처분이익 = 100,000 − 84,000 = 16,000원

25 다음 중 받을어음 계정의 차변에 기입하는 내용은?

① 어음대금의 회수
② 어음의 수취
③ 어음의 배서양도
④ 어음의 할인

TIP PART 02. 금융자산의 회계처리 | Chapter 02. 매출채권과 기타의 채권 | 난이도 하

② 받을어음은 자산계정이므로, 증가 시 차변에 기입한다. 어음을 수취하면 받을어음이 증가하고, 회수나 양도 시 대변에 기록한다.

Answer 24.② 25.②

26 다음 거래를 통해 ㈜김포의 2025년 손익계산서에 계상될 대손상각비를 계산하면?

> - 2월 1일 : 거래처의 파산으로 외상매출금 150,000원이 대손 되었다(기초 대손충당금 잔액은 100,000원이다).
> - 12월 31일 : 결산 시 외상매출금 잔액 500,000원에 대하여 3%의 대손을 예상하였다.

① 15,000원
② 50,000원
③ 65,000원
④ 100,000원

TIP PART 02. 금융자산의 회계처리 ｜ Chapter 03. 매출채권과 기타의 채권 ｜ 난이도 하

③ 기말충당금 = 500,000×3% = 15,000원, 대손상각비 = (150,000 − 100,000) + 15,000 = 65,000원이다. 즉, 당기 발생대손과 충당금 증액을 합한 금액이다.

27 다음 중 현금 및 현금성자산에 해당하지 않는 것은?

① 기업이 통화 및 통화대용증권을 금고에 보관하고 있는 것
② 단기금융상품 중 취득 당시 만기가 3개월 미만인 것
③ 당좌예금, 보통예금, 타인발행수표
④ 만기가 1년 이내 도래하는 특정현금예금

TIP PART 02. 금융자산의 회계처리 ｜ Chapter 01. 현금 및 현금성자산 ｜ 난이도 하

④ 현금성자산은 취득 당시 만기 3개월 이내의 단기 투자상품을 의미한다. 만기 1년 이내 특정예금은 현금성 자산이 아니라 단기금융상품(유동자산)으로 분류된다.

Answer 26.③ 27.④

28 다음 중 유동자산에 대한 설명으로 옳지 않은 것은?

① 당좌자산과 재고자산으로 분류된다.
② 당좌자산에는 금융자산이 포함된다.
③ 당좌자산에는 대손충당금 설정 대상 채권이 포함된다.
④ 재고자산에는 감가상각 대상 자산이 포함된다.

TIP PART 02. 금융자산의 회계처리 | Chapter 01. 현금 및 현금성자산 | 난이도 하

④ 감가상각은 비유동자산(유형자산 등)에 한정된다. 재고자산은 판매 시점에 매출원가로 인식할 뿐 감가상각하지 않는다.

29 다음 중 단기금융상품에 해당하지 않는 것은?

① 정기예금
② 정기적금
③ 사용이 제한된 예금
④ 당좌예금

TIP PART 02. 금융자산의 회계처리 | Chapter 02. 단기금융상품과 단기매매증권 | 난이도 하

④ 단기금융상품에는 정기예금, 정기적금, 사용제한 예금, 만기 1년 이내 특정현금예금이 포함된다. 당좌예금은 언제든 인출 가능한 현금성 자산이므로 단기금융상품에 포함되지 않는다.

30 다음의 유가증권 중 만기보유증권으로 분류될 수 없는 것은?

① 회사채
② 국 · 공채
③ 지방채
④ 주식

TIP PART 02. 금융자산의 회계처리 | Chapter 02. 단기금융상품과 단기매매증권 | 난이도 하

④ 만기보유증권은 만기가 확정된 채무증권만 해당된다. 주식은 만기가 없으므로 만기보유증권으로 분류될 수 없고, 매도가능증권으로 처리된다.

Answer　28.④　29.④　30.④

31 다음 중 결산 시 단기매매증권과 매도가능증권을 공정가치로 평가하는 경우 평가손익을 재무제표에 올바르게 반영한 것은?

	단기매매증권평가손익	매도가능증권평가손익
①	재무상태표	재무상태표
②	손익계산서	손익계산서
③	재무상태표	손익계산서
④	손익계산서	재무상태표

TIP PART 02. 금융자산의 회계처리 ｜ Chapter 02. 단기금융상품과 단기매매증권 ｜ 난이도 중

④ 단기매매증권평가손익 → 손익계산서(당기손익), 매도가능증권평가손익 → 재무상태표(기타포괄손익누계액) 이는 공정가치 평가손익의 표시 위치를 구분하는 대표 문제다.

32 다음 중 대손처리할 수 없는 계정과목은?

① 선수금
② 외상매출금
③ 받을어음
④ 미수금

TIP PART 02. 금융자산의 회계처리 ｜ Chapter 03. 매출채권과 기타의 채권 ｜ 난이도 하

① 대손은 채권(자산)의 회수불능금액을 말한다. 선수금은 부채계정이므로 회수불능의 개념이 적용되지 않는다. 따라서 대손처리 대상이 될 수 없다.

Answer 31.④ 32.①

33 다음의 자료에서 당기 손익계산서에 보고되는 외상매출금의 대손상각비는 얼마인가?

- 전기 말 외상매출금의 대손충당금 잔액은 40,000원이다.
- 당기 중 외상매출금 30,000원을 회수 불능으로 대손 처리하였다.
- 당기 말 외상매출금 잔액 5,000,000원에 대해 1%의 대손을 설정하였다.

---

① 20,000원
② 30,000원
③ 40,000원
④ 50,000원

TIP PART 02. 금융자산의 회계처리 │ Chapter 03. 매출채권과 기타의 채권 │ 난이도 중

③ 당기말 대손충당금 잔액 = 5,000,000 × 1% = 50,000원, 필요 증액 = 50,000 − (40,000 − 30,000) = 40,000원으로 즉, 손익계산서에 인식할 대손상각비는 40,000원이다.

34 [중소기업회계기준] 다음 중 당좌자산에 대한 설명으로 옳지 않은 것은?

① 당좌자산이란 재고자산에 속하지 않는 유동자산을 말한다.
② 당좌자산에는 현금및현금성자산, 단기투자자산, 매출채권, 선급비용 등이 포함된다.
③ 선급금은 상품, 원재료 등의 매입을 위하여 선급한 금액을 말한다.
④ 미수금은 일반적 상거래(예 : 상품, 제품 판매)에서 발생한 채권을 말한다.

TIP PART 02. 금융자산의 회계처리 │ Chapter 01. 현금 및 당좌자산 │ 난이도 하

④ 당좌자산 = 재고자산 제외 유동자산(현금 및 현금성, 단기투자, 매출채권, 미수수익, 미수금, 선급비용 등)이다. 미수금은 유형자산 · 유가증권 처분 등 비상거래에서 발생한다.

Answer 33.③ 34.④

35 현금 및 현금성 자산 중 통화 및 통화대용증권에 포함되지 않는 것은?

① 가계수표 ② 차용증서
③ 송금환 ④ 우편환

TIP PART 02. 금융자산의 회계처리 | Chapter 01. 현금 및 당좌자산 | 난이도 하

② 통화·통화대용증권은 현금, 자기앞수표, 가계수표, 우편환·송금환 등이 해당한다. 차용증서·선일자수표·수입인지는 제외된다.

36 다음 중 당좌예금에 대한 설명으로 옳지 않은 것은?

① 당좌예금을 인출하기 위하여 당좌수표를 발행하여야 한다.
② 당좌수표를 발행하는 경우 당좌예금 계정의 대변에 기록한다.
③ 당좌차월은 다른 은행의 당좌예금과 상계한다.
④ 당좌예금은 현금 및 현금성 자산에 포함한다.

TIP PART 02. 금융자산의 회계처리 | Chapter 01. 현금 및 현금성 자산 | 난이도 하

③ 당좌예금 인출은 수표 발행으로 처리하고, 수표 발행 시 당좌예금 대변. 당좌차월은 상계가 아니라 단기차입금(유동부채)으로 표시한다.

37 ㈜수원은 2024년 10월 20일 50,000원의 매출채권을 거래 은행에 매각(통제권 이전)하고 48,000원을 수령한 경우 올바른 회계처리는 무엇인가?

① (차) 현금 48,000원 (대) 매출채권 48,000원
② (차) 현금 48,000원 (대) 단기차입금 48,000원
③ (차) 현금 48,000원 (대) 매출채권 50,000원
　　매출채권처분손실 2,000원
④ (차) 현금 48,000원 (대) 단기차입금 50,000원
　　이자비용 2,000원

TIP PART 02. 금융자산의 회계처리 | Chapter 03. 매출채권과 기타의 채권 | 난이도 중

③ 매각거래는 채권을 제거하고, 수령액과 장부금액의 차이는 처분손익으로 인식한다(차입거래가 아님).

Answer 35.② 36.③ 37.③

38 다음 중 대손충당금의 회계처리에 대한 설명으로 옳지 않은 것은?

① 회수가 불확실한 채권은 대손추산액을 대손충당금으로 설정한다.
② 대손추산액에서 대손충당금잔액을 가산한 금액을 대손상각비로 계상한다.
③ 회수가 불가능한 채권은 대손충당금과 상계한다.
④ 매출채권에 대한 대손상각비는 판매비와관리비로 처리하고 기타채권에 관한 대손상각비는 영업외비용으로 처리한다.

TIP PART 02. 금융자산의 회계처리 | Chapter 03. 매출채권과 기타의 채권 | 난이도 하
② 대손상각비는 '필요충당액－기존 충당금 잔액'으로 추가 설정한다. 기존 잔액을 가산하는 것이 아니다.

39 다음 중 받을어음 계정의 대변에 기록되는 거래가 아닌 것은?

① 거래처가 발행한 환어음의 인수제시가 있어 인수를 승낙하였다.
② 매출대금으로 받아 보관 중인 거래처발행 약속어음이 만기가 되어 현금으로 받았다.
③ 외상매입금을 지급하기 위해 소지하고 있던 거래처발행 약속어음을 배서양도 하였다.
④ 거래처로부터 받아 보관 중인 약속어음을 만기일 전에 은행에서 할인하였다.

TIP PART 02. 금융자산의 회계처리 | Chapter 03. 매출채권과 기타의 채권 | 난이도 중
① 받을어음 대변은 어음의 회수(현금화), 배서양도, 할인, 부도 등 '감소' 시, 환어음 인수는 지급어음(부채) 인식의 문제다.

Answer 38.② 39.①

40 다음의 자료를 이용하여 단기매매증권의 매각금액을 계산하면 얼마인가?

> • 당기 중 단기매매증권을 980,000원에 매입하면서 수수료 20,000원을 지급하였다.
> • 당기 말에 단기매매증권을 매각하여 처분이익 40,000원이 발생하였다.

① 980,000원
② 1,000,000원
③ 1,020,000원
④ 1,040,000원

TIP PART 02. 금융자산의 회계처리 | Chapter 02. 단기금융상품과 단기매매증권 | 난이도 하

③ 부대비용(수수료 20,000)은 당기비용 처리 → 취득원가 980,000원이다. 처분이익 40,000 발생이면 매각가＝980,000 ＋40,000＝1,020,000원이다.

41 다음의 자료에서 설명하는 것으로 가장 올바른 것은?

> 현금 및 거래상대방에게서 현금을 수취할 목적으로 보유하는 계약상 모든 권리

① 단기투자자산
② 매출채권
③ 금융자산
④ 자본금

TIP PART 02. 금융자산의 회계처리 | Chapter 02. 단기금융상품과 단기매매증권 | 난이도 하

③ 금융자산은 현금 및 현금수취 계약상 권리를 포함한다.

Answer 40.③ 41.③

42 다음 중 가구 제조 · 판매를 주업으로 하는 회사의 회계처리와 관련하여 거래내용과 계정과목의 연결이 적절하지 않은 것은?

① 가구 배달용 트럭을 외상으로 처분했다 : 미수금
② 가구 전시장 임차료 1년분을 미리 지급했다 : 선급비용
③ 건설회사에 가구를 외상으로 납품했다 : 매출채권
④ 가구를 인도하기 전에 대금을 일부 받았다 : 선급금

TIP PART 02. 금융자산의 회계처리 | Chapter 03. 매출채권과 기타의 채권 | 난이도 중

④ 가구 인도 전 대금의 일부를 받은 경우, 이는 선수금(부채)으로 처리한다. 선급금은 반대로 물건을 받기 전에 대금을 미리 지급한 경우로, 자산에 속한다.

43 다음 중 회계처리 과정에서 차변에 현금계정이 기입되는 거래는?

① 상품을 매입하고 자기앞수표로 지급하다.
② 상품매입대금을 약속어음을 발행하여 지급하다.
③ 상품외상대금으로 약속어음을 받다.
④ 상품매출대금으로 거래처발행 수표를 받다.

TIP PART 02. 금융자산의 회계처리 | Chapter 01. 현금 및 예금 | 난이도 하

④ 수표(특히 당좌 · 가계수표 등)를 받아 현금화 가능한 경우 현금의 증가로 차변에 기록한다. 자기앞수표 지급은 현금의 감소로 대변, 약속어음의 발행은 지급어음 대변, 약속어음 수취는 받을어음 차변을 사용한다.

Answer 42.④ 43.④

44 다음은 당좌예금과 관련된 내용이다. 빈칸 (개), (내)에 해당하는 내용으로 옳은 것은?

> 기업이 은행과 당좌 거래 계약을 맺고 일정액을 개설 보증금으로 납입하여 계약을 체결하면 일정 한도액
> 까지 예금액을 초과하여 수표를 발행할 수 있다. 이렇게 당좌예금의 잔액을 초과하여 지급된 금액을 (개)
> 이라 하고 재무상태표에는 (내) 계정으로 표시한다.

	(개)	(내)
①	당좌예금	단기대여금
②	당좌예금	단기차입금
③	당좌차월	단기대여금
④	당좌차월	단기차입금

TIP PART 02. 금융자산의 회계처리 ｜ Chapter 01. 현금 및 예금 ｜ 난이도 하

④ 당좌예금 잔액을 초과해 지급된 금액은 '당좌차월'이라 하며, 재무상태표에는 단기차입금(유동부채)으로 표시한다. 이는 은행으로부터 단기 신용을 이용한 것으로 본다.

45 다음의 계정과목 중에서 임시계정으로 기말 재무상태표에는 표시하지 않는 것은?

① 현금과부족
② 예수금
③ 선급금
④ 미지급금

TIP PART 02. 금융자산의 회계처리 ｜ Chapter 01. 현금 및 예금 ｜ 난이도 하

① 현금 실사액과 장부액 차이를 원인 미확정 시 '현금과부족'(임시계정)으로 처리하고 결산 시 잡손실/잡이익으로 대체해 잔액을 남기지 않는다.

Answer 44.④ 45.①

제87회 기업회계 3급

46 다음 중 현금지출이 이루어졌으나 계정과목과 금액이 확정되지 않을 경우, 자산계정인 차변에 기록하는 계정은?

① 대급금
② 선급금
③ 가수금
④ 가지급금

TIP PART 02. 금융자산의 회계처리 │ Chapter 02. 매출채권과 기타의 채권 │ 난이도 하

④ 가지급금은 임시 자산계정으로 정산 시 적정 계정(급여, 접대비, 선급금 등)으로 대체한다. 대급금·선급금은 거래의 성격과 금액이 특정된 경우에 사용한다. 가수금은 반대로 원인 불명 현금수입(부채성 임시계정)이다.

제87회 기업회계 3급

47 ㈜제주는 당기인 2024년에 1,200,000원의 매출액을 기록하였다. 매출채권 자료가 다음과 같을 때 2024년 ㈜제주의 매출 회수액은 얼마인가?

> • 기초매출채권 : 0원
> • 기말매출채권 : 100,000원

① 900,00원
② 1,000,000원
③ 1,100,000원
④ 1,200,000원

TIP PART 02. 금융자산의 회계처리 │ Chapter 03. 매출채권과 기타의 채권 │ 난이도 하

③ 회수액 = 총매출액－매출채권 증가분 = 1,200,000－100,000＝1,100,000원이다. 외상매출 증가분만큼은 아직 미회수로 남는다.

Answer 46.④ 47.③

48 다음 자료를 이용하여 매출채권을 계산하면 얼마인가?

> - 선급금 : 100,000원
> - 받을어음 : 150,000원
> - 지급어음 : 50,000원
> - 외상매입금 : 150,000원
> - 외상매출금 : 250,000원
> - 단기대여금 : 350,000원

① 300,000원
② 400,000원
③ 500,000원
④ 600,000원

TIP PART 02. 금융자산의 회계처리 │ Chapter 03. 매출채권과 기타의 채권 │ 난이도 하

② 매출채권 = 외상매출금 + 받을어음 = 250,000 + 150,000 = 400,000원이다. 선급금·단기대여금은 매출채권이 아니다.

49 ㈜대손의 기초 대손충당금 잔액이 3,000원이고 당기에 대손 1,000원이 발생하였다. 당기 말 400,000원의 매출채권 잔액에 대하여 1%의 대손충당금을 설정하고자 한다. ㈜대손의 회계처리로 옳은 것은?

①	(차) 대손상각비	2,000원	(대) 대손충당금	2,000원
②	(차) 대손상각비	1,000원	(대) 매출채권	1,000원
③	(차) 대손충당금	3,000원	(대) 매출채권	3,000원
④	(차) 대손상각비	4,000원	(대) 대손충당금	4,000원

TIP PART 02. 금융자산의 회계처리 │ Chapter 03. 매출채권과 기타의 채권 │ 난이도 중

① 기초 충당금 3,000에서 당기 대손 인식 1,000 차감 후 잔액 2,000원이다. 필요충당금(400,000 × 1%) 4,000원이므로 추가 설정 2,000원을 인식한다.

Answer 48.② 49.①

50 ㈜공정이 보유 중인 유가증권(시장성이 있으며 단기매매목적)에 대한 내역이다. 손익계산서에 계상될 단기매매증권평가이익은 얼마인가?

> • 보유 주식 수 : 300주
> • 기말 공정가액 : 1주당 70,000원
> • 취득단가 : 1주당 50,000원

① 5,000,000원
② 6,000,000원
③ 7,000,000원
④ 8,000,000원

TIP PART 02. 금융자산의 회계처리 │ Chapter 02. 단기금융상품과 단기매매증권 │ 난이도 하

② 평가이익 = 보유수량 × (기말공정가액 − 취득단가) = 300 × 20,000 = 6,000,000원이다. 단기매매증권은 공정가치 변동을 당기손익에 반영한다.

51 다음의 거래를 추정한 것으로 옳은 것은?

	현금	
보통예금　　200,000원		

① 거래처에 현금 200,000원을 송금하였다.
② 보통예금에 현금 200,000원을 예입하였다.
③ 보통예금에서 현금 200,000원을 인출하였다.
④ 거래대금 200,000원을 수표를 발행하여 지급하였다.

TIP PART 02. 금융자산의 회계처리 │ Chapter 01. 현금 및 현금성자산 │ 난이도 하

③ 보통예금이 감소하고 현금이 증가하므로, 이는 은행에서 현금을 인출한 거래이다. 분개 : 차(현금) 200,000/대(보통예금) 200,000원이다.

Answer　50.② 51.③

52 다음 중 계정과목의 구분이 옳지 않은 것은?

① 현금 : 당좌자산
② 원재료 : 재고자산
③ 비품 : 유형자산
④ 임차보증금 : 무형자산

TIP PART 02. 금융자산의 회계처리 │ Chapter 01. 현금 및 현금성자산 │ 난이도 하

④ 임차보증금은 장기적으로 회수 예정인 자금으로, 무형자산이 아니라 기타비유동자산에 해당한다. 무형자산은 실체가 없지만 경제적 효익이 있는 자산(특허권, 상표권 등)이다.

53 다음의 계정과 관련이 없는 것은?

• 매출채권	• 현금 및 현금성 자산
• 미수금	• 선급금

① 재무상태표
② 당좌자산
③ 재고자산
④ 유동자산

TIP PART 02. 금융자산의 회계처리 │ Chapter 01. 현금 및 현금성자산 │ 난이도 하

③ 제시된 네 계정(매출채권, 현금, 미수금, 선급금)은 모두 유동자산 중 당좌자산에 해당한다. 재고자산은 상품·제품·원재료 등 재고 관련 계정으로 다른 분류이다.

Answer 52.④ 53.③

54 다음은 어떤 계정과목에 대한 설명인가?

> • 취득일로부터 만기가 3개월 이내인 채권
> • 취득일로부터 만기가 3개월 이내인 단기 금융 상품
> • 취득일로부터 만기가 3개월 이내인 상환 우선주

① 매출채권
② 현금성 자산
③ 단기매매증권
④ 단기예금

TIP PART 02. 금융자산의 회계처리 │ Chapter 01. 현금 및 현금성자산 │ 난이도 하

② 현금성자산은 단기적인 현금 운용을 목적으로 하며, 취득 시 만기가 3개월 이내인 고유동 금융상품이다. 단기매매증권은 매매차익 목적의 투자자산으로 구분된다.

55 다음 중 당좌예금 거래에 대한 설명으로 옳지 않은 것은?

① 당좌 거래를 통해 현금 거래의 위험성 및 불편을 해소할 수 있다.
② 재무상태표에 통합계정인 현금 및 현금성자산으로 표시한다.
③ 당좌 거래 계약을 맺으면 언제든지 수표를 발행하여 인출할 수 있는 요구불 예금이다.
④ 당좌수표를 발행하여 인출하면 당좌예금 계정 차변에 기록한다.

TIP PART 02. 금융자산의 회계처리 │ Chapter 01. 현금 및 현금성자산 │ 난이도 중

④ 당좌수표 발행은 예금 감소 거래이므로 당좌예금 계정의 대변에 기록한다. 차변은 입금(증가), 대변은 출금(감소)을 의미한다.

Answer 54.② 55.④

56 다음 중 단기매매증권에 대한 설명으로 옳지 않은 것은?

① 재무상태표에는 단기투자자산으로 통합하여 표시한다.
② 단기매매증권을 취득한 경우 취득원가는 공정가치로 측정한다.
③ 단기매매증권의 취득 시 발생한 증권 회사의 취급 수수료 등은 취득원가에 포함하여 처리한다.
④ 단기간에 매매 차익을 얻을 목적으로 취득한 시장성 있는 주식, 국채, 사채 등의 유가증권이다.

TIP PART 02. 금융자산의 회계처리 │ Chapter 02. 단기금융상품과 단기매매증권 │ 난이도 중

③ 단기매매증권의 취득수수료는 수수료비용으로 즉시 비용 처리한다. 단기매매증권은 단기 시세차익 목적의 시장성 있는 주식, 채권 등으로 구성된다.

57 다음 중 자산에 대한 설명으로 옳지 않은 것은?

① 1년을 기준으로 유동자산과 비유동자산으로 분류한다.
② 매도가능증권은 1년 이내에 실현될 수 있어도 비유동자산으로 분류한다.
③ 단기매매 목적으로 보유하는 자산은 유동자산으로 분류한다.
④ 정상적인 영업주기 내에 판매되는 재고자산은 1년 이내에 실현되지 않더라도 유동자산으로 분류한다.

TIP PART 02. 금융자산의 회계처리 │ Chapter 02. 단기금융상품과 단기매매증권 │ 난이도 중

② 자산의 분류는 1년(또는 정상영업주기) 기준으로 유동/비유동을 구분한다. 매도가능증권이라도 1년 이내에 실현 예정이면 유동자산으로 분류된다. ②는 일반원칙과 반대이다.

Answer 56.③ 57.②

58 다음 중 외상매출금 계정에서 ㈜에 기입할 수 없는 것은?

외상매출금	
	㈜

① 외상매출액

② 매출할인

③ 차기이월

④ 대손발생액

TIP PART 02. 금융자산의 회계처리 | Chapter 03. 매출채권과 기타의 채권 | 난이도 하

① 외상매출금 계정의 대변에는 자산 감소 항목(회수액, 대손, 환입, 할인 등)이 기록된다. 외상매출액은 자산의 증가를 의미하므로 차변에 기록되어야 한다.

59 거래처의 부도로 인하여 전기에 대손 처리한 외상매출금 50,000원을 현금으로 회수한 경우의 분개로 옳은 것은?

① (차) 대손상각비	50,000원	(대) 현금	50,000원
② (차) 현금	50,000원	(대) 대손충당금	50,000원
③ (차) 현금	50,000원	(대) 외상매출금	50,000원
④ (차) 현금	50,000원	(대) 기타의대손상각비	50,000원

TIP PART 02. 금융자산의 회계처리 | Chapter 03. 매출채권과 기타의 채권 | 난이도 중

② 이미 대손으로 인식해 손실처리한 채권을 회수할 경우, 과거에 설정한 대손충당금을 회복시키는 분개를 한다. 따라서 차변 '현금', 대변 '대손충당금'으로 처리한다.

Answer 58.① 59.②

제86회 기업회계 3급

60 다음에 제시된 회계처리는 어음의 배서 중 어떤 경우에 발생하게 되는가?

(차) 당좌예금	1,980,000원	(대) 받을어음	2,000,000원
매출채권처분손실	20,000원		

① 어음의 할인
② 어음의 개서
③ 어음의 배서양도
④ 어음의 부도

TIP PART 02. 금융자산의 회계처리 | Chapter 03. 매출채권과 기타의 채권 | 난이도 중

① 어음의 만기 전 자금 융통을 위해 은행에 매각할 경우를 어음 할인이라 한다. 이때 차감된 이자액은 매출채권처분손실로 처리하며, 차변에 당좌예금(입금액)이 기록된다.

제85회 기업회계 3급

61 ㈜서울유통이 은행에 지급하는 할인료를 처리하는 계정과목으로 가장 옳은 것은?

㈜서울유통은 소지하고 있는 약속어음 1,000,000원을 거래은행에 매각거래로 할인하고 할인료 10,000원을 차감한 잔액 990,000원을 당좌예금으로 받았다.

① 이자비용
② 대손상각비
③ 수수료 비용
④ 매출채권처분손실

TIP PART 02. 금융자산의 회계처리 | Chapter 03. 매출채권과 기타의 채권 | 난이도 중

④ 어음할인은 어음을 은행에 매각하는 거래이므로, 할인료는 매출채권처분손실로 처리한다. 이는 금융기관으로 권리가 이전된 매각거래로 본다.

Answer 60.① 61.④

62 다음 중 현금 및 현금성자산의 구분에 대한 설명으로 옳지 않은 것은?

① 자기앞수표는 현금으로 본다.
② 현금은 지폐나 동전과 같은 통화만을 의미한다.
③ 취득 당시 만기가 3개월 이내에 도래하는 채권은 현금성자산으로 본다.
④ 송금수표와 우편환증서는 통화대용증권에 포함된다.

TIP　PART 02. 금융자산의 회계처리 │ Chapter 01. 현금 및 현금성자산 │ 난이도 하

② 현금에는 통화(지폐·동전)뿐 아니라 통화대용증권(자기앞수표, 송금수표, 우편환증서)도 포함된다. 또한 취득 시점에서 만기가 3개월 이내인 단기 금융상품은 현금성자산으로 분류된다.

63 다음 중 당좌자산에 관한 설명으로 옳은 것은?

① 모든 당좌자산은 대손충당금 설정 대상이다.
② 모든 금융자산은 당좌자산에 해당된다.
③ 당좌자산에는 감가상각 대상 자산이 포함된다.
④ 당좌자산은 유동자산으로 분류된다.

TIP　PART 02. 금융자산의 회계처리 │ Chapter 01. 현금 및 현금성자산 │ 난이도 하

④ 당좌자산은 유동자산 중 즉시 현금화할 수 있는 자산이다. 현금·예금·받을어음·외상매출금 등이 포함되며, 감가상각 대상이 아니며 일부만 대손충당금 대상이다.

64 다음 중 매월 말 또는 결산 시기에 당좌예금의 회사 측 잔액과 은행 측 잔액의 일치 여부 및 불일치 원인을 확인하고 차이를 조정하는 것은?

① 현금출납장
② 은행계정조정표
③ 총계정원장
④ 매입매출장

TIP　PART 02. 금융자산의 회계처리 │ Chapter 01. 현금 및 현금성자산 │ 난이도 하

② 은행계정조정표는 회사 장부상의 당좌예금 잔액과 은행 통지 잔액의 차이를 분석·조정하는 표이다. 이 조정 절차를 통해 당좌예금 계정의 정확성을 검증할 수 있다.

Answer　62.② 63.④ 64.②

65 다음 중 ㈎에 해당하는 계정과목으로 옳은 것은?

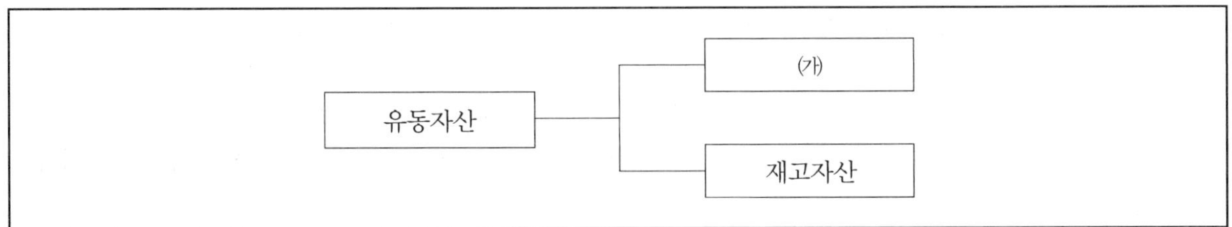

① 비품
② 미수금
③ 지급어음
④ 차량운반구

TIP PART 02. 금융자산의 회계처리 ｜ Chapter 03. 매출채권과 기타의 채권 ｜ 난이도 하

② 미수금은 상거래 외 거래에서 발생한 채권으로 당좌자산에 속한다. 비품과 차량운반구는 비유동자산(유형자산), 지급어음은 유동부채이다.

66 다음 중 대손충당금 설정 대상 계정과목만으로 짝지어진 것은?

① 미수금, 자본금
② 받을어음, 지급어음
③ 외상매출금, 받을어음
④ 차입금, 미지급금

TIP PART 02. 금융자산의 회계처리 ｜ Chapter 03. 매출채권과 기타의 채권 ｜ 난이도 중

③ 대손충당금은 채권에 대한 예상 손실을 반영하기 위한 평가계정이다. 외상매출금과 받을어음은 매출채권으로 설정 대상이며, 자본 · 부채 계정(자본금 · 차입금 등)은 해당되지 않는다.

Answer   65.② 66.③

제84회 기업회계 3급

67 다음 중 ㈜서울의 받을어음 계정 대변에 기입하는 거래는 무엇인가?

① ㈜구미에 상품 100,000원을 매출하고 대금은 ㈜구미가 발행한 약속어음으로 받다.
② ㈜인천으로부터 상품 100,000원을 매입하고 대금은 약속어음을 발행하여 주다.
③ ㈜창원에 상품 대금으로 발행하여 지급한 약속어음 100,000원을 현금으로 지급하다.
④ ㈜목포로부터 상품 100,000원을 매입하고 대금은 ㈜전남 발행 약속어음을 배서양도하여 지급하다.

TIP PART 02. 금융자산의 회계처리 │ Chapter 03. 매출채권과 기타의 채권 난이도 중

④ 받을어음을 타인에게 배서양도하면 받을어음이 감소하므로 대변에 기록한다. 이는 보유 채권을 제3자에게 지급수단으로 사용하는 거래에 해당한다.

제84회 기업회계 3급

68 다음 중 일반 상거래 이외에서 발생한 수취채권으로서 대손상각을 할 수 있는 계정과목은 무엇인가?

① 미수금
② 외상매출금
③ 매출채권
④ 차입금

TIP PART 02. 금융자산의 회계처리 │ Chapter 03. 매출채권과 기타의 채권 │ 난이도 하

① 미수금은 상품 판매 외의 거래에서 발생하는 채권으로 대손상각이 가능하다. 외상매출금은 상거래에서 발생하는 채권이고, 차입금은 부채이므로 대손상각 대상이 아니다.

제84회 기업회계 3급

69 다음 중 재무상태표에 표시될 때 아래 거래의 ㉠과 같은 항목으로 표시할 수 있는 것은? (단, 보기에 제시된 금융자산의 만기는 모두 취득일 기준이다.)

> 거래처에 상품 500,000원을 매출하고 대금은 ㉠ 거래처에서 발행한 당좌수표로 받는다.

① 2개월 만기 정기예금
② 3개월 만기 받을어음
③ 5개월 만기 기업어음
④ 6개월 만기 정기적금

TIP PART 02. 금융자산의 회계처리 │ Chapter 01. 현금 및 현금성자산 │ 난이도 중

① 만기가 3개월 이내인 단기 예금은 현금성자산으로 분류한다. 거래처의 당좌수표도 현금으로 본다. 반면 5 ~ 6개월 만기 상품은 단기금융상품으로 분류되어 현금성자산에 해당하지 않는다.

Answer   67.④ 68.① 69.①

70 다음은 현금과부족 계정별원장의 내용이다. 결산 시 현금부족분의 원인이 판명되지 않았을 경우 아래의 ㈎에 들어갈 계정과목으로 옳은 것은?

	현금과부족		
12/5 현금	180,000원	12/17 보험료	150,000원
		12/31 ㈎	30,000원
	180,000원		180,000원

① 현금
② 잡손실
③ 잡이익
④ 차기이월

TIP　PART 02. 금융자산의 회계처리 ｜ Chapter 01. 현금 및 현금성자산 ｜ 난이도 하

② 현금이 장부보다 부족할 경우 원인을 알 수 없으면 잡손실로 처리한다. 반대로 초과 시 원인이 불명확하면 잡이익으로 처리한다.

71 다음 중 아래의 자료에서 ㈎에 들어갈 수 없는 계정과목은 무엇인가?

㈎를(을) 100,000원에 취득하고 대금은 수수료 10,000원과 함께 현금으로 지급하다.
회계처리 : (차)　　㈎　　110,000원　　　(대) 현금　　110,000원

① 상품
② 건물
③ 차량운반구
④ 단기매매증권

TIP　PART 02. 금융자산의 회계처리 ｜ Chapter 02. 단기금융상품과 단기매매증권 ｜ 난이도 중

④ 단기매매증권의 매입수수료는 즉시 비용(수수료비용)으로 처리한다. 반면 상품, 건물, 차량운반구 등은 취득 시 부대비용을 자산원가에 포함시켜 회계처리한다.

Answer　70.②　71.④

72 다음은 ㈜보령의 외상 매출 관련 자료이다. ㈜보령의 당기 외상 매출액은 얼마인가?

> • 기초 외상매출금 : 150,000원
> • 당기 외상매출금 회수액 : 340,000원
> • 기말 외상매출금 : 210,000원

① 210,000원
② 280,000원
③ 340,000원
④ 400,000원

TIP PART 02. 금융자산의 회계처리 │ Chapter 03. 매출채권과 기타의 채권 │ 난이도 중

④ 당기매출 = 회수 + 기말 − 기초 = 340,000 + 210,000 − 150,000 = 400,000원이다.

※ 외상매출금 회계식 ⋯ 기초 + 당기매출 − 회수 = 기말

73 다음의 거래를 회계처리할 경우 대손상각비로 인식할 금액은 얼마인가?

> 거래처 부실상사의 파산으로 외상매출금 200,000원에 대하여 대손이 확정되었다. 단, 외상매출금에 대한 대손충당금 기초잔액은 150,000원이 있다.

① 50,000원
② 100,000원
③ 150,000원
④ 200,000원

TIP PART 02. 금융자산의 회계처리 │ Chapter 03. 매출채권과 기타의 채권 │ 난이도 중

① 대손이 확정되면 대손충당금과 상계하고, 부족액을 대손상각비로 처리한다. 200,000 − 150,000 = 50,000원이 실제 비용으로 계상된다.

Answer　72.④　73.①

고난도기출문제

제93회 기업회계 2급

1 다음 자료에 의하여 결산 재무상태표에 표시되는 현금 및 현금성자산은 얼마인가?

- 자기앞수표 : 200,000원
- 우편환증서 : 200,000원
- 배당금지급통지표 : 400,000원
- 현금 : 550,000원
- 수입인지 : 100,000원
- 단기매매증권(2개월 만기) : 150,000원
- 양도성 예금증서(취득 당시 만기 3개월 이내) : 300,000원
- 외상매출금 : 1,500,000원

---

① 1,650,000원 ② 1,800,000원
③ 2,900,000원 ④ 3,300,000원

TIP PART 02. 금융자산의 회계처리 | Chapter 01. 현금 및 현금성 자산 | 난이도 하

① 현금 및 현금성 자산에는 현금, 자기앞수표, 우편환, 배당금지급통지표, 취득 시 만기 3개월 이내의 양도성예금증서가 포함된다. 따라서 200,000＋200,000＋400,000＋550,000＋300,000＝1,650,000원이다. 수입인지와 단기매매증권(2개월 만기 제외)은 현금성자산에 해당하지 않는다.

제93회 기업회계 2급

2 ㈜대한은 단기 보유 목적의 주식 200주를 1주당 10,000원에 취득하였다. 증권거래 수수료로 100,000원을 지급하였다면 재무상태표에 기록될 단기매매증권은 얼마인가?

① 2,100,000원 ② 2,000,000원
③ 1,900,000원 ④ 1,800,000원

TIP PART 02. 금융자산의 회계처리 | Chapter 02. 단기금융상품과 단기매매증권 | 난이도 하

② 단기매매증권은 유동자산으로 분류되며, 취득 시 발생한 수수료는 취득원가에 포함하지 않는다. 따라서 장부가액은 200 × 10,000＝2,000,000원이다.

Answer 1.① 2.②

3 ㈜대한에 외상으로 판매한 상품 대금 2,000,000원은 ㈜대한이 10월 1일에 파산하여 회수 불능이다. 10월 1일 현재 대손충당금의 장부상 잔액이 1,000,000원일 때 10월 1일에 인식할 대손상각비는 얼마인가?

① 600,000원

② 700,000원

③ 800,000원

④ 1,000,000원

TIP PART 02. 금융자산의 회계처리 | Chapter 02. 단기금융상품과 단기매매증권 | 난이도 하

④ 회수불능 확정 시 대손충당금 잔액을 먼저 상계하고, 부족분을 대손상각비로 처리한다. 회수불능액 2,000,000 − 대손충당금 1,000,000 = 1,000,000원을 대손상각비로 인식한다. 이는 보충법의 전형적인 처리로, 매출채권의 순실현가능가치가 감소한다.

4 다음의 자료를 이용하여 재무상태표에 표시되는 당좌자산 금액을 계산하면 얼마인가?

> - 예수금 : 200,000원
> - 단기매매증권 : 1,000,000원
> - 타인발행수표 : 300,000원
> - 우편환증서 : 100,000원
> - 미지급금 : 450,000원
> - 선급금 : 500,000원

① 650,000원

② 1,900,000원

③ 2,100,000원

④ 2,150,000원

TIP PART 02. 금융자산의 회계처리 | Chapter 01. 현금 및 현금성자산 | 난이도 하

② 당좌자산에는 현금 및 현금성자산, 단기매매증권, 수표, 우편환, 선급금 등이 포함된다. 예수금과 미지급금은 부채이므로 제외된다. 따라서 1,000,000(단기매매증권)＋300,000(수표)＋100,000(우편환)＋500,000(선급금)＝1,900,000원이다.

Answer 3.④ 4.②

5 ㈜세인은 2025년 단기매매목적으로 ㈜현정의 주식을 다음과 같이 취득 및 처분하였다. 이때 ㈜현정 주식의 처분으로 인하여 발생한 처분손익은 얼마인가?

> • 2025년 7월 1일 : ㈜현정 주식 100주를 주당 100원에 취득하였고 취득 과정 중 중개수수료 1,000원을 지급하였다.
> • 2025년 9월 30일 : ㈜현정 주식 50주를 주당 140원에 처분하였다.

① 처분이익 2,000원
② 처분이익 1,500원
③ 처분손실 3,000원
④ 처분손실 4,000원

TIP   PART 02. 금융자산의 회계처리 | Chapter 02. 단기금융상품과 단기매매증권 | 난이도 하

① 단기매매증권은 취득 시 부대비용을 취득원가에 포함하지 않는다. 취득가 : 100주 × 1,000원＝100,000, 처분가 : 50주 × 140원 ＝ 7,000원, 처분손익＝(140－100) × 50＝2,000원 이익으로 수수료는 비용으로 처리한다.

6 다음은 ㈜양산의 외상매출금 관련 자료이다. 2025년 손익계산서상 대손상각비로 인식할 금액을 계산하면 얼마인가?

> • 01.01. 전기말 이월된 대손충당금 : 8,000원
> • 05.01. 거래처인 ㈜연하가 파산하여 관련 외상매출금 4,000원이 회수불능 상태가 되었다.
> • 10.01. 거래처인 ㈜연상이 파산하여 관련 외상매출금 3,000원이 회수불능 상태가 되었다.
> • 12.31. 기말 외상매출금 잔액은 1,000,000원이며 대손충당금은 외상매출금 잔액의 2%를 설정하였다.

① 1,000원   ② 12,000원
③ 19,000원   ④ 20,000원

TIP   PART 02. 금융자산의 회계처리 | Chapter 03. 매출채권과 기타의 채권 | 난이도 중

③ 기초충당금 8,000, 대손처리(4,000+3,000)=7,000 후 잔액 1,000이다.
필요충당금은 매출채권 1,000,000×2%=20,000 → 추가 설정액 = 19,000이다. 따라서 대손상각비는 19,000원이며, 회계처리 : (차) 대손상각비 19,000 | (대) 대손충당금 19,000이다.

Answer   5.①   6.③

7 ㈜정찰의 2025년 기말 유동자산의 내역이 다음과 같을 때 2025년 기말 재무상태표에 표시될 현금 및 현금성 자산은 얼마인가?

> - 선일자수표 : 50,000원
> - 통화(지폐) : 25,000원
> - 양도성예금증서(160일 만기) : 180,000원
> - 보통예금 : 70,000원
> - 정기적금 : 2,000,000원
> - 장기금융상품 : 200,000원
> - 지점전도금 : 120,000원
> - 배당금지급통지서 :50,000원

① 150,000원 ② 200,000원
③ 265,000원 ④ 300,000원

TIP　PART 02. 금융자산의 회계처리 │ Chapter 01. 현금 및 현금성자산 │ 난이도 하

③ 현금 및 현금성자산에는 통화, 보통예금, 배당금지급통지서, 지점전도금 등이 포함된다. 정기예금, 양도성예금증서(만기 3개월 초과), 장기금융상품은 제외된다. 따라서 총액은 25,000 + 70,000 + 50,000 + 120,000 = 265,000원이다.

8 ㈜정성은 주식 100주를 단기 보유 목적으로 1주당 5,000원에 취득하고 증권거래 수수료로 20,000원을 지급하였다. 재무상태표에 기록될 단기매매증권은 얼마인가?

① 520,000원
② 500,000원
③ 450,000원
④ 400,000원

TIP　PART 02. 금융자산의 회계처리 │ Chapter 02. 단기금융상품과 단기매매증권 │ 난이도 하

② 단기매매증권은 취득 시 거래수수료를 취득원가에 포함하지 않는다. 주식 100주 × 5,000원＝500,000원, 수수료 20,000원은 '수수료비용'으로 별도 인식, 따라서 장부상 단기매매증권은 500,000원으로 계상한다.

Answer　7.③ 8.②

9 ㈜탐사의 결산일 현재 매출채권은 6,450,000원이고 매출채권의 대손과 관련된 자료는 다음과 같을 때, 회수 가능한 매출채권 추정액은 얼마인가?

- 기초 매출채권 대손충당금 잔액 : 400,000원
- 당기 중 회수불능으로 대손처리한 매출채권 : 500,000원
- 당기 중 매출채권의 대손상각비 : 1,050,000원

---

① 5,300,000원　　　　　　　　② 5,400,000원

③ 5,500,000원　　　　　　　　④ 5,600,000원

TIP　PART 02. 금융자산의 회계처리 | Chapter 03. 매출채권과 기타의 채권 | 난이도 중

③ 기초대손충당금 400,000원, 대손상각비 1,050,000원, 대손처리액 500,000원→기말대손충당금 = 400,000 − 500,000 + 1,050,000 = 950,000원이다. 매출채권 6,450,000 − 950,000 = 회수가능액 5,500,000원, 즉 대손처리 후 순실현가액이다.

10 다음의 자료를 기초로 재무상태표에 표시될 현금 및 현금성 자산의 총액을 구하면 얼마인가?

- 배당금 지급통지표 : 150,000원
- 우편환증서 : 40,000원
- 부도수표 : 10,000원
- 우표 : 10,000원
- 지점전도금 : 70,000원
- 수입인지 : 30,000원
- 직원가불금 : 130,000원

---

① 220,000원　　　　　　　　② 260,000원

③ 320,000원　　　　　　　　④ 350,000원

TIP　PART 02. 금융자산의 회계처리 | Chapter 01. 현금 및 현금성 자산 | 난이도 하

② 현금 및 현금성 자산에는 배당금지급통지표, 지점전도금, 우편환증서 등이 포함된다. 반면 부도수표 · 우표 · 수입인지는 화폐성 자산이 아니므로 제외된다. 따라서 총액은 150,000 + 70,000 + 40,000 = 260,000원이다.

Answer　9.③　10.②

11 ㈜회계는 2025년 2월 6일에 시장성 있는 단기매매증권 300주를 6,000,000원에 취득하였다. 이 중 100주를 2025년 8월 7일에 1주당 24,000원에 양도하였으며 대금은 수수료 비용 100,000원을 차감한 후 현금으로 받은 경우 이 거래로 인한 당기순이익의 증가액은 얼마인가?

① 300,000원
② 400,000원
③ 500,000원
④ 600,000원

TIP   PART 02. 금융자산의 회계처리 │ Chapter 02. 단기금융상품과 단기매매증권 │ 난이도 중

① 단기매매증권 처분손익은 처분가액에서 취득원가 및 거래비용을 차감하여 계산한다. 주당 취득가 20,000원, 처분가 24,000원, 수수료 100,000원→이익 400,000 − 수수료 100,000 = 300,000원 순이익이다. 이는 당기순이익 증가 효과를 초래한다.

12 ㈜기업은 상품을 거래처에 판매하고 약속어음 1,000,000원을 받았으나 거래처가 9월 26일에 파산하여 약속어음의 회수가 불가능하게 되었다. 9월 26일 현재 장부상 대손충당금이 400,000원일 때 9월 26일에 인식할 대손상각비는 얼마인가?

① 1,000,000원
② 800,000원
③ 700,000원
④ 600,000원

TIP   PART 02. 금융자산의 회계처리 │ Chapter 03. 매출채권과 기타의 채권 │ 난이도 중

④ 거래처가 파산하여 회수불능이 확정된 경우, 기존 대손충당금을 먼저 상계하고 부족분을 대손상각비로 처리한다. 따라서 1,000,000 − 400,000 = 600,000원을 대손상각비로 인식한다. 이는 '보충법' 적용 사례로, 손익계산서상 비용이 증가한다.

Answer   11.① 12.④

13 매출채권의 매각거래로 보기 위한 조건(제거 조건)에 대한 다음의 설명 중 옳은 것을 모두 고른 것은?

> ㉠ 양도인은 매출채권 양도 후 당해 매출채권에 대한 권리를 행사할 수 없어야 한다.
> ㉡ 양수인은 양수한 매출채권을 처분(양도 및 담보제공 등)할 자유로운 권리를 갖고 있어야 한다.
> ㉢ 양도인은 매출채권 양도 후에 효율적인 통제권을 행사할 수 있어야 한다.

① ㉠, ㉢   ② ㉠, ㉡

③ ㉡, ㉢   ④ ㉠, ㉡, ㉢

TIP   PART 02. 금융자산의 회계처리 | Chapter 03. 매출채권과 기타의 채권 | 난이도 중

② 매출채권이 매각거래로 인정되기 위해서는 양도인은 권리를 행사할 수 없어야 하며, 양수인은 처분·담보제공 등의 자유가 있어야 하고, 양도인은 통제권을 상실해야 한다.

14 다음 내용을 보고 현금 및 현금성자산의 합계액을 구하면 얼마인가?

> • 보통예금 : 500,000원
> • 당좌예금 : 200,000원
> • 외상매출금 : 100,000원
> • 단기대여금 : 850,000원
> • 취득 시 3개월 이내의 환매조건인 환매체 : 600,000원
> • 선일자수표 : 150,000원

① 300,000원   ② 700,000원

③ 1,300,000원   ④ 1,450,000원

TIP   PART 02. 금융자산의 회계처리 | Chapter 01. 현금 및 현금성자산 | 난이도 하

③ 현금 및 현금성자산에는 보통예금, 당좌예금, 취득 시 3개월 이내 만기의 환매조건부채권 등이 포함된다. 반면 외상매출금이나 단기대여금은 현금성자산이 아니며, 선일자수표 또한 포함되지 않는다. 따라서 현금 및 현금성자산의 합계는 1,300,000원이다(보통예금 500,000원+당좌예금 200,000원+환매조건부채권 600,000원).

Answer   13.② 14.③

15 ㈜성동은 ㈜행당이 발행한 보통주식을 단기시세차익을 얻을 목적으로 취득하였다. 다음은 2024년 동안 ㈜성동이 보유한 보통주식과 관련된 거래내역이다. 해당 보통주식 거래와 관련하여 인식할 순손익(수익－비용)은 얼마인가?

> - 7월 1일 : ㈜행당의 보통주식 100주를 주당 5,000원에 취득하였다. 취득에 따른 거래비용은 총 15,000원이 발생하였다.
> - 9월 1일 : ㈜행당의 보통주식 40주를 주당 6,500원에 처분하였다.
> - 2024년 말 : ㈜행당 보통주식의 주당 공정가치는 6,300원이다.

① 15,000원
② 29,000원
③ 123,000원
④ 138,000원

TIP PART 02. 금융자산의 회계처리 | Chapter 02. 단기금융상품과 단기매매증권 | 난이도 상

③ 단기매매증권의 순손익 = 처분이익＋평가이익－거래비용 = (60,000＋78,000－15,000) = 123,000원이다. 이는 단기보유 금융상품의 평가손익을 실현손익과 함께 인식하는 일반기업회계기준에 따른 처리이다.

16 ㈜한국은 2024년 4월 25일 거래처의 파산으로 인하여 매출채권 중 2,000,000원이 대손 확정되었다. ㈜한국은 보충법을 따라 매출채권의 1%를 대손충당금으로 설정하고 있으며, 2024년 12월 31일 매출채권 잔액은 400,000,000원이다. 2023년 부분재무상태표가 아래와 같다면 2024년 손익계산서상 대손상각비로 계상되는 금액은 얼마인가?

부분재무상태표(2023.12.31. 현재)

매출채권	50,000,000원
대손충당금	5,000,000원

① 500,000원
② 1,000,000원
③ 3,000,000원
④ 4,000,000원

TIP PART 02. 금융자산의 회계처리 | Chapter 03. 매출채권과 기타의 채권 | 난이도 중

③ 보충법에 따라 매출채권의 일정 비율을 대손충당금으로 설정한다. 파산으로 대손이 확정된 금액은 대손충당금으로 상계처리하고, 남은 잔액에 대해 추가 설정이 필요하다. 계산식은 다음과 같다.

400,000,000×1% = 4,000,000(필요충당금)

기존 5,000,000－확정대손 2,000,000 = 잔액 3,000,000

필요액(4,000,000)－잔액(3,000,000) = 1,000,000 → 대손상각비

Answer 15.③ 16.②

17 2024년 1월 1일, ㈜기업은 판매대금으로 만기가 2024년 10월 31일인 액면 2,000,000원의 어음을 거래처로부터 수취하였다. 2024년 8월 1일, ㈜기업은 해당 어음을 은행에서 연 5% 이자율로 할인하였다(단, 월할 계산함). 해당 어음이 무이자부어음인 경우 ㈜기업이 인식할 매출채권처분손익은 얼마인가?

① 손실 100,000원
② 손실 25,000원
③ 이익 100,000원
④ 이익 25,000원

TIP PART 02. 금융자산의 회계처리 │ Chapter 03. 매출채권과 기타의 채권 │ 난이도 중

② 무이자부 어음을 할인할 때, 할인기간의 이자상당액은 '매출채권처분손실'로 처리한다. 액면 2,000,000, 기간 3개월, 이율 5% → 2,000,000×5%×3/12 = 25,000원이다. 이 금액이 손실로 인식된다.

Answer 17.②

원가흐름가정 문제에서는 물가상승을 전제로 매출원가 · 기말재고 · 당기순이익의 크기를 비교하는 유형이 자주 출제되므로, 선입선출법과 후입선출법 간 결과의 방향성을 확실히 암기해두어야 한다. 저가법은 항목단위 평가와 총액단위 평가가 혼동되기 쉬우므로, 시험에서는 제시된 기준에 따라 정확히 계산하는 것이 핵심이다. 기말재고 평가에서는 매입운임 포함 여부, 매입할인 처리 방식, 반품 조정 등 자주 섞어 쓰는 함정이 많기 때문에 체크리스트 형태로 정리해 실수를 예방해야 한다. 또한 재고자산 회전율이나 평균재고와 같은 분석지표는 계산 자체보다 지표의 의미를 묻는 문장이 많으므로, 해석까지 함께 이해해두는 것이 중요하다.

재고자산은 상품 · 제품 · 반제품 · 재공품 · 원재료 등 기본 범주를 먼저 구조적으로 정리해두면 문제 유형별 접근 틀이 명확해진다. 취득원가는 매입가액에 부대비용을 더한 금액으로 구성되며, 정상원가와 비정상원가의 구분을 정확히 이해해야 원가배분 문제에서 실수를 줄일 수 있다. 또한 개별법, 선입선출법, 이동평균법, 총평균법 등 원가흐름가정은 계산 구조를 비교표로 정리해 수량이 변할 때 결과가 어떻게 달라지는지 흐름을 파악하는 것이 중요하다. 더불어 재고자산 평가의 핵심인 저가법은 원가와 순실현가능가치를 비교해 평가손실을 인식하는 구조이므로, 계산 과정을 공식화해 체계적으로 학습하는 것이 효과적이다.

재고자산의 회계처리

상기업의 재고자산 및 제조업의 재고자산

section 1 재고자산의 의의

기업의 정상적인 영업활동에서 판매를 목적으로 보유하는 실물자산으로서 이에는 상품, 제품, 반제품, 재공품, 원재료, 저장품 등이 있다. 재고자산의 취득원가는 매입가액 또는 제조원가에 부대비용을 가산하여 결정한다. 기말에 가서는 개별법, 선입선출법, 이동평균법, 총평균법 등을 적용하여 평가한다. 기업회계기준에서는 시가와 취득원가를 비교하여 시가가 취득원가보다 낮은 경우 시가로 평가하는 저가기준에 의한 재고자산 평가방법을 택하고 있다.

section 2 상기업의 재고자산

재고자산의 매입원가는 매입가격에 수입관세와 제세금(과세당국으로부터 추후 환급받을 수 있는 금액은 제외), 매입운임, 하역료 그리고 완제품, 원재료 및 용역의 취득과정에 직접 관련된 기타 원가를 가산한 금액이다. 매입할인, 리베이트 및 기타 유사한 항목은 매입원가를 결정할 때 차감한다.

section 3 제조업의 재고자산

매매업을 영위하는 기업의 재고자산은 주로 상품인데 반해, 제조업을 영위하는 기업의 재고자산은 주로 원재료, 재공품 및 제품으로 구성된다. 매매업을 영위하는 기업의 상품은 판매될 때 매출원가로 대체되는 반면, 제조업을 영위하는 기업은 원재료가 생산과정에 투입되어 재공품으로 전환되고, 생산과정이 완료되면 재공품이 제품으로 대체되며, 제품이 판매될 때 매출원가로 대체된다. 이때, 원재료가 제품으로 전환되는데 소요되는 원가를 전환원가라고 한다. 전환원가는 직접노무원가 등 생산과 직접 관련된 원가와 고정 및 변동제조간접원가의 체계적인 배부액을 포함한다.

(1) 고정제조간접원가

공장 건물이나 기계장치의 감가상각비와 수선유지비 및 공장 관리비처럼 생산량과 상관없이 비교적 일정한 수준을 유지하는 간접 제조원가를 말한다.

(2) 변동제조간접원가

간접재료원가나 간접노무원가처럼 생산량에 따라 직접적으로 또는 거의 직접적으로 변동하는 제조원가를 말한다.

02 매입장과 매출장

section 1 매입장

매입순서에 따라 상품매입을 기입하는 장부로 날짜, 매입처, 상품명, 수량, 단가, 금액, 대금지급방법 등이 기재된다.

매입장에는 매입대금 이외에도 매입제비용이 기입되고 매입에누리와환출도 기입된다. 매입에누리와환출은 붉은 글씨로 기입하여 차감항목임을 표시한다. 장부를 마감할 때에는 총매입액에서 이를 차감하여 순매입액을 표시한다. 보통 매입장은 거래처로부터 받은 송장·청구서·영수증 등을 자료로 하여 기입한다.

매입장으로부터 원장으로 전기할 때 총매입액(매입운임 포함)은 매입계정에 기재하고, 환출액은 매입에누리와 함께 매입에누리와 환출계정에 기재한다.

매입장은 여러 개의 란을 설정하여 복잡하게 작성할 수도 있는데 매입액, 매입운임, 매입에누리와 환출, 상품명, 지급조건 등의 란을 둘 수 있다.

section 2 매출장

매출장은 매출순서에 따라 상품매출을 기입하는 장부로 날짜, 매출처, 상품명, 수량, 단가, 금액, 대금결제방법 등이 기재된다.

매출장에는 매출대금 이외에도 매출에누리와 환입이 기입된다. 매출에누리와 환입은 붉은 글씨로 기입하여 차감항목임을 표시하는데, 장부를 마감할 때에 총매출액에서 이를 차감하여 순매출액을 산출한다.

매출장으로부터 원장으로 전기할 때 총매출액은 매출계정에 기입하고, 매출에누리는 매출환입과 함께 매출에누리와 환입계정에 기입한다.

매출장은 매입장처럼 여러 개의 란을 설정하여 매출액, 매출에누리와 환입, 상품명, 판매조건 등의 난을 둘 수 있다.

03 재고자산의 평가방법

section 1 재고자산의 수량결정

(1) 실지재고조사법

① 기중 입고, 출고가 발생할 때마다 상품계정에 기록하지 않고, 기말에 실사를 통해 파악된 기말재고수량을 파악하고 판매가능수량 중 기말재고수량을 제외한 나머지는 판매되거나 사용된 것으로 간주하는 방법이다.

② 재고자산의 구입 시에만 수량을 기재하고 판매, 사용 시에는 기록하지 않는다. 재고자산을 구입하는 경우 매입계정에 회계처리하고, 결산일에 매출원가로 인식한다.

> 기초재고량 + 당기매입량 − 기말재고량(실제) = 당기판매수량

③ 편리하고, 저가품인 다량의 상품취급업체에 적합하나, 기말재고조사의 실시로 영업에 지장을 줄 수 있고, 재고감모손실이 매출원가에 포함된다는 단점이 있다.

(2) 계속기록법

① 재고자산의 입·출고 시점마다 구입수량, 단가 및 금액에 대한 기록을 계속적으로 관리하는 방법이다. 당기 판매가능수량 중에서 당기에 실제로 판매된 수량을 차감하여 기말재고수량을 계산한다.

② 재고자산 입·출고시 마다 수량과 금액을 계속적으로 기록한다. 재고자산의 구입 시 매입계정을 설정하지 않고 재고자산 계정으로 회계처리하였다가 판매 시에 매출원가로 인식한다.

> 기초재고량 + 당기매입량 − 당기판매수량 = 장부상 기말재고수량

③ 재고감모손실이 매출원가에 포함되지 않고, 통제목적에 적합한 반면, 창고의 재고액을 알 수 없고, 번잡하며 외부보고목적에 부적합하다는 단점이 있다.

section 2 재고자산의 단가결정

재고자산의 판매량 및 기말재고수량에 필요한 단가를 결정하는 방법으로 원가흐름의 가정에 따라 다음과 같이 나눈다.

(1) 개별법

가장 이상적인 방법으로 구입 시 상품마다의 가격표를 붙여 두었다가 출고될 때에 가격에 표시된 매입가격을 개별수익에 대응하도록 하는 방법이다. 특수한 경우(보석류)를 제외하고는 적용하기 어렵다.

(2) 선입선출법

선입선출법(FIFO)은 먼저 매입된 것이 먼저 팔린다는 가정하에 따라서 최근에 매입한 것이 기말재고자산으로 남고 먼저 매입한 것이 매출원가를 구성하므로, 물가상승시 당기순이익이 과대계상되고 기말재고자산도 과대계상된다. 선입선출법은 재고실사법이나 계속기록법 중에서 어떠한 방법을 선택하더라도 매출원가와 기말재고의 금액이 동일하다.

(3) 총평균법

① 총평균법은 1년 동안의 재고자산 원가를 가중평균하여 단가를 결정하는 방법으로 총매입원가를 총매입수량으로 나눠 단위당원가를 계산하는 방법이다.

② 총평균법은 장부를 계속 기록하지 않아도 평균단가를 산출하므로 실지재고조사법의 경우에 사용한다.

③ 실지재고조사법은 매입과 매출의 순서에 관계없이 가중평균하여 평균단가를 한번 결정한다. 총평균법의 적용은 재고실사법과 일치한다.

(4) 이동평균법

① 이동평균법은 재고자산의 매입 시마다 현재까지의 총매입원가를 총수량으로 나누어 재고자산의 단위당원가로 계산하는 방법이다. 이동평균법하에서 평균단가는 매입이 발생할 때마다 산출된다. 즉, 이동평균법은 장부를 계속기록하면서 단가를 구하므로 계속기록법에서만 사용할 수 있다.

② 계속기록법하에서 평균법을 적용하여 재고자산의 가액을 결정하면 매출이 있을 때마다 매출원가가 계산된다.

> **tip** 재고자산의 원가흐름의 가정 비교(물가상승 가정)
> ㉠ 당기순이익의 크기 : 후입선출법 < 총평균법 < 이동평균법 < 선입선출법
> ㉡ 매출원가의 크기 : 선입선출법 < 이동평균법 < 총평균법 < 후입선출법
> ㉢ 기말재고액의 크기 : 후입선출법 < 총평균법 < 이동평균법 < 선입선출법

저가법이란 취득원가와 공정가액을 비교하여 낮은 가액으로 평가하는 방법이다.

(1) 재고자산감모손실

① 재고를 조사한 결과 보관중의 파손, 분실, 도난 등의 원인으로 인하여 장부상의 재고액과 실지재고액이 일치하지 않는 경우 동 차액을 재고자산감모손실이라 한다. 이 경우에는 재고자산감모손실계정을 설정하여 그 차변에 기입하고 동시에 장부잔액을 그만큼 감소시킨다.

② 정상적으로 발생하는 감모손실은 매출원가에 가산한다. 비정상적으로 발생하는 감모손실은 기타비용(영업외비용)으로 분류한다. 여기서 정상감모손실은 재고자산의 매입이나 제조과정에서 회피불가능한 지출이다.

(2) 재고자산평가손실

① 실지재고액의 시가가 취득원가보다 하락한 경우에는 그 차액을 재고자산평가손실이라 하며, 재고자산평가손실계정을 설정하여 그 차변에 기입하고, 역시 장부잔액을 그만큼 감소시킨다.

② 기업회계기준에서는 저가기준을 적용할 때 재고자산의 취득원가와 비교되는 공정가치는 순실현가능가치(예상판매가격 – 예상처분비용)로 평가하도록 하고 있다.

③ 재고자산평가손실이 발생하는 경우 재고자산평가손실충당금(누계액)은 재고자산의 차감적 평가계정으로 표시하고 재고자산평가손실은 매출원가에 가산한다.

다음은 ㈜메타의 기말재고자산 평가와 관련된 자료이다. 재고감모분 중 20%는 원가성이 있으며 나머지는 원가성이 없는 것으로 판단된다.

장부수량	실지재고수량	취득단가	단위당 시가	기초상품재고액	당기매입액
1,000개	950개	₩1,000	₩900	₩800,000	₩5,000,000

1. 매출원가로 계상될 재고자산감모손실을 구하라.

☑ (1,000개 − 950개) × ₩1,000 × 20% = 10,000원

2. 영업외비용으로 계상될 재고자산감모손실을 구하라.

☑ (1,000개 − 950개) × ₩1,000 × 80% = 40,000원

3. 재고자산평가손실을 구하라.

☑ (₩1,000 − ₩900) × 950개 = 95,000원

4. 재무상태표에 기록될 기말재고자산가액을 구하라.

☑ 950개 × ₩900 = 855,000원

5. 손익계산서에 기록될 당기매출원가를 구하라.

☑ 800,000 + 5,000,000 − 855,000 − 40,000 = 4,905,000원
  또는 800,000 + 5,000,000 − 1,000,000 + 10,000 + 95,000 = 4,905,000원

적중예상문제

1 다음 중 물가가 지속적으로 상승하고 기말수량이 기초수량을 초과하는 경우 원가흐름의 가정 비교가 틀린 것은?

① 기말재고자산 : 선입선출법 > 이동평균법 > 총평균법 > 후입선출법
② 매출원가 : 선입선출법 < 이동평균법 < 총평균법 < 후입선출법
③ 법인세 : 선입선출법 > 이동평균법 > 총평균법 > 후입선출법
④ 현금흐름 : 선입선출법 > 이동평균법 > 총평균법 > 후입선출법

TIP ④ 현금흐름은 법인세가 있는 경우 '선입선출법 < 이동평균법 < 총평균법 < 후입선출법'의 순서이다.

2 다음 중 재고자산으로 분류해야 하는 것은?

① 증권회사가 판매목적으로 보유하고 있는 장기투자증권
② 가구회사가 영업활동에 사용할 목적으로 보유하고 있는 가구
③ 부동산회사가 투자목적으로 보유하고 있는 토지
④ 수탁자가 대리판매를 하기 위해 보유하고 있는 상품

TIP 재고자산
  ㉠ 판매를 위하여 창고에 보유중인 자산
  ㉡ 정상적인 영업활동에서 판매를 위해 생산 또는 보유 중인 자산
  ㉢ 생산이나 용역제공에 사용될 원재료나 소모품

Answer 1.④ 2.①

3 상품계정의 처리 시 5분법하에서 나타나는 계정은?

① 매출 ② 매입

③ 상품 ④ 매입에누리와 환출

TIP 상품계정 5분법
　㉠ 이월상품계정
　㉡ 매입계정
　㉢ 매출계정
　㉣ 매입에누리 및 환출품계정
　㉤ 매출에누리 및 환입품계정
　※ 상품계정 3분법
　　㉠ 이월상품계정
　　㉡ 매입계정
　　㉢ 매출계정

4 다음 중 상품계정의 보조원장이 아닌 것은?

① 매출장 ② 상품재고장

③ 매입처원장 ④ 매출처원장

TIP ① 매출장이나 매입장은 상품계정의 보조기입장이다.
　※ 보조원장 … 외상매출금, 외상매입금 등을 각 거래처별로 상세히 파악하려는 장부로 상품재고장, 매출처원장, 매입
　처원장, 수탁판매원장, 건물대장, 토지대장 등이 해당된다.

5 매입환출 ₩100,000이 발생한 경우 3분법에 의한 분개로 맞는 것은?

① 〈차〉 상품 100,000 〈대〉 매입채무 100,000

② 〈차〉 매입 100,000 〈대〉 매입채무 100,000

③ 〈차〉 매입채무 100,000 〈대〉 상품 100,000

④ 〈차〉 매입채무 100,000 〈대〉 매입 100,000

TIP ④ 3분법은 상품이라는 계정을 쓰지 않고 매입, 매출, 이월상품만 쓰는 것으로 매입환출 ₩100,000이 발생한 경우
　3분법에 의한 분개로 '〈차〉 매입채무 100,000 〈대〉 매입 100,000'으로 나타낸다.

6 농림어업 기준서의 내용으로 옳지 않은 것은?

① 생물자산은 공정가치를 신뢰성 있게 측정할 수 없는 경우를 제외하고는 최초 인식시점과 매 보고기
간말에 공정가치로 측정한다.
② 최초로 인식하는 생물자산을 공정가치로 신뢰성 있게 측정할 수 없는 경우에는 취득원가에서 감가상
각누계액과 손상차손누계액을 차감한 금액으로 측정한다.
③ 생물자산을 최초 인식시점에 순공정가치로 인식하여 발생하는 평가손익과 생물자산의 순공정가치 변
동으로 발생하는 평가손익은 발생한 기간의 당기손익에 반영한다.
④ 수확물을 최초 인식시점에 순공정가치로 인식하여 발생하는 평가손익은 발생한 기간의 당기손익에
반영한다.

TIP ① 생물자산은 최초 인식시점과 매 보고기간말에 공정가치에서 추정 매각부대원가를 차감한 금액(순공정가치)으로 측
정하여야 한다. 다만, 공정가치를 신뢰성 있게 측정할 수 없는 문단의 경우는 제외한다.

7 계속기록법하에서만 사용할 수 있는 재고자산 원가배분방법은 무엇인가?

① 선입선출법
② 총평균법
③ 이동평균법
④ 매출가격환원법

TIP ③ 계속기록법하에서만 사용할 수 있는 재고자산 원가배분방법은 이동평균법이다.
※ **이동평균법** … 자산을 취득할 때마다 장부시재 금액을 장부시재 수량으로 나누어 평균단가를 산출하고, 그 평균단
가에 의하여 산출한 취득가액을 그 자산의 평가액으로 하는 방법이다.

8 실지재고조사법하에서만 사용할 수 있는 재고자산 원가배분방법은 무엇인가?

① 선입선출법
② 총평균법
③ 이동평균법
④ 매출가격환원법

TIP ② 실지재고조사법하에서만 사용할 수 있는 재고자산 원가배분방법은 총평균법이다.
※ **총평균법** … 자산을 품종별, 종목별로 당해 사업연도 개시일 현재의 자산에 대한 취득가액 합계액과 당해 사업연도
중에 취득한 자산의 취득가액 합계액의 총액을 그 자산의 총 수량으로 나눈 평균단가에 따라 산출한 취득가액을
그 자산의 평가액으로 하는 방법이다.

Answer   6.①   7.③   8.②

[9 ~ 10] 다음 자료를 보고 물음에 답하시오.

㈜국세는 상품재고자산의 단위원가 결정방법으로 매입시 마다 평균을 계산하는 가중평균법을 채택하고 있다. ㈜국세의 2025년 상품재고자산과 관련된 자료는 다음과 같다.

	수량(개)	단위당 원가(₩)
기초재고(1월 1일)	200	100
매입(5월 1일)	200	200
매출(8월 1일)	300	
매입(9월 27일)	100	300
장부상 기말재고	200	
실사결과 기말재고	150	

2025년 말 현재 상품재고자산의 단위당 순실현가능가치는 ₩200이다. 단, 2025년 기초재고의 단위당 원가와 순실현가능가치는 동일하였다고 가정한다.

9 ㈜국세가 2025년에 인식하여야 할 재고자산감모손실은 얼마인가?

① ₩3,750

② ₩9,000

③ ₩10,000

④ ₩11,250

TIP ④ 재고자산감모손실은 수량의 손실을 의미하므로 $(200-150) \times 225 = 11,250$

　　　※ 재고자산감모손실 … (기말장부재고수량 - 기말실제재고수량) × 단위당 취득원가

10 ㈜국세가 2017년에 인식하여야 할 재고자산평가손실은 얼마인가?

① ₩3,750

② ₩5,000

③ ₩6,000

④ ₩11,250

TIP ① 재고자산평가손실은 순실현가능가치로 평가했을 때 얼마나 손해를 보느냐를 평가하는 것으로 순실현가능가치가 200이므로 $150개 \times (225-200) = 3,750$

　　　※ 재고자산평가손실 … (단위당 취득원가 - 단위당 순실현가능금액) × 기말실지재고수량

[11 ~ 12] 다음 자료를 보고 물음에 답하시오.

(자료) ㈜춘천은 두 가지 품목의 재고자산을 판매하고 있다. 다음은 2024년도와 2025년도의 재고자산 수량 및 단가와 관련된 자료이다. ㈜춘천은 선입선출법을 사용하여 재고자산 원가를 결정하고 있으며 품목 A와 품목 B는 유사한 목적 또는 용도를 갖고 있지 않고 발생된 감모손실의 60%는 비정상적으로 발생한 것이다.

	내역	품목 A		품목 B	
		수량(개)	단가(₩)	수량(개)	단가(₩)
2024년	기초 재고	200	100	600	300
	매입	1,000	130	1,200	400
	판매 수량	700		900	
	기말 실제 재고수량	400		850	
	기말시가(순실현가능가액)		140		350
2025년	매입	800	140	1,050	400
	판매 수량	1,000		1,400	
	기말 실제 재고수량	150		400	
	기말시가(순실현가능가액)		160		420

11 ㈜춘천이 기능별분류에 의한 포괄손익계산서를 작성하는 경우 2024년도의 매출원가는 얼마인가?

① ₩413,600
② ₩415,200
③ ₩436,700
④ ₩460,500

TIP ④ 2024년도의 매출원가 $= [20,000 + 130,000 - 52,000] + [180,000 + 480,000 - 340,000 + 42,500]$
$= 460,500$

12 ㈜춘천이 기능별분류에 의한 포괄손익계산서를 작성하는 경우 2025년도의 매출원가는 얼마인가?

① ₩697,800
② ₩700,500
③ ₩710,800
④ ₩714,800

TIP ② 2025년도의 매출원가 $= [52,000 + 112,000 - 21,000] + [297,500 + 420,000 - 160,000] = 700,500$

Answer 11.④ 12.②

일자	적요	수량(개)	단가(₩)	금액(₩)
(자료) ㈜춘천은 재고자산에 대해 평균법을 적용하고 있다.				
9월 1일	기초재고	1,000	10	10,000
9월 11일	매입	2,000	11	22,000
9월 21일	매출	2,000		
9월 27일	매입	1,000	12	12,000
9월 30일	기말재고	2,000		

13 실지재고조사법하에서 9월의 월말재고자산 원가는 얼마인가?

① ₩21,000　　　　　　　② ₩21,333

③ ₩22,000　　　　　　　④ ₩23,000

TIP ③ 실지재고조사법하에서 월말재고자산 원가 = 10,000 + 34,000 − 22,000 = 22,000

기말재고자산 = 기말재고수량 × 총평균단가 = 2,000 × 11 = 22,000

※ 실지재고조사법 … 회계기간 중에 매출원가와 재고자산을 파악하기 위한 기록을 하지 않고, 회계기간 말에 이들을 경정하는 방법이다.

14 계속기록법하에서 9월의 월말재고자산 원가는 얼마인가?

① ₩21,333　　　　　　　② ₩22,666

③ ₩23,000　　　　　　　④ ₩23,333

TIP ② 계속기록법하에서 월말재고자산 원가 = 2,000 × 11.333 = 22,666

일자	적요	입고			출고			잔액		
		수량	단가	잔액	수량	단가	잔액	수량	단가	잔액
9월 1일	기초재고	1,000	10	10,000				1,000	10	10,000
9월 11일	매입	2,000	11	22,000				3,000	1)10.666	32,000
9월 21일	매출				2,000	10.666	21,332	1,000	10.666	10,666
9월 27일	매입	1,000	12	12,000				2,000	2)11.333	22,666

1) 32,000 ÷ 3,000 = 10.666

2) 22,666 ÷ 2,000 = 11.333

Answer　　13.③　14.②

15 다음 중 실지재고조사법과 계속기록법에 대한 설명 중 옳지 않은 것은?

① 실지재고조사법은 기말에 재고수량을 직접 확인하는 방법이다.
② 계속기록법은 상품의 입, 출고를 기록하여 기말재고수량을 간접적으로 파악하는 방법이다.
③ 계속기록법은 현재의 재고수준을 필요할 때마다 장부상 확인가능하다.
④ 실지재고조사법은 기중에 매출원가와 상품재고액을 언제든 파악할 수 있는 방법이다.

TIP ④ 실지재고조사법은 기말 재고수량의 파악을 통해 기말상품과 매출원가를 파악하려는 방법이다.

16 재고자산과 관련한 다음 설명 중 가장 옳지 않은 것은?

① 재고자산의 판매와 관련된 비용은 재고자산의 원가에 포함한다.
② 소매재고법은 실제원가가 아닌 추정에 의한 원가결정방법으로 주로 유통업에서 사용한다.
③ 재고자산의 감모손실은 주로 수량의 감소에 기인한다.
④ 재고자산의 평가손실은 시가의 하락에 기인한다.

TIP ① 재고자산의 판매와 관련된 비용은 판매비와 관리비로 인식한다.

17 ㈜토펙이엔씨의 2025년 기중거래는 다음과 같다. 계속기록법과 선입선출법에 의한 2025년 기말재고자산은 얼마인가?

구분	월 일	수량	단가	합계
기초재고	1월 1일	10개	100원	1,000원
매입	7월 5일	200개	150원	30,000원
매출	9월 10일	150개	300원	45,000원
매입	11월 15일	50개	120원	6,000원

① 14,000원　　　　　　　　　② 14,500원
③ 15,000원　　　　　　　　　④ 15,500원

TIP ③ 매출수량 150개는 기초재고분 10개와 당기(7월 5일)매입분 140개로 구성된다. 따라서 남아있는 기말재고수량은 7월 5일 매입분 60개와 11월 5일 매입분 50개의 합인 110개이다.
∴ 기말재고 금액은 (60개 × 150원) + (50개 × 120원) = 15,000원

Answer　　15.④　16.①　17.③

실전기출문제

제93회 기업회계 3급

1 다음 중 재고자산 항목에 해당하지 않는 것은?

① 비품
③ 재공품

② 제품
④ 저장품

TIP PART 03. 재고자산의 회계처리 │ Chapter 01. 상기업의 재고자산 및 제조업의 재고자산 │ 난이도 하

① 비품은 영업활동에 사용하는 유형자산으로, 재고자산이 아니다. 재고자산은 판매목적의 상품, 제품, 반제품(재공품), 원재료, 저장품 등을 포함한다.

제93회 기업회계 3급

2 다음 거래를 기입해야 할 보조장부로 옳지 않은 것은?

> 서울상점에서 상품 100,000원을 매입하고 대금은 월말에 지급하기로 하였다.

① 매입장
③ 매입처원장

② 매출처원장
④ 상품재고장

TIP PART 03. 재고자산의 회계처리 │ Chapter 02. 매입장과 매출장 │ 난이도 하

② 매출처원장은 외상매출금 관련 거래를 기록하는 장부다. 매입거래는 매입장과 매입처원장, 재고 변동은 상품재고장에 기입한다.

제93회 기업회계 3급

3 다음 중 일반기업회계기준에서 규정하고 있는 상품의 인도 단가를 결정하는 방법으로 옳지 않은 것은?

① 개별법
③ 선입선출법

② 순액법
④ 후입선출법

TIP PART 03. 재고자산의 회계처리 │ Chapter 03. 재고자산의 평가방법 │ 난이도 중

② 재고자산 단가결정에는 개별법, 선입선출법, 후입선출법, 이동평균법 등이 있다. '순액법'은 단가결정 방식이 아니라 표시 방식에 해당한다.

Answer 1.① 2.② 3.②

제92회 기업회계 3급

4 다음의 자료를 이용하여 ㈜세무의 12월 31일 현재 재고자산가액을 계산하면 얼마인가?

> • 12월 31일 현재 창고에서 파악된 재고자산 가액 : 800,000원
> • 도착지 인도 조건으로 판매한 운송 중인 상품 : 300,000원
> • 위탁상품 중 수탁자가 판매하지 못한 위탁품 : 200,000원

① 500,000원 ② 1,000,000원
③ 1,100,000원 ④ 1,300,000원

TIP PART 03. 재고자산의 회계처리 │ Chapter 01. 상기업의 재고자산 및 제조업의 재고자산 │ 난이도 중

④ 재고자산은 소유권 기준으로 포함한다. 도착지 인도조건 상품은 판매자가 소유권을 유지하므로 포함해야 하고, 위탁품 중 미판매분도 수탁자가 아닌 위탁자 소유이다. 12월 31일 현재 재고자산가액 = 800,000 + 300,000 + 200,000 = 1,300,000원이다.

제92회 기업회계 3급

5 다음은 ㈜세무의 매입처원장과 당기 중 매입자료이다. 자료를 통해 기말 외상매입금을 계산한 금액은 얼마인가?

경기상사		전남상사			
?	전기이월 120,000원	현금	330,000원	전기이월	160,000원
차기이월 140,000원	?	?		?	

> • 당기 중 경기상사로부터 외상 매입한 금액은 420,000원이다.
> • 당기 중 전남상사로부터 외상 매입한 금액은 270,000원이다.

① 100,000원 ② 240,000원
③ 320,000원 ④ 440,000원

TIP PART 03. 재고자산의 회계처리 │ Chapter 02. 매입장과 매출장 │ 난이도 중

④ 경기상사 기말 140,000, 전남상사 기말 100,000으로 합계 240,000원이다. 외상매입금은 거래처별 원장(매입처원장)으로 계산한다.

Answer 4.④ 5.②

6 다음은 재고자산 평가방법 중 선입선출법에 대한 설명이다. ㈎와 ㈏에 들어갈 말을 바르게 연결한 것은?

> 선입선출법은 재고자산 판매 시 먼저 매입한 것을 먼저 판매한다는 가정으로 장부에 기록하는 방법이다.
> 따라서 선입선출법은 가장 ㈎의 원가로 기말재고액이 평가되며, 물가 상승 시 이익이 ㈏ 계상된다.

	㈎	㈏
①	과거	과소
②	과거	과대
③	최근	과소
④	최근	과대

TIP   PART 03. 재고자산의 회계처리 ｜ Chapter 03. 재고자산의 평가방법 ｜ 난이도 중

④ 선입선출법은 먼저 매입한 상품을 먼저 판매한다고 가정한다. 따라서 기말재고는 가장 최근 매입가로 평가되어 물가상승 시 재고가 높게, 이익도 크게 계산된다(과대계상).

7 다음 자료에 의해 당기 상품 순매입액을 계산하면 얼마인가?

> • 당기에 상품 100개를 개당 3,000원에 외상으로 매입하였다.
> • 이때 50,000원의 운반비가 발생하였다.
> • 상품 100개 중 10개가 반품되었다.
> • 외상매입금을 조기 지급하여 8,000원의 매입할인을 받았다.

① 342,000원 ② 320,000원
③ 312,000원 ④ 300,000원

TIP   PART 03. 재고자산의 회계처리 ｜ Chapter 01. 상기업의 재고자산 및 제조업의 재고자산 ｜ 난이도 중

③ 총매입액 = 100 × 3,000 + 50,000 = 350,000

환출 = 30,000, 매입할인 = 8,000

순매입액 = 350,000 − 30,000 − 8,000 = 312,000원

Answer   6.④ 7.③

8 다음 자료에 의해 상품의 기말재고액을 계산하면 얼마인가?

> • 상품 매출액 : 3,000,000원
> • 상품 매출총이익 : 800,000원
> • 당기 상품 매입액 : 2,000,000원
> • 기초 상품 재고액 : 1,000,000원

① 500,000원   ② 700,000원
③ 800,000원   ④ 900,000원

TIP PART 03. 재고자산의 회계처리 │ Chapter 03. 재고자산의 평가방법 │ 난이도 중

③ 매출원가＝기초＋매입－기말

3,000,000－매출총이익 800,000 ＝ 매출원가 2,200,000

1,000,000 + 2,000,000 － 기말 = 2,200,000

기말 = 800,000원

9 ㈜정읍의 2025년 거래에 대해 계속기록법과 후입선출법에 의한 기말재고자산을 계산한 것으로 옳은 것은?

구분	날짜	수량	단가	합계
기초재고	1월 1일	10개	100원	1,000원
당기매입	5월 5일	200개	150원	30,000원
매출	7월 10일	150개	300원	45,000원
당기매입	11월 9일	50개	120원	6,000원

① 14,500원   ② 15,000원
③ 16,500원   ④ 17,000원

TIP PART 03. 재고자산의 회계처리 │ Chapter 03. 재고자산의 평가방법 │ 난이도 상

① 기말재고 = $(10 \times 100) + (50 \times 150) + (50 \times 120)$ = 14,500원이다. 후입선출법은 최근 고가 매입분을 먼저 매출로 인식한다.

Answer 8.③ 9.①

10 다음은 ㈜강원의 기말재고 관련 자료이다. 이를 모두 반영한 기말상품재고액을 계산하면?

> - 장부상 기말상품재고액 : 1,000,000원
> - 위탁판매 상품 : 200,000원(수탁자가 아직 판매하지 못함)
> - 위탁판매 상품은 장부에 반영되지 않았다.

① 200,000원

② 800,000원

③ 1,000,000원

④ 1,200,000원

TIP PART 03. 재고자산의 회계처리 | Chapter 03. 상기업의 재고자산 및 제조업의 재고자산 | 난이도 하

④ 수탁자가 판매하지 않은 위탁상품은 위탁자의 재고자산이다. 따라서 기말상품재고액 = 장부재고(1,000,000) + 위탁상품(200,000) = 1,200,000원이다.

11 다음 중 기말재고액이 과대계상 되는 오류가 발생된 경우 재무제표에 미치는 효과로 옳지 않은 것은?

① 당기의 매출원가가 과대계상된다.

② 당기의 매출총이익이 과대계상된다.

③ 당기의 순이익이 과대계상된다.

④ 차기에는 순이익이 과소계상되어 자동조정된다.

TIP PART 03. 재고자산의 회계처리 | Chapter 03. 재고자산의 평가방법 | 난이도 중

① 기말재고 과대 → 매출원가 과소 → 당기순이익 과대이다. 다음 기에는 반대로 조정되어 순이익이 과소계상된다. 즉, 재고평가 오류는 두 회계기간에 걸쳐 영향을 미친다.

Answer 10.④ 11.①

제90회 기업회계 3급

12 다음 중 물가가 지속적으로 상승하는 인플레이션 상태에서 기말재고 금액을 가장 작게 만드는 재고자산평가방법은 무엇인가?

① 선입선출법
② 총평균법
③ 후입선출법
④ 이동평균법

TIP PART 03. 재고자산의 회계처리 | Chapter 03. 재고자산의 평가방법 | 난이도 하

③ 물가 상승 시 후입선출법(LIFO)은 최근 고가의 재고를 먼저 매출로 인식하므로, 기말에는 저가 재고가 남아 재고액이 가장 작게 나타난다. 따라서 순이익은 가장 낮게 계산된다.

제89회 기업회계 3급

13 다음은 8월 중 매입처 원장의 각 계정에 기재된 내용이다. 8월 말 현재 외상매입금의 잔액은 얼마인가?

		갑 상점			
8/10 매입	50,000원	8/1	전월이월	20,000원
		8/15	매입	300,000원
		을 상점			
8/25 당좌예금	100,000	8/1	전월이월	10,000
		8/20	매입	200,000

① 350,000원
② 380,000원
③ 430,000원
④ 530,000원

TIP PART 03. 재고자산의 회계처리 | Chapter 02. 매입장 및 매입처원장 | 난이도 중

② 매입처원장은 외상매입금을 거래처별로 기록하는 보조장부이다. 각 거래처의 대변 합계에서 차변 합계를 차감한 금액이 외상매입금 잔액을 나타낸다. 갑 상점 270,000원 + 을 상점 110,000원 = 380,000원이다.

Answer 12.③ 13.②

14 다음의 자료를 이용하여 매출원가를 계산하면 얼마인가? 단, 원가흐름에 대한 가정은 선입선출법이다.

> - 기초재고자산 : 50,000원
> - 당기매입액 : 600,000원
> - 기말재고자산 : 90,000원
> - 판매가능액 : 650,000원

① 560,000원   ② 650,000원

③ 690,000원   ④ 740,000원

TIP PART 03. 재고자산의 회계처리 │ Chapter 03. 재고자산의 평가 │ 난이도 중

① 매출원가 = 기초재고＋당기매입－기말재고 = 50,000 + 600,000 － 90,000 = 560,000원이다.

15 다음의 거래를 분개할 때 차변 계정과목으로 옳은 것은?

> 매입처 부산상점에 상품을 주문하고 계약금 300,000원을 현금으로 지급하였다.

① 가수금   ② 선수금

③ 선급금   ④ 가지급금

TIP PART 03. 재고자산의 회계처리 │ Chapter 01. 상기업의 재고자산 및 제조업의 재고자산 │ 난이도 하

③ 상품 대금의 일부를 선지급한 경우, 선급금 계정의 차변에 기록한다. 상품을 인수하면 매입계정으로 대체한다. 이는 자산의 선지급 거래를 반영한 것이다.

16 다음 중 상품을 외상으로 매입하고 거래처별로 그 거래내역을 기록하는 보조장부는?

① 매입처원장   ② 매입장

③ 상품재고장   ④ 매출처원장

TIP PART 03. 재고자산의 회계처리 │ Chapter 02. 매입장 및 매입처원장 │ 난이도 하

① 매입처원장은 외상매입 거래처별 내역을 기록하는 보조원장이다. 매출처원장은 외상매출을 기록하며, 매입장 · 매출장은 거래일별 총괄장부이다.

Answer 14.① 15.③ 16.①

제89회 기업회계 3급

17 다음 중 재고자산의 취득원가를 결정하는 데 반영되지 않는 것은?

① 제조가능한 장소까지 이동시키는 데 소요되는 보험료와 수수료

② 매입상품과 관련된 취급, 보관을 위해 지출한 비용

③ 매입상품에 대한 운반비(도착지 인도조건의 경우)

④ 매입할인 및 매입에누리와 환출

TIP PART 03. 재고자산의 회계처리 | Chapter 03. 재고자산의 평가방법 | 난이도 중

③ 도착지 인도조건에서는 운반비를 판매자가 부담하므로 구매자의 취득원가에 포함되지 않는다. 매입할인 · 환출은 취득원가에서 차감된다.

제88회 기업회계 3급

18 다음은 2024년 ㈜공인의 재고자산과 관련된 자료이다. 당해 연도 상품매출원가를 계산하면 얼마인가?

> • 기초상품재고액 : 300,000원
> • 기말상품재고액 : 100,000원
> • 당기상품순매입액 : 600,000원

① 300,000원 ② 700,000원

③ 800,000원 ④ 1,000,000원

TIP PART 03. 재고자산의 회계처리 | Chapter 01. 상기업의 재고자산 및 제조업의 재고자산 | 난이도 하

③ 매출원가 = 기초 300,000 + 당기순매입 600,000 − 기말 100,000 = 800,000원

제88회 기업회계 3급

19 다음 중 유동자산의 분류가 다르게 되는 것은 무엇인가?

① 매출채권 ② 상품

③ 재공품 ④ 제품

TIP PART 03. 재고자산의 회계처리 | Chapter 01. 상기업의 재고자산 및 제조업의 재고자산 | 난이도 하

① 상품 · 제품 · 재공품은 재고자산, 매출채권은 당좌자산(유동자산)이다.

Answer 17.③ 18.③ 19.①

20 다음 중 재고자산에 해당하지 않는 것은?

① 생산에 투입되기 위해 대기 중인 자산

② 생산이 완료되었으나 아직 판매되지 않고 보관 중인 자산

③ 생산 과정 중에 있는 자산

④ 생산이 완료되어 할부 판매된 제품

TIP PART 03. 재고자산의 회계처리 | Chapter 01. 상기업의 재고자산 및 제조업의 재고자산 및 제조업의 재고자산 | 난이도 하

④ 위험과 보상의 이전으로 판매가 성립하면 판매자의 재고에서 제거된다.

21 다음의 자료를 이용하여 기말 장부금액에 포함될 재고자산을 계산하면 얼마인가?

> • 판매한 선적지 인도조건의 상품 : 400,000원
> • 판매하여 매입자가 매입의사를 표시한 시송품 : 200,000원
> • 위탁자에 발송하여 판매되지 않은 적송품 : 300,000원

① 200,000원

② 300,000원

③ 400,000원

④ 500,000원

TIP PART 03. 재고자산의 회계처리 | Chapter 03. 재고자산의 평가방법 | 난이도 중

② 선적지 인도조건 판매분은 출하 시점부터 매입자 재고, 시송품은 매입 의사 표시 시 판매로 처리되어 재고 제외, 적송품
(미판매)은 위탁자 재고로 포함된다.

Answer 20.④ 21.②

제88회 기업회계 3급

22 다음의 자료로 상품의 당기 순매입액을 계산하면?

> • 당기에 상품 500개를 개당 1,000원에 외상으로 매입하였다.
> • 이때 30,000원의 운반비가 발생하였다.
> • 상품 500개 중 20개가 반품되었다.
> • 외상매입금을 조기지급하여 8,000원의 매입할인을 받았다.

① 502,000원 ② 510,000원
③ 522,000원 ④ 530,000원

TIP PART 03. 재고자산의 회계처리 | Chapter 02. 매입장 및 매입처원장/ 난이도 하

① 총매입(500 × 1,000) + 운반비 30,000 = 530,000원 → 환출 20,000원, 매입할인 8,000원 차감 따라서 502,000원이다.

제87회 기업회계 3급

23 ㈜이윤이 2024년 매입한 상품은 5,700,000원이었다. 2024년 ㈜이윤의 기말 재무상태표에 표시되는 상품이 다음과 같을 때 2024년의 매출원가는?

	2024년	2023년
2. 재고자산		
상품	550,000원	650,000원

① 5,600,000원 ② 5,700,000원
③ 5,800,000원 ④ 5,900,000원

TIP PART 03. 재고자산의 회계처리 | Chapter 01. 상기업의 재고자산 및 제조업의 재고자산 | 난이도 중

③ 매출원가 = 기초상품 + 당기매입 − 기말상품 = 650,000 + 5,700,000 − 550,000 = 5,800,000원

Answer 22.① 23.③

24 [중소기업회계기준] 다음 중 재고자산의 평가에 대한 설명으로 옳지 않은 것은?

① 재고자산의 취득원가는 매입원가 또는 제조원가를 말한다.

② 재고자산의 순실현가능가치가 취득원가보다 중요하게 낮아지면 순실현가능가치를 장부금액으로 한다.

③ 재고자산의 단위원가는 개별법, 선입선출법, 평균법, 정률법 등을 사용하여 결정한다.

④ 재고자산의 취득 과정에서 정상적으로 발생한 부대원가는 취득원가에 포함한다.

TIP PART 03. 재고자산의 회계처리 │ Chapter 01. 상기업의 재고자산 및 제조업의 재고자산 │ 난이도 중

③ 재고자산 단위원가 결정에는 개별법·선입선출법·가중평균법(이동·기말)이 쓰이며, '정률법'은 감가상각 방법(유형자산)에 해당한다. 또한 취득원가는 매입원가/제조원가와 정상적인 부대원가를 포함하고, 순실현가능가치가 취득원가보다 '중요하게 낮아지면' 낮은 금액(NRV)으로 평가손을 인식한다.

25 다음 중 재고자산에 대한 설명으로 옳지 않은 것은?

① 시송품은 매입자가 매입의사표시를 하기 전까지는 판매자의 재고자산에 포함한다.

② 적송품은 수탁자가 제3자에게 판매하기 전까지는 위탁자의 재고자산에 포함한다.

③ 목적지인도조건인 경우 아직 도착하지 않은 미착상품은 매입자의 재고자산에 포함한다.

④ 할부판매상품은 대금이 모두 회수되지 않았다고 하더라도 상품의 판매 시점에 판매자의 재고자산에서 제외한다.

TIP PART 03. 재고자산의 회계처리 │ Chapter 01. 상기업의 재고자산 및 제조업의 재고자산 │ 난이도 중

③ 목적지인도조건(도착지 인도)은 목적지 도착·인수 시 소유권이 이전된다. 도중의 미착상품은 아직 매입자 재고로 보지 않는다. 시송품은 판매자 재고, 적송품은 위탁자 재고로 본다. 할부판매는 위험·보상의 이전 시점에 판매자의 재고에서 제거한다.

Answer 24.③ 25.③

26 다음 중 재고자산의 매입원가에 가산하는 항목으로 옳지 않은 것은?

① 하역료
② 매입운임
③ 매입에누리
④ 매입 관련 보험료

TIP PART 03. 재고자산의 회계처리 | Chapter 01. 상기업의 재고자산 및 재조업의 재고자산 | 난이도 하

③ 매입원가＝매입가액＋부대원가(운임 · 하역료 · 보험료 등)－매입할인 · 에누리 · 리베이트 등 에누리는 원가에서 차감한다.

27 다음 중 재고자산의 단가 결정 방법으로 옳지 않은 것은?

① 개별법
② 선입선출법
③ 계속기록법
④ 총평균법

TIP PART 03. 재고자산의 회계처리 | Chapter 03. 재고자산의 평가방법 | 난이도 하

③ 단가 결정은 개별법 · 선입선출법 · 후입선출법 · 가중평균법(총평균 · 이동평균). 계속기록법은 수량 기록 방식(수불부 방식)으로 단가 결정 방법이 아니다.

28 다음 중 판매용 상품의 거래에 대한 채권, 채무계정과 관련이 없는 것은?

① 외상매출금
② 외상매입금
③ 미수금
④ 매입채무

TIP PART 03. 재고자산의 회계처리 | Chapter 01. 상기업의 재고자산 및 제조업의 재고자산 | 난이도 하

③ 미수금은 상품 매매 외 거래에서 발생하는 채권으로 판매용 상품 거래와 직접 관련이 없다. 외상매출금과 외상매입금, 매입채무는 상품 매매에서 발생한다.

Answer 26.③ 27.③ 28.③

29 다음은 ㈜강릉의 11월 상품거래 내역이다. 선입선출법을 적용하고 있는 ㈜강릉의 11월 매출원가는 얼마인가?

일자	내역	개수	단위당 가격
11월 1일	월초재고	20개	1,000원
11월 6일	매입	50개	1,200원
11일 15일	매출	40개	2,000원

① 40,000원

② 44,000원

③ 48,000원

④ 80,000원

TIP PART 03. 재고자산의 회계처리 | Chapter 03. 재고자산의 평가방법 | 난이도 중

② 선입선출법은 먼저 매입한 재고가 먼저 판매된다고 가정한다. 매출 40개 중 20개는 1,000원, 나머지 20개는 1,200원 단가로 계산한다. 따라서 $(20 \times 1,000) + (20 \times 1,200) = 44,000$원이다.

30 다음 자료를 이용하여 재고자산의 매입가액을 계산하면 얼마인가?

- 재고자산의 취득원가 200,000원
- 매입운임 4,000원
- 매입할인 2,000원

---

① 198,000원

② 203,000원

③ 204,000원

④ 206,000원

TIP PART 03. 재고자산의 회계처리 | Chapter 01. 상기업의 재고자산 및 제조업의 재고자산 | 난이도 중

① 취득원가 = 매입가액 + 매입운임 − 매입할인

$\rightarrow 200,000 = x + 4,000 - 2,000 \rightarrow x = 198,000$원이다. 따라서 재고자산 매입가액은 198,000원이다.

Answer   29.②   30.①

31 다음 자료를 이용하여 기말 장부금액에 포함될 재고자산을 계산하면 얼마인가?

> • 선적지인도조건의 미착상품 640,000원
> • 매입자가 매입의사를 표시한 시송품 360,000원
> • 위탁자에게 발송하여 판매된 적송품 200,000원

① 640,000원 ② 840,000원
③ 1,000,000원 ④ 1,200,000원

TIP PART 03. 재고자산의 회계처리 | Chapter 01. 상기업의 재고자산 및 제조업의 재고자산 | 난이도 중

① 선적지인도조건의 미착상품은 소유권이 이미 이전되어 매입자의 재고에 포함된다. 시송품 및 적송품은 판매목적이거나 타인에게 소유권이 이전된 상태이므로 포함하지 않는다.

32 ㈜세무엔터테인먼트는 드라마를 제작하고 있다. 재고자산 단위 결정방법으로 가장 적절한 것은?

① 개별법 ② 선입선출법
③ 평균법 ④ 후입선출법

TIP PART 03. 재고자산의 회계처리 | Chapter 03. 재고자산의 평가방법 | 난이도 하

① 개별법은 각 재고자산의 개별적 식별이 가능한 경우 사용된다. 드라마·영화·연구용역 등 프로젝트별 생산품은 상호 대체가 어려워 개별법 적용이 적절하다.

33 다음 유동자산에 해당하는 계정과목 중 분류의 성격이 나머지와 다른 하나는 무엇인가?

① 현금 ② 상품
③ 보통예금 ④ 외상매출금

TIP PART 03. 재고자산의 회계처리 | Chapter 01. 상기업의 재고자산 | 난이도 하

② 현금, 예금, 외상매출금은 당좌자산이며, 상품은 재고자산에 해당한다. 따라서 상품의 분류 성격이 다른 하나로 본다.

Answer 31.① 32.① 33.②

34 다음 중 분기법에 따라 아래의 상품 매매 관련 거래를 올바르게 분개한 것은?

> 상품 80,000원(원가 60,000원)을 외상으로 매출하다.

① (차) 외상매출금   80,00원   (대) 상품 80,000   80,00원
② (차) 외상매출금   60,00원   (대) 상품 60,000   60,00원
③ (차) 상품   60,00원   (대) 외상매출금   80,00원
       상품매출이익   20,00원
④ (차) 외상매출금   80,00원   (대) 상품   60,00원
                                           상품매출이익   20,00원

> **TIP**   PART 03. 재고자산의 회계처리 │ Chapter 03. 매입장과 매출장 │ 난이도 중

④ 분기법은 상품매출 시 매출원가와 매출이익을 구분하여 기록하는 방법이다. 따라서 상품의 원가 부분은 상품계정에서 감소시키고, 이익 부분은 '상품매출이익'으로 인식한다.

35 아래 자료는 선입선출법에 대한 설명이다. 다음 중 아래의 빈칸 ㈎, ㈏에 각각 해당하는 내용으로 올바른 것은?

> 선입선출법은 최근에 매입한 상품이 기말재고액으로 남아 지속적으로 물가가 상승하는 인플레이션 상황에서는 매출원가가 ㈎ 계상되고, 매출총이익은 ㈏ 계상된다.

     ㈎   ㈏
① 과소   과소
② 과대   과대
③ 과소   과대
④ 과대   과소

> **TIP**   PART 03. 재고자산의 회계처리 │ Chapter 04. 재고자산의 평가방법 │ 난이도 중

③ 선입선출법은 먼저 매입한 상품이 먼저 판매된다고 가정하므로, 물가상승 시 오래된 낮은 원가가 매출원가로 계산되어 매출원가는 과소, 매출총이익은 과대계상된다.

Answer   34.④   35.③

고난도기출문제

제93회 기업회계 2급

1 ㈜세무의 2025년 12월 31일 현재 창고의 실지재고액은 8,000,000원이다. 실지재고액에는 다음 사항이 반영되어 있지 않으나, 다음 사항을 모두 반영할 경우 2025년 12월 31일 재고자산은 얼마인가?

> • 2025년 12월 29일 도착지인도조건으로 판매한 상품 1,050,000원이 12월 31일 현재 아직 운송 중에 있다.
> • 2025년 12월 30일 선적지인도조건으로 구매한 상품 2,000,000원이 12월 31일 현재 아직 운송 중에 있다.
> • 시용판매분 중 고객이 2025년 12월 31일까지 매입의사를 표시하지 않은 시송품(원가) 250,000원이 있다.
> • 위탁판매분 중 수탁자가 2025년 12월 31일까지 아직 판매하지 못한 위탁품 800,000원이 있다.

① 8,000,000원

② 11,050,000원

③ 11,300,000원

④ 12,100,000원

TIP PART 03. 재고자산의 회계처리 │ Chapter 03. 상기업의 재고자산 및 제조업의 재고자산 │ 난이도 상

① 재고에 포함할 항목은 도착지인도조건 미도착분(1,050,000), 선적지인도조건 미착분(2,000,000), 시송품(250,000), 위탁판매 미판매품(800,000)이다. 따라서 총 재고 = 8,000,000 + 1,050,000 + 2,000,000 + 250,000 + 800,000 = 12,100,000원이다.

Answer 1.④

2 다음 중 재고자산에 대한 설명으로 옳지 않은 것은?

① 상품을 취득할 때 발생한 취득부대비용은 상품의 취득원가에 가산하고, 매입환출·매입에누리·매입할인은 상품의 취득원가에서 차감한다.

② 계속기록법, 실지재고조사법, 이동평균법은 재고자산의 수량을 결정하는 방법이다.

③ 현행대체원가는 재고자산을 현재 시점에서 매입하거나 재생산하는 데 소요되는 금액이다.

④ 계속적으로 물가가 상승하고, 기말재고 수량이 기초재고 수량보다 증가하는 경우 매출원가는 선입선출법이 총평균법보다 작게 계상된다.

TIP PART 03. 재고자산의 회계처리 | Chapter 03. 재고자산의 평가방법 | 난이도 중

② 이동평균법은 재고자산의 단가를 결정하는 방법이며, 수량결정법이 아니다. 계속기록법과 실지재고조사법은 수량결정 방법이다. 따라서 "이동평균법은 수량결정법이다"는 진술은 틀리다.

3 다음 중 재고자산에 대한 설명으로 옳지 않은 것은?

① 재고자산은 역사적 원가주의에 의하여 취득원가로 평가된다.

② 재고자산의 매입원가는 매입금액에서 매입운임, 하역료 및 보험료 등 취득 과정에서 정상적으로 발생한 부대원가를 가산한 금액이다.

③ 재고자산을 저가법으로 평가하는 경우 상품과 제품은 순실현가능가치를 시가로 한다.

④ 선입선출법은 현실적으로 실지재고조사법에서 많이 사용된다.

TIP PART 03. 재고자산의 회계처리 | Chapter 03. 재고자산의 평가방법 | 난이도 하

④ 재고자산은 취득원가와 순실현가능가치 중 낮은 금액으로 평가한다. 실지재고조사법에서는 총평균법이 주로 사용된다.

Answer   2.② 3.④

4 다음의 자료는 ㈜망고의 기말재고자산 내역이다. 재고자산감모손실이 영업이익에 미치는 영향은 얼마인가?

> • 장부상 기말재고 수량 : 1,000개
> • 실사에 의한 기말재고 수량 : 900개
> • 단위당 원가 : 500원
> • 단위당 시가 : 7000원
> • 재고자산감모손실의 10%는 비정상적으로 발생하였다고 가정한다.

① 0원
② 5,000원
③ 45,000원
④ 50,000원

TIP PART 03. 재고자산의 회계처리 │ Chapter 03. 재고자산의 평가방법 │ 난이도 중

③ 총감모손실＝(1,000 − 900) × 500 = 50,000원, 비정상감모손실 10% = 5,000원 → 영업외비용정상감모손실 90% = 45,000원 → 매출원가이다. 따라서 영업이익 감소액은 45,000원이다.

Answer 4.③

5 ㈜기업의 2025년 상품과 관련된 매입 및 매출 자료는 다음과 같다.

일자	적요	수량	단가	금액
1월 1일	기초재고	10개	140원	1,400원
4월 5일	매입	20개	80원	1,600원
6월 5일	매출	(20개)		
8월 5일	매입	20개	70원	1,400원
10월 5일	매출	(10개)		
11월 5일	매입	10개	40원	400원

재고자산의 평가 방법은 평균법으로서 실지재고조사법을 적용할 때 ㈜기업의 2025년 매출원가는 얼마인 가? (단, 장부상 재고와 실지 재고는 일치한다.)

① 2,400원   ② 2,800원
③ 2,500원   ④ 2,900원

TIP　PART 03. 재고자산의 회계처리 │ Chapter 03. 재고자산의 평가방법 │ 난이도 중

① 가중평균단가 = (1,400 + 1,600 + 1,400 + 400)/(10 + 20 + 20 + 10) = 80원, 매출수량 30 × 80 = 2,400원 → 매출원가, 기말재고 30 × 80 = 2,400, 장부와 실재 일치 시 일관된 단가를 적용한다.

6 다음은 ㈜뉴뉴의 2025년 기말재고자산 및 매출원가와 관련된 자료이다. 다음 자료를 바탕으로 2025년 매출원가로 인식할 금액을 계산하면 얼마인가?

- 장부상 재고자산 : 300개(단위당 취득원가 : 100원)
- 기말 창고에 실제 남아있는 재고 : 240개
- 감모 중 50%는 정상 감모이다.
- 감모 반영 전 매출원가 발생액은 3,000,000원이다.

---

① 3,003,000원   ② 3,004,000원
③ 3,006,000원   ④ 3,008,000원

TIP　PART 03. 재고자산의 회계처리 │ Chapter 03. 재고자산의 평가방법 │ 난이도 중

① 감모수량 60개 중 정상감모 30개, 단가 100원 → 정상감모손실 3,000원이다. 정상감모손실은 매출원가에 포함된다. 따라서 매출원가 = 3,000,000 + 3,000 = 3,003,000원이다.

Answer　　5.①　6.①

7 다음은 ㈜랑랑의 재고자산과 관련된 자료이다. ㈜랑랑은 상품과 관련하여 매년 말 저가법을 적용한다고 할 때 보기 중 틀린 설명은?

- 2024년 기말 자료
  - 상품 취득원가 : 3,000,000원
  - 상품 순실현가능가치 : 2,000,000원
- 2025년 기중 자료
  - 상품과 관련하여 어떠한 매입이나 판매는 없었다.
- 2025년 기말 자료
  - 상품 취득원가 : 3,000,000원
  - 상품 순실현가능가치 : 3,100,000원

---

① 2024년말 재고자산평가충당금잔액은 1,000,000원이다.
② 2024년말 재고자산 장부가액은 2,000,000원이다.
③ 2025년말 재고자산 장부가액은 3,100,000원이다.
④ 2025년말 재고자산평가충당금환입액은 1,000,000원이다.

TIP　PART 03. 재고자산의 회계처리 ｜ Chapter 03. 재고자산의 평가방법 ｜ 난이도 중

③ 재고자산은 저가법에 따라 취득원가와 순실현가능가치 중 낮은 금액으로 평가한다. 2024년 평가손실 1,000,000은 매출원가에 포함되며, 2025년 순실현가능가치가 3,100,000으로 상승하더라도 취득원가(3,000,000)를 초과할 수 없으므로, 기말 장부가액은 3,000,000원, 평가손실환입은 1,000,000원이다.

Answer　7.③

8 ㈜부산의 2025년 상품의 매입과 매출에 관한 자료가 다음과 같을 때, 선입선출법에 의한 매출원가는?

일자	수량	단가	금액
기초재고(1월 1일)	100개	50원	5,000원
매입(4월 1일)	200개	65원	13,000원
매출(4월 30일)	(250)개	?	
매입(7월 1일)	200개	75원	15,000원
매출(9월 1일)	(200)개	?	

① 21,500원　　　　　　　　　　② 21,750원

③ 23,250원　　　　　　　　　　④ 29,250원

TIP　PART 03. 재고자산의 회계처리 │ Chapter 03. 재고자산의 평가방법 │ 난이도 중

④ 선입선출법은 먼저 매입된 재고부터 판매되는 것으로 가정한다. 기초(100×50)＋4월(150×65)＝14,750원이다. 9월 매출 시 남은 재고를 고려하면 총 매출원가＝29,250원이다. 이는 물량흐름에 충실한 계산이다.

9 ㈜태인은 화재로 인해 기말재고자산이 전부 소실되었다. 매출총이익률법을 적용하여 소실된 재고자산을 추정하려고 한다. 관련 자료가 다음과 같을 때 소실된 재고자산을 추정하면 얼마인가?

> - 기초 재고금액 : 1,000,000원
> - 당기 매입금액 : 8,000,000원
> - 당기 매출액 : 10,000,000원
> - 매출총이익률 : 30%

① 1,000,000원　　　　　　　　　② 2,000,000원

③ 3,000,000원　　　　　　　　　④ 4,000,000원

TIP　PART 03. 재고자산의 회계처리 │ Chapter 03. 재고자산의 평가방법 │ 난이도 중

② 매출총이익률 30% → 매출원가율 70%이다. 기말재고＝기초재고＋매입－(매출 × 70%) ＝ 1,000,000 ＋ 8,000,000 － $(10,000,000 \times 0.7)$ ＝ 2,000,000원이다. 이는 화재손실로 추정한 기말재고액이다.

Answer　　8.④　9.②

10 다음은 ㈜부산이 2025년 중에 매입한 재고 관련 자료이다. ㈜부산이 2025년에 매입한 재고자산의 취득원가는?

- 매입 재고 : 22,000,000원
- 보험료 및 하역료 : 400,000원
- 매입운임 : 400,000원
- 매입 할인 : 300,000원
- 제품 생산 전 원재료 보관을 위한 창고보관료 : 1,500,000원

---

① 25,700,000원

② 22,500,000원

③ 24,000,000원

④ 22,100,000원

TIP PART 03. 재고자산의 회계처리 │ Chapter 01. 상기업의 재고자산 및 제조업의 재고자산 │ 난이도 중

② 재고자산의 취득원가에는 매입가격, 운임, 보험료, 하역료 등의 부대원가가 포함된다. 매입할인 · 매입환출은 취득원가에서 차감하며, 창고보관료(제품 보관)는 취득원가에 포함되지 않는다. 취득원가 = 22,000,000 + 400,000 + 400,000 − 300,000 = 22,500,000원이다.

11 다음 중 재고자산의 단가 결정에 대한 설명으로 틀린 것은?

① 재고자산의 단가 결정을 어떻게 가정하느냐에 따라 매출원가와 기말재고자산의 단가가 달라질 수 있다.

② 개별법이란 실제 매출이 발생할 때 실제 구입원가를 기록하였다가 매출원가로 대응시키는 방법이다.

③ 선입선출법은 현실에서 가장 많이 쓰이는 방법으로, 실제 회사의 물량 흐름과 유사하다.

④ 물가 상승 시 기말재고금액은 후입선출법이 선입선출법보다 크게 계상된다.

TIP PART 03. 재고자산의 회계처리 │ Chapter 03. 재고자산의 평가방법 │ 난이도 하

④ 물가 상승 시, 선입선출법은 먼저 매입된 낮은 원가가 매출원가로 인식되어 기말재고가 높은 금액으로 평가된다.

Answer 10.② 11.④

12 ㈜서울의 2025년 중 재고자산의 거래 내역과 재고자산의 손실 내역이 다음과 같을 때 손익계산서에 인식할 매출원가와 영업외비용은 얼마인가?

구분	단위	단위원가	총원가
기초(1/1)	100개	100원	10,000원
매입(5/30)	300개	200원	60,000원
매출(6/23)	300개	?	?
매입(9/30)	400개	250원	100,000원
매출(11/20)	400개	?	?
기말(12/31)	100개	?	?

- 단가 결정은 이동평균법을 사용한다.
- 재고자산평가손실 : 5,000원
- 정상적인 재고감모손실 : 3,000원
- 비정상적인 재고감모손실 : 2,500원

	매출원가	영업외비용
①	71,650원	5,000원
②	150,000원	5,000원
③	154,500원	3,000원
④	154,500원	2,500원

TIP PART 03. 재고자산의 회계처리 | Chapter 03. 재고자산의 평가방법 | 난이도 상

④ 이동평균법은 매입 시점마다 평균단가를 수정하여 단가를 결정한다. 문항에서 정상감모손실(3,000원)과 평가손실(5,000원)은 매출원가에 포함되며, 비정상감모손실(2,500원)은 영업외비용으로 처리한다. 따라서 매출원가 154,500원, 영업외비용 2,500원이다.

13 ㈜제조의 2024년 12월 31일 현재 창고의 실지재고액은 800,000원이다. 실지재고액에는 다음의 사항이 반영되어 있지 않다. 다음의 사항을 모두 반영할 경우 2024년 12월 31일 재고자산을 계산하면 얼마인가?

> • 2024년 12월 29일 선적지인도조건으로 판매한 상품 120,000원이 12월 31일 현재 아직 운송 중에 있다.
> • 2024년 12월 30일 도착지인도조건으로 구매한 상품 150,000원이 12월 31일 현재 아직 운송 중에 있다.
> • 사용판매분 중 고객이 2024년 12월 31일까지 매입의사를 표시하지 않은 시송품(원가) 110,000원이 있다.
> • 위탁판매분 중 수탁자가 2024년 12월 31일까지 아직 판매하지 못한 위탁품(원가) 200,000원이 있다.

① 800,000원

② 1,110,000원

③ 1,310,000원

④ 1,350,000원

TIP PART 03. 재고자산의 회계처리 │ Chapter 01. 상기업의 재고자산 및 제조업의 재고자산 │ 난이도 중

② 재고자산은 실지재고조사법에 따라 실제 보유량을 기초로 평가한다. 판매된 시송품(매입의사 없음)은 재고에 포함되며, 위탁판매 중 미판매된 품목도 재고로 인식한다. 반면 선적지인도조건에서 이미 판매된 상품은 제외된다. 따라서 실지재고액 800,000 + 시송품 110,000 + 위탁품 200,000 = 1,110,000원이 최종 재고자산 금액이다.

Answer 13.②

14 ㈜경기의 2024년 재고자산 매입 및 매출내역은 다음과 같다. ㈜경기가 선입선출법에 의해 단가를 산정하는 경우 2024년 말의 기말재고자산 금액은 얼마인가?

일자	구분	수량	단가
1/1	기초	400개	50원
2/1	매입	600개	100원
6/30	매출	600개	200원
9/1	매입	400개	200원
12/21	매출	500개	300원

① 15,000원

② 20,000원

③ 40,000원

④ 60,000원

TIP PART 03. 재고자산의 회계처리 │ Chapter 03. 재고자산의 평가방법/ 난이도 중

④ 선입선출법은 먼저 매입된 재고가 먼저 판매되는 것으로 가정한다. 총매출량 1,100개 중 (기초 300 + 2월 600) = 900개 판매 후, 남은 400개 중 300개는 9월 매입분(단가 200원) → 300 × 200 = 60,000원이 기말재고가 된다.

Answer 14.④

취득원가 범위 판단과 자본적 지출·수익적 지출의 구분은 자주 출제되는 영역이므로 개념을 명확히 정리해두어야 한다. 감가상각 문제에서는 숫자 계산보다 먼저 상각대상금액(취득원가 − 잔존가치)을 정확히 설정하는 것이 가장 큰 함정 포인트이므로, 계산 전에 해당 금액을 우선적으로 확인해야 한다. 자산 처분 문제는 장부금액 → 처분가액 → 처분손익 계산이라는 3단계 구조를 그대로 적용하면 실수를 크게 줄일 수 있어, 문제 풀이 시 동일한 흐름으로 접근하는 것이 효과적이다.

비유동자산은 유형자산·무형자산·투자부동산으로 분류되며, 취득부터 감가상각, 처분까지의 흐름을 하나의 사이클로 묶어 학습하는 것이 효과적이다. 취득원가는 매입가액, 부대원가, 설치비, 시험가동비 등을 포함하므로 그 범위를 정확히 이해해야 하며, 자본적 지출과 수익적 지출의 구분 기준은 사례 중심으로 반복 정리하여 판단력을 높여야 한다. 감가상각방법인 정액법·정률법·연수합계법은 계산 구조를 공식화해 유형자산별 회계처리 패턴을 손으로 직접 작성해보며 익히는 것이 중요하다. 또한 감가상각 대상과 비대상 자산(토지·건설중자산 제외)을 명확히 구분하고, 내용연수나 잔존가치가 변경될 때 회계처리가 어떻게 달라지는지 개념적으로 이해해야 다양한 형태의 문제에 안정적으로 대응할 수 있다. 처분 단계에서는 장부금액, 누적 감가상각, 처분손익의 계산 순서를 정형화해 다양한 숫자 조합 문제에도 흔들리지 않는 풀이 흐름을 마련하는 것이 필요하다.

비유동자산의 회계처리

01 유형자산의 취득, 관리와 처분

section 1 유형자산의 의의

기업의 목적 달성을 위하여 영업활동에 사용할 목적으로 장기간 보유하고 있는 영업용 또는 업무용 자산을 말한다. 토지, 건물, 구축물, 선박, 차량운반구, 공구와 기구, 비품, 건설중인 자산이 있는데 이중 토지와 건설중인 자산은 비상각자산이다.

section 2 유형자산의 취득원가 결정

유형자산은 구입, 제작 또는 건설, 현물출자, 교환, 증여, 무상취득 등 여러 가지 형태로 취득한다.

유형자산의 취득원가 = 순수구입대금 + 부대비용

부대비용은 본래 의도한 용도에 적합한 상태에 이르기까지 발생한 모든 비용을 의미한다.

section 3 유형자산 후속원가의 발생

유형자산의 취득 이후에 발생하는 추가적 지출을 말한다. 일반적으로 추가적 비용은 수선유지비용, 개량, 증설, 재배치 등의 비용이다. 이러한 비용을 자산으로 계상할 것인가(자본적 지출) 또는 비용으로 계상할 것인가(수익적 지출)의 문제가 자본적 지출과 수익적 지출의 문제이다.

이론적으로 지출의 효익이 미래까지 미치는 지출은 자본적 지출로 하여 자산으로 계상하고, 지출의 효익이 당기에 끝나는 지출은 수익적 지출로 하여 비용으로 계상한다.

(1) 자본적 지출

당해 유형자산의 미래경제적 효익을 증가시키는 지출로서 해당 자산의 내용연수를 증가시키거나 가치를 현실적으로 증가시키는 지출로 자산으로 처리한다. 증설, 개량, 엘리베이터 설치, 냉·난방장치의 설치 등이 자본적 지출에 해당된다.

(2) 수익적 지출

당해 유형자산의 성능수준을 원상을 회복하거나 능률을 유지하기 위한 지출로 발생시점에 비용으로 회계처리한다. 수선, 소액의 지출, 건물의 도장, 소모된 부속품이나 벨트의 교체 등이 수익적 지출에 해당된다.

section 4 유형자산의 처분

유형자산을 매각하거나 영구적으로 폐기하여 미래 경제적 효익이 기대하지 못할 때 장부상에서 제거한다. 처분과 관련하여 발생하는 계정과목은 유형자산처분손익(영업외손익)이 발생한다.

02 유형자산의 감가상각(정액법, 정률법)

section 1 유형자산의 감가상각

유형자산은 시간의 경과 및 사용으로 가치가 감소하므로 이러한 경제적 효익의 감소에 대한 유형자산의 원가를 내용연수에 걸쳐 체계적이고 합리적인 방법으로 배분하는 과정(취득원가의 배분)을 말한다.

section 2 감가상각비의 계산요소

(1) 취득원가

유형자산의 구입가액 또는 제작가액에 이를 사용하게 되기까지의 부대비용을 가산한 금액이다.

(2) 내용연수

내용연수의 추정 시는 물리적 감가, 기능적 감가가 나타날 것도 예상하여 결정하는데 일종의 자산의 사용예상연수를 의미한다.

(3) 잔존가액

내용연수를 경과하고, 폐기되는 때의 추정처분가액에서 처분과 관련된 비용을 차감한 가액이다.

(1) 정액법

유형자산의 내용연수에 걸쳐 매 회계기간마다 균등액을 감가상각하는 방법이다.

$$감가상각비 = (취득원가 - 잔존가액) \times 상각률$$
$$상각률 = 1/내용연수$$

(2) 정률법

미상각잔액에 매기 상각률을 곱하여 감가상각비를 계상하는 방법으로 자산의 취득 초기에 비용을 많이 상각하는 방법으로 일명 가속상각법이라 한다.

$$감가상각비 = (취득원가 - 감가상각누계액) \times 상각률$$
$$미상각잔액 = 취득원가 - 감가상각누계액$$
$$정률 = 1 - \sqrt[n]{\frac{잔존가치}{취득원가}} \quad (n = 내용연수)$$

(3) 연수합계법

n년의 내용연수를 나타내는 숫자 1, 2, $\cdots$, n의 합계를 분모로, 각 회계기간에 그 회계기간을 포함한 잔여 내용연수를 분자로 하여 상각률을 구하고, 이 상각률을 감가대상금액에 곱하여 감가상각액을 계산하는 방법이다.

$$감가상각비 = (취득원가 - 잔존가치) \times \frac{내용연수의\ 역순}{내용연수의\ 합계}$$

무형자산의 개념과 종류

section 1 무형자산의 의의

재화의 생산이나 용역의 제공, 타인에 대한 임대 또는 관리에 사용할 목적으로 기업이 보유하고 있으며, 물리적 형체가 없지만 식별가능하고 기업이 통제하고 있으며 미래 경제적 효익이 있는 비화폐성자산을 말한다.

section 2 무형자산의 종류

(1) 영업권

① 영업권은 기업을 경영하는 가운데 이루어진 정상적인 수익력을 초과하는 초과수익력을 의미한다.

② 기업회계기준서 제1103호 '사업결합'에서 영업권은 매수취득(사업결합매수)한 영업권만 인정한다. 즉, 내부적으로 창출한 영업권은 인정하지 않는다.

③ 영업권의 손상차손은 인식하지만 손상차손의 환입은 인정하지 않는다. 이는 금액의 신뢰성 있는 추정이 어렵기 때문이다.

> 영업권 = 합병 등의 대가로 지급한 금액 − 취득한 순자산의 공정가치

(2) 개발비

① 개발비는 신제품 · 신기술 등의 개발과 관련하여 발생한 비용으로서 개별적으로 식별이 가능하고 미래의 경제적 효익을 확실하게 기대할 수 있는 것이다.

② 내부적으로 창출한 무형자산이 인식기준을 충족하는지를 평가하기 위하여 무형자산의 창출과정을 연구단계와 개발단계로 구분한다. 무형자산을 창출하기 위한 내부 프로젝트를 연구단계와 개발단계로 구분할 수 없는 경우에는 그 프로젝트에서 발생한 지출은 모두 연구단계에서 발생한 것으로 본다.

③ 연구단계에서 발생하는 무형자산은 인식하지 않는다. 연구단계에 대한 지출은 발생시점에 비용으로 인식한다. 연구활동의 예는 다음과 같다.

㉠ 새로운 지식을 얻고자 하는 활동

㉡ 연구결과나 기타 지식을 탐색, 평가, 최종 선택, 응용하는 활동

㉢ 재료, 장치, 제품, 공정, 시스템이나 용역에 대한 여러 가지 대체안을 탐색하는 활동

㉣ 새롭거나 개선된 재료, 장치, 제품, 공정, 시스템이나 용역에 대한 여러 가지 대체안을 제안, 설계, 평가, 최종 선택하는 활동

④ 개발단계는 연구단계보다 훨씬 더 진전되어 있는 상태이기 때문에 어떤 경우에는 내부 프로젝트의 개발단계에서는 무형자산을 식별할 수 있으며, 그 무형자산이 미래 경제적 효익을 창출할 것임을 제시할 수 있다. 개발활동의 예는 다음과 같다.

㉠ 생산이나 사용 전의 시제품과 모형을 설계, 제작, 시험하는 활동

㉡ 새로운 기술과 관련된 공구, 주형, 금형 등을 설계하는 활동

㉢ 상업적 생산 목적으로 실현가능한 경제적 규모가 아닌 시험공장을 설계, 건설, 가동하는 활동

㉣ 신규 또는 개선된 재료, 장치, 제품, 공정, 시스템이나 용역에 대하여 최종적으로 선정된 안을 설계, 제작, 시험하는 활동

⑤ 개발단계에서 발생한 무형자산을 인식하려면 다음 사항을 모두 제시할 수 있어야 한다.

㉠ 무형자산을 사용하거나 판매하기 위해 그 자산을 완성할 수 있는 기술적 실현가능성

㉡ 무형자산을 완성하여 사용하거나 판매하려는 기업의 의도

㉢ 무형자산을 사용하거나 판매할 수 있는 기업의 능력

㉣ 무형자산이 미래 경제적 효익을 창출하는 방법. 그 중에서도 특히 무형자산의 산출물이나 무형자산 자체를 거래하는 시장이 존재함을 제시할 수 있거나 또는 무형자산을 내부적으로 사용할 것이라면 그 유용성을 제시할 수 있어야 한다.

㉤ 무형자산의 개발을 완료하고 그것을 판매하거나 사용하는 데 필요한 기술적·재정적 자원 등의 입수가능성

㉥ 개발과정에서 발생한 무형자산 관련 지출을 신뢰성 있게 측정할 수 있는 기업의 능력

⑥ 개발비는 비경상개발비와 경상개발비로 나뉜다. 무형자산으로 계상되는 개발비에는 비경상개발비만 계상되고, 경상개발비는 판매비와 관리비로 계상하도록 하고 있으나, 제조와 관련한 경상개발비는 제조경비로 처리된다. 연구비는 판매비와 관리비로 처리한다.

(3) 산업재산권

일정 기간 독점적·배타적으로 이용할 수 있는 권리로서 특허권. 실용신안권, 의장권, 상표권 등을 말한다.

> **tip** 유형자산의 종류
> ㉠ 토지 : 토지는 기업이 영업활동에 사용하기 위하여 취득·보유하는 부동산의 기초 자산으로서, 사용이나 시간의 경과에 따른 가치감소가 없어 감가상각을 하지 않는다. 취득원가에는 구입가액과 관련 부대비용이 포함되며, 장기 보유를 전제로 한다.
> ㉡ 건물 : 건물은 기업의 영업활동을 수행하기 위해 장기간 사용되는 구조물로서, 공장·창고·사무실 등 물리적 공간을 제공한다. 경제적 효익이 여러 회계기간에 걸쳐 실현되므로 감가상각을 통해 취득원가를 배분한다.
> ㉢ 건설 중인 자산 : 건설 중인 자산은 완성 전 상태의 미완성 자산으로, 완공 후 건물이나 기계장치 등으로 대체되는 잠정적 유형자산이다. 완공 전까지는 감가상각을 하지 않으며, 관련 직접비용과 간접비용을 포함한 취득원가로 인식한다.
> ㉣ 차량운반구 : 차량운반구는 기업의 생산·판매·운송 등 영업활동 수행을 위한 운송수단으로서, 사용기간 동안 가치가 감소하므로 감가상각의 대상이 된다. 취득원가에는 구입가액과 등록세, 운송비 등이 포함된다.
> ㉤ 비품 : 비품은 기업의 사무 및 관리활동에 사용되는 집기, 설비, 장비 등의 자산으로서 장기간 사용 가능하다. 사용에 따라 가치가 점진적으로 감소하므로 감가상각을 통해 비용화하며, 소모성 물품은 별도 경비로 처리한다.

투자자산의 개념과 종류

section 1 투자자산의 개념

투자자산은 기업의 주된 사업목적은 아니지만 여유자금을 장기간 투자하여 다른 회사를 지배하거나 장기간 많은 수익을 얻고자 하는 목적으로 취득한 자산을 말한다.

section 2 투자자산의 종류

(1) 매도가능금융자산

매도가능금융자산은 대부분 장기보유목적이므로 공정가치 변동을 당기손익에 포함시키면 미래현금흐름을 왜곡시킬 수 있다. 따라서 매도가능금융자산에서 발생한 공정가치 변동은 당기손익으로 인식하지 않고 자본의 기타포괄손익(미실현손익)으로 처리한다.

(2) 만기보유금융자산

만기보유증권은 만기가 고정되어 있고 지급금액이 확정되었거나 결정 가능한 금융자산으로서 만기까지 보유할 적극적 의도와 능력이 있는 금융자산을 말하며 채무증권으로 분류된다.

(3) 투자부동산

투자목적 또는 비영업용으로 소유하는 토지나 건물을 말한다.

05 기타 비유동자산의 개념과 종류

section 1 기타 비유동자산의 의의

비유동자산 중 투자자산 및 유형자산, 무형자산에 속하지 않는 자산을 의미한다.

section 2 기타 비유동자산의 종류

(1) 임차보증금

타인소유의 부동산이나 동산을 사용하기 위하여 임대차계약을 체결하는 경우에 월세 등을 지급하는 조건으로 임차인이 임대인에게 지급하는 보증금을 말한다.

(2) 전세권

전세금을 지급하고 타인의 부동산을 그 용도에 따라 사용, 수익하는 권리이다.

(3) 장기매출채권

유동자산에 속하지 아니하는 일반적 상거래에서 발생한 장기의 외상매출금 및 받을어음을 말한다.

㈜메타는 2022년 1월 1일에 기계를 취득하였다. 이 기계의 취득 및 사용 정보는 다음과 같다.

취득원가	₩6,000,000	총사용가능시간	10,000시간
잔존가치	₩600,000	총생산가능수량	24,000단위
경제적 내용연수	4년	실제사용시간	3,000시간
정률법 상각률	43.8%	실제생산량	7,000단위

1. 2025년도 정액법으로 계산된 감가상각비를 구하라.

$\checkmark$ $(6,000,000 - 600,000) \div 4 = 1,350,000$

2. 2024년도 정률법으로 계산된 감가상각비를 구하라.

$\checkmark$ $6,000,000 \times 0.438 \times (1 - 0.438)^2 = 830,038.032$

3. 2023년도 연수합계법으로 계산된 감가상각비를 구하라.

$\checkmark$ $(6,000,000 - 600,000) \times \dfrac{3}{10} = 1,620,000$

적중예상문제

1 부동산회사가 업무용으로 가지고 있는 건물은 무엇으로 분류되는가?

① 재고자산
② 투자자산
③ 유형자산
④ 무형자산

TIP ③ 영업목적으로 보유하고 있는 자산은 유형자산으로 분류된다.

2 유형자산의 감가상각에 관한 설명으로 옳지 않은 것은?

① 유형자산의 감가상각 방법은 자산의 미래 경제적 효익이 소비되는 형태를 반영한다.
② 유형자산의 감가상각은 자산이 사용가능한 때부터 시작한다.
③ 유형자산에 내재된 미래 경제적 효익이 다른 자산을 생산하는 데 사용되는 경우 유형자산의 감가상각액은 해당자산 원가의 일부가 된다.
④ 정액법으로 감가상각 하는 경우, 감가상각이 완전히 이루어지기 전이라도 유형자산이 가동되지 않거나 유휴상태가 되면 감가상각을 중단해야 한다.

TIP ④ 정액법으로 감가상각하는 경우, 감가상각이 완전히 이루어지기 전이면 유형자산이 가동되지 않거나 유휴상태가 되더라도 감가상각을 해야 한다.

Answer 1.③ 2.④

3 건물을 취득한지 20년이 경과하여 대대적인 개조와 수리를 하고 ₩5,000,000을 당좌수표로 지급하였다. 이 중 ₩4,000,000은 엘리베이터와 냉난방장치의 시설을 위한 것이고, ₩1,000,000은 내부도장과 외부유리닦기 비용이다. 이 거래에 대한 회계처리로 옳은 것은?

① 〈차〉 건물   5,000,000 〈대〉 당좌예금 5,000,000
② 〈차〉 수선비 5,000,000 〈대〉 당좌예금 5,000,000
③ 〈차〉 건물   4,000,000 〈대〉 당좌예금 5,000,000
    수선비 1,000,000
④ 〈차〉 건물   1,000,000 〈대〉 당좌예금 5,000,000
    수선비 4,000,000

TIP ③ 자본적 지출은 건물로, 수익적 지출은 수선비로 회계처리한다.

[4 ∼ 5] 다음 자료를 보고 물음에 답하시오.

> (자료) ㈜춘천은 2024년에 사용하고 있던 지게차를 새로운 모델의 지게차로 교환하였다. 구 지게차의 취득원가는 ₩40,000,000이고, 감가상각누계액은 ₩25,000,000이고, 감정평가사가 평가한 공정가치는 ₩17,000,000이다. 지게차 판매회사는 구 지게차의 가치를 ₩20,000,000으로 인정하고 추가적으로 현금 ₩30,000,000을 지급받는 조건으로 ㈜춘천의 구 지게차를 신 지게차로 교환하였다. 단, ㈜춘천이 보유하고 있던 구 지게차의 공정가치 평가는 감정평가사의 평가가 더 명백하다.

4 이 교환거래에 상업적 실질이 있다고 판단되는 경우 ㈜춘천의 장부상에 신 지게차의 취득원가는 얼마로 인식되는가?

① ₩25,000,000
② ₩30,000,000
③ ₩45,000,000
④ ₩47,000,000

TIP ④ 상업적 실질이 있다고 판단되는 경우 = 17,000,000 + 30,000,000 = 47,000,000원이다.

※ 상업적 실질이 있는 거래에서의 교환으로 유형자산을 획득하는 경우 유형자산의 원가는 교환을 위하여 제공한 자산의 공정가치로 측정한다. 다만, 교환을 위하여 제공한 자산의 공정가치가 불확실한 경우에는 교환으로 획득한 자산의 공정가치를 원가로 할 수 있다.

5 이 교환거래에 상업적 실질이 없다고 판단되는 경우 ㈜춘천의 장부상에 신 지게차의 취득원가는 얼마로 인식되는가?

① ₩25,000,000
② ₩30,000,000
③ ₩45,000,000
④ ₩47,000,000

TIP ③ 상업적 실질이 없다고 판단되는 경우 = (40,000,000 + 30,000,000) − 25,000,000 = 45,000,000원이다.

※ 상업적 실질이 없거나 공정가치의 측정이 불가능한 자산과의 교환으로 유형자산을 획득하는 경우에는 제공한 자산의 장부금액을 유형자산의 원가로 하고 교환에 따른 유형자산제거손익을 인식하지 않는다.

Answer 4.④ 5.③

6 내부적으로 창출된 무형자산의 취득원가에 포함되지 않는 것은?

① 법적권리를 등록하기 위한 수수료
② 무형자산의 창출에 사용된 특허권상각비
③ 무형자산의 창출을 위하여 발생한 종업원급여
④ 연구결과를 최종선택, 응용하는 활동과 관련된 지출

TIP ④ 연구결과를 최종선택, 응용하는 활동과 관련된 지출은 연구비로 보아 당기비용으로 처리한다.

7 다음 중 개발단계로 볼 수 없는 것은?

① 생산이나 사용 전의 시제품과 모형을 설계, 제작, 시험하는 활동
② 새로운 기술과 관련된 공구, 지그, 주형, 금형 등을 설계하는 활동
③ 상업적 생산 목적으로 실현가능한 경제적 규모가 아닌 시험공장을 설계, 건설, 가동하는 활동
④ 새롭거나 개선된 재료, 장치, 제품, 공정, 시스템이나 용역에 대한 여러 가지 대체안을 제안, 설계, 평가, 최종 선택하는 활동

TIP ③ 새롭거나 개선된 재료, 장치, 제품, 공정, 시스템이나 용역에 대한 여러 가지 대체안을 제안, 설계, 평가, 최종 선택하는 활동은 연구단계에 속하고, 신규 또는 개선된 재료, 장치, 제품, 공정, 시스템이나 용역에 대하여 최종적으로 선정된 안을 설계, 제작, 시험하는 활동은 개발단계에 속한다.

8 웹사이트 원가 중 무조건 비용 처리하는 단계는?

① 웹사이트의 계획단계
② 적용과 하부구조 개발단계
③ 그래픽 디자인 개발단계
④ 콘텐츠 개발단계

TIP ① 웹사이트의 계획단계는 연구단계로 보고, 무조건 비용 처리한다.

Answer 4.④ 5.③ 7.④ 8.①

9 한 기업이 타 기업을 매수했을 경우 그 기업의 매입가액이 취득한 순자산의 가치를 초과했다면 그 차액은 무엇으로 처리하는가?

① 이익잉여금
② 자본잉여금
③ 영업권
④ 부의 영업권

TIP ③ 기업이 동종의 다른 기업보다 초과이익력을 갖고 있을 경우 이를 자본화한 것을 영업권이라고 한다.

10 ㈜준수는 ㈜병훈을 흡수합병하기로 하고 합병대가로 ₩20,000,000을 지급하였다. ㈜병훈의 재무상태표상 순자산가액은 ₩12,000,000이고 식별가능한 순자산의 공정가액은 ₩15,000,000이다. 이 경우 영업권 금액은 얼마인가?

① ₩3,000,000
② ₩5,000,000
③ ₩8,000,000
④ ₩20,000,000

TIP ② 영업권 = 이전대가의 공정가치 − 식별가능한 순자산의 공정가치이므로 20,000,000 − 15,000,000 = 5,000,000 원이다.

[11 ～ 12] 다음 자료를 보고 물음에 답하시오.

(자료) ㈜천안이 2023년 초에 취득한 토지에 관한 자료이다. ㈜천안은 토지 취득 후에 재평가 모형에 의해서 토지에 대한 회계처리를 한다. 토지의 취득원가와 각 회계기간 말 현재 토지의 공정가치는 아래와 같다.

구분	취득원가	각 회계기간 말 공정가치		
	2023년 초	2023년	2024년	2025년
토지	₩3,000	₩3,500	₩3,200	₩2,900

11 토지의 재평가와 관련하여 ㈜천안이 2025년도에 인식할 당기손실은 얼마인가?

① ₩0

② ₩100

③ ₩200

④ ₩300

TIP 2025년도에 인식할 당기손실 = 3,000 − 2,900 = 100 손실

〈2023년 초〉	토지	3,000	현금	3,000
〈2023년〉	토지	500	재평가이익	500
〈2024년〉	재평가이익	300	토지	300
〈2025년〉	재평가이익	200	토지	300
	재평가손실	100		

12 토지의 재평가와 관련하여 ㈜천안이 2025년도에 인식할 총포괄손실은 얼마인가?

① ₩100

② ₩200

③ ₩300

④ ₩500

TIP ③ 2025년도에 인식할 총포괄손실 = 자본감소 + 당기손실이므로 = 200 + 100 = 300원이다.

[13 ~ 14] 다음 자료를 보고 물음에 답하시오.

(자료) 제약회사인 ㈜명문의 2025년도 독감 치료용 신약을 위한 연구, 개발 및 생산과 관련된 자료이다.

독감의 원인이 되는 새로운 바이러스를 찾기 위한 지출	₩300,000
바이러스 규명에 필요한 동물실험을 위한 지출	₩10,000
상업용 신약 생산에 필요한 설비 취득을 위한 지출	₩400,000
신약을 개발하는 시험공장 건설을 위한 지출 (상업적 생산목적으로 실현가능한 경제적 규모가 아님)	₩500,000
신약의 상업화전 최종 임상실험을 위한 지출	₩60,000
신약 생산 전 시제품을 시험하기 위한 지출	₩20,000
바이러스 동물실험결과의 평가를 위한 지출	₩30,000

13 ㈜명문이 2025년에 당기손익으로 인식할 연구비는 얼마인가?

① ₩340,000

② ₩580,000

③ ₩740,000

④ ₩840,000

TIP ① 당기손익으로 인식할 연구비 = 300,000 + 10,000 + 30,000 = 340,000원이다.

14 ㈜명문이 2025년에 자산으로 인식할 개발비는 얼마인가? (단, 개발비로 분류되는 지출의 경우 2025년말 시점에 개발비 자산인식요건을 충족한다고 가정한다.)

① ₩80,000

② ₩340,000

③ ₩580,000

④ ₩980,000

TIP ③ 개발비는 신제품, 신기술의 개발과 관련하여 발생한 비용으로 제조비법, 공식, 모델, 디자인, 시작품 등의 개발원 가를 인식하는 것으로 자산으로 인식할 개발비 = 500,000 + 60,000 + 20,000 = 580,000원이다.

Answer 13.① 14.③

15 2024년초에 기타포괄손익–공정가치 측정 금융자산으로 분류한 채무상품을 100,000원에 취득하였고, 기말의 공정가치 평가액은 120,000원이다. 2025년 초에 금융자산을 130,000원에 처분하였다고 할 때, 기타포괄손익–공정가치 측정 금융자산의 처분손익은 얼마인가?

   ① 30,000원
   ② 20,000원
   ③ 10,000원
   ④ 5,000원

TIP 공정가치가 상승하였으므로
   (차) 기타포괄손익–공정가치 측정 금융자산   (대) 기타포괄손익–공정가치 측정 금융자산평가이익
   기타포괄손익–공정가치 측정 금융자산으로 분류된다. 따라서
   처분금액 − 취득원가 = 130,000 − 100,000 = 30,000원이다.

16 다음 중 수익적 지출로 회계처리하여야 할 것으로 가장 타당한 것은?

   ① 냉난방 장치 설치로 인한 비용
   ② 파손된 유리의 원상회복으로 인한 교체비용
   ③ 사용용도 변경으로 인한 비용
   ④ 증설 · 확장을 위한 비용

TIP ② 수익적 지출은 지출의 효과가 단기적이며 유형자산의 능률 유지나 원상회복 등에 지출되는 비용으로 도색, 파손된 유리 교체, 소모성 부속품 교체, 낡은 타이어 교체 등이 해당된다.

17 춘천상사는 2024년 1월 1일 토지와 건물을 각각 아래와 같이 취득하였을 경우 2026년 12월 31일의 감가상각비와 감가상각누계액은 각각 얼마인가?

토지취득가액　　　　　　100,000,000원
건물취득가액　　　　　　　50,000,000원

감가상각방법은 정액법, 내용연수는 20년, 잔존가액은 0원

① 감가상각비 : 2,500,000원　　　　　　　감가상각누계액 : 5,000,000원
② 감가상각비 : 2,500,000원　　　　　　　감가상각누계액 : 7,500,000원
③ 감가상각비 : 5,000,000원　　　　　　　감가상각누계액 : 15,000,000원
④ 감가상각비 : 7,500,000원　　　　　　　감가상각누계액 : 22,500,000원

TIP ② 토지는 일반적으로 감가상각대상이 아니므로 감가상각비가 없다.

건물의 경우 감가상각비 $= \dfrac{취득가액 - 잔존가치}{내용연수} = \dfrac{50,000,000}{20} = 2,500,000$

감가상각누계액 = 매년 발생하는 감가상각비 × 총상각기간 $= 2,500,000 \times 3 = 7,500,000$

18 매장 건물에 엘리베이터를 설치하고 아래와 같이 회계 처리한 경우 발생하는 효과로 옳은 것은?

(차변) 수선비 80,000,000원　　　　　　　　　(대변) 보통예금 80,000,000원

① 비용의 과소계상
② 부채의 과대계상
③ 자산의 과소계상
④ 순이익의 과대계상

TIP ③ 자본적 지출을 수익적 지출로 회계 처리하여 비용이 과대계상되고 자산이 과소계상된다.

Answer 17.② 18.③

19 2025년 1월 1일에 건물 5,000,000원을 구입하고, 취득세 500,000원을 현금으로 지급하였다. 2025년 12월 31일 결산 시 정액법에 의한 감가상각비는 얼마인가? (단, 내용연수 10년, 잔존가액 0원, 결산 연 1회)

① 50,000원
② 450,000원
③ 500,000원
④ 550,000원

TIP ④ 감가상각비 = (5,000,000원 + 500,000원)/10년 = 550,000원이다.

20 다음 중 산업재산권에 속하지 않는 것은?

① 특허권
② 의장권
③ 상표권
④ 영업권

TIP ④ 산업재산권이란 일정기간 독점적 · 배타적으로 이용할 수 있는 권리로서 특허권, 실용신안권, 의장권, 상표권 등을 말한다.

실전기출문제

제93회 기업회계 3급

1 당기에 건물 취득과 관련하여 지출된 비용이 다음과 같은 경우, 건물 취득원가는 얼마인가?

> • 건물 매입 가격 : 10,000,000원
> • 건물 화재보험료 : 500,000원
> • 건물 취득 중개 수수로 : 500,000원
> • 건물 취득세 : 1,000,000원

① 11,000,000원   ② 11,500,000원
③ 12,000,000원   ④ 12,400,000원

TIP PART 04. 비유동자산의 회계처리 | Chapter 01. 유형자산의 취득, 관리와 처분 | 난이도 중

② 건물 취득원가 = 매입가 + 직접 관련 부대비용이다. 화재보험료는 기간비용으로 제외되며, 중개수수료 · 취득세는 포함된다.

제93회 기업회계 3급

2 다음 자료를 통해 건물 처분 시 인식해야 할 유형자산처분손익을 계산하면 얼마인가?

> • 2024년 1월 1일 업무용 건물을 20,000,000원에 취득, 잔존가치 0원, 내용연수 20년, 정액법 상각
> • 2025년 12월 31일 위 건물을 18,500,000원에 처분

① 유형자산처분이익 500,000원   ② 유형자산처분손실 500,000원
③ 유형자산처분이익 1,500,000원   ④ 유형자산처분손실 1,500,000원

TIP PART 04. 비유동자산의 회계처리 | Chapter 02. 유형자산의 감가상각(정액법, 정률법) | 난이도 중

① 감가상각누계액 = 20,000,000 ÷ 20 × 2 = 2,000,000,
장부금액 = 18,000,000,
처분금액 18,500,000 − 장부금액 18,000,000 = 처분이익 500,000원이다.

Answer   1.②   2.①

3 유형자산의 취득 후 지출을 회계처리 하는 방안을 탐색하는 과정이다. ㈎와 ㈏에 들어갈 용어를 바르게 연결한 것은?

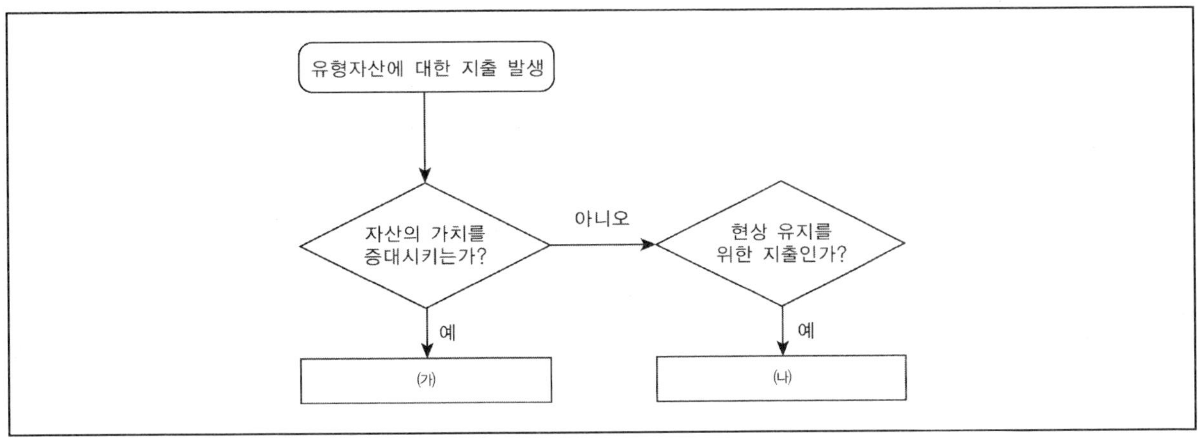

	(가)	(나)
①	수익적지출	수익적지출
②	수익적지출	자본적지출
③	자본적지출	수익적지출
④	자본적지출	자본적지출

> **TIP** PART 04. 비유동자산의 회계처리 │ Chapter 01. 유형자산의 취득, 관리와 처분 │ 난이도 중

③ 자본적 지출은 자산의 가치나 내용연수를 증가시키는 지출이고, 수익적 지출은 단순한 유지·보수 목적의 지출이다. 예를 들어 엔진교체(자본적지출), 오일교환(수익적지출) 등이 있다.

Answer   3.③

제93회 기업회계 3급

4 다음 중 투자자산에 해당하는 것을 〈보기〉에서 모두 고른 것은?

〈보기〉

㉠ 장기미수금   ㉡ 장기대여금
㉢ 장기매출채권   ㉣ 장기투자증권

① ㉠, ㉡   ② ㉠, ㉢
③ ㉡, ㉣   ④ ㉢, ㉣

TIP PART 04. 비유동자산의 회계처리 │ Chapter 04. 투자자산의 개념과 종류 │ 난이도 중

③ 투자자산은 영업 외 투자목적 자산으로 장기대여금, 장기투자증권 등이 해당한다. 장기미수금·장기매출채권은 기타비유동자산이다.

제93회 기업회계 3급

5 다음 중 기타비유동자산으로 분류될 수 없는 것은?

① 장기미수금
② 장기매출채권
③ 임차보증금
④ 장기성 매입채무

TIP PART 04. 비유동자산의 회계처리 │ Chapter 05. 기타 비유동자산의 개념과 종류 │ 난이도 하

④ 장기성매입채무는 비유동부채로 분류된다. 기타비유동자산에는 장기미수금, 임차보증금, 장기선급비용 등이 포함된다.

Answer 4.③ 5.④

6 기계장치의 수선으로 자산가치와 생산능력이 증대되었으며 수선 시 지출한 금액을 다음과 같이 회계처리하였다. 이로 인해 재무제표에 나타나는 오류가 아닌 것은?

(차) 수선비 20,000,000원	(대) 보통예금 20,000,000원

① 부채의 과다계상

② 자산의 과소계상

③ 비용의 과다계상

④ 순이익의 과소계상

TIP PART 04. 비유동자산의 회계처리 │ Chapter 01. 유형자산의 취득, 관리와 처분 │ 난이도 중

① 자본적 지출을 수익적 지출로 잘못 처리하면, 비용이 과대 계상되고 자산이 과소 계상된다. 결과적으로 순이익도 감소한다. 이 경우 부채는 변하지 않는다.

7 다음의 계정과목을 자산, 부채, 자본 항목으로 연결한 것으로 옳지 않은 것은?

① 선급비용 – 자산

② 미지급비용 – 부채

③ 특허권 – 부채

④ 주식발행초과금 – 자본

TIP

PART 04. 비유동자산의 회계처리 │ Chapter 03. 무형자산의 개념과 종류 │ 난이도 하

③ 특허권은 무형자산으로 자산 항목이다. 영업권, 상표권, 소프트웨어 등과 함께 비화폐성 자산으로 분류된다.

Answer 6.① 7.③

제92회 기업회계 3급

8 **[중소기업회계기준] 다음 중 비유동자산에 대한 설명으로 옳은 것은?**

① 투자자산이란 주된 영업활동이 아닌 부수적인 활동의 결과로 보유하는 자산으로 토지, 건물, 장기매출채권 등이 포함된다.

② 유형자산이란 재화의 생산 등을 위해 보유한 물리적 형체가 있는 자산으로 1년을 초과하여 사용할 것으로 예상되며 기계장치, 차량운반구 등은 포함하지만 건설중인자산은 제외한다.

③ 무형자산은 상각누계액을 취득원가에서 직접 차감한 잔액으로 표시한다.

④ 기타비유동자산이란 투자자산, 유형자산 및 무형자산에 속하지 않는 비유동자산이며 임차보증금, 장기대여금 등이 포함된다.

> **TIP** PART 04. 비유동자산의 회계처리 | Chapter 03. 무형자산의 개념과 종류 | 난이도 중

③ 중소기업회계기준 제12조에 따르면, 무형자산은 취득원가에서 감가상각누계액(또는 상각누계액)을 직접 차감한 잔액으로 표시한다. 이는 무형자산이 물리적 형체가 없으므로 그 가치가 시간에 따라 점차 소멸하는 특성을 반영하기 위함이다.

① 토지 · 건물은 투자자산이 아니라 일반적으로 유형자산에 해당하며, 장기매출채권은 기타비유동자산이다.

② 건설중인자산도 완성 후 유형자산으로 전환되므로 유형자산에 포함된다.

④ 기대여금은 투자자산에 포함된다.

제92회 기업회계 3급

9 **다음 중 업무용으로 사용할 목적으로 차량을 보유하는 경우 회계처리를 하는 계정으로 옳은 것은?**

① 현금및현금성자산

② 재고자산

③ 유형자산

④ 투자자산

> **TIP** PART 04. 비유동자산의 회계처리 | Chapter 01. 유형자산의 취득, 관리와 처분 | 난이도 하

③ 업무용 차량 · 비품 · 건물 등은 영업활동을 위해 장기간 사용하는 자산으로, 유형자산에 해당한다. 판매 목적의 자산과 구분해야 한다.

Answer 8.③ 9.③

10 다음의 거래 (가)와 (나)를 분개할 때 차변 계정과목으로 옳은 것은?

> (가) 총공사비 1억 원의 업무용 건물을 신축하기로 하고 계약금으로 현금 100만 원을 지급하였다.
> (나) 본사 건물의 깨어진 유리창 교체비 100,000원(현상유지비용)을 현금으로 지급하였다.

	(가)	(나)
①	선급금	건물
②	선급금	수선비
③	건설중인자산	건물
④	건설중인자산	수선비

TIP PART 04. 비유동자산의 회계처리 │ Chapter 01. 유형자산의 취득, 관리와 처분 │ 난이도 중

④ (가) 건물 건설 관련 계약금은 건설중인자산으로 처리, (나) 유리창 교체비는 유지·보수비로 비용(수선비) 처리한다. 자본적·수익적 지출의 구분이 핵심이다.

11 다음의 거래에서 기계장치의 취득원가를 계산하면 얼마인가?

> ㈜세무는 중고 기계장치를 5,000,000원에 구입하고, 정상 가동을 위한 시운전비 200,000원, 기계장치 화재보험료 50,000원을 수표를 발행하여 지급하였다.

① 5,000,000원   ② 5,100,000원
③ 5,200,000원   ④ 5,250,000원

TIP PART 04. 비유동자산의 회계처리 │ Chapter 01. 유형자산의 취득, 관리와 처분 │ 난이도 중

③ 시운전비는 사용 전 발생한 직접 관련비용이므로 취득원가에 포함한다. 보험료는 기간비용이므로 포함하지 않는다. 기계장치의 취득원가 = 5,000,000 + 200,000 = 5,200,000원이다.

Answer　　10.④　11.③

12 다음과 같은 비품에 대하여 2025년 12월 31일 결산 시 재무상태표에 기입할 감가상각누계액의 금액으로 옳은 것은?

> - 취득일 : 2024년 1월 1일
> - 취득원가 : 1,000,000원
> - 내용연수 : 5년
> - 잔존가치 : 없음
> - 결산 연 1회 : 매년 12월 31일
> - 정액법에 의하여 매년 정상적으로 감가상각하였다.

① 200,000원

② 400,000원

③ 600,000원

④ 800,000원

TIP | PART 04. 비유동자산의 회계처리 | Chapter 02. 유형자산의 감가상각(정액법, 정률법) | 난이도 하

② 연간 상각액 = 1,000,000 ÷ 5 = 200,000원이고 2년 경과 시 누계액 = 400,000원이다. 잔존가치는 없으므로 단순 누적한다.

13 다음 중 무형자산에 대한 설명으로 옳지 않은 것은?

① 무형자산은 미래의 경제적 효익을 제공하는 경우가 많다.

② 기업 내부적으로 창출된 영업권은 무형자산으로 화폐성 자산이다.

③ 1년 이상 장기에 걸쳐 사용되는 자산으로 물리적인 형태가 없는 자산이다.

④ 무형자산에는 산업재산권이 있으며, 산업재산권의 종류로는 실용신안권, 상표권 등이 있다.

TIP | PART 04. 비유동자산의 회계처리 | Chapter 03. 무형자산의 개념과 종류 | 난이도 중

② 내부창출 영업권은 인식하지 않으며, 무형자산은 비화폐성자산이다. 실용신안권·상표권·특허권 등은 대표적 무형자산에 해당한다.

Answer   12.② 13.②

14 다음 중 투자자산에 해당하지 않는 것은?

① 단기매매증권
② 3년 후 만기가 도래하는 국채
③ 투자부동산
④ 장기대여금

TIP PART 04. 비유동자산의 회계처리 | Chapter 04. 투자자산의 개념과 종류 | 난이도 하

① 단기매매증권은 유동자산이다. 투자자산은 장기 보유를 목적으로 하는 자산(장기대여금, 투자부동산, 만기채권 등)이다.

15 다음 중 유형자산의 취득원가와 관련된 설명으로 옳지 않은 것은?

① 시운전 시 발생한 시제품의 순매각금액은 취득원가에 가산한다.
② 유형자산 취득 시 발생하는 매입할인액은 취득원가에서 차감한다.
③ 유형자산 취득과 직접 관련된 운송비, 설치비는 취득원가에 포함한다.
④ 설계와 관련되어 전문가에게 지급하는 수수료는 취득원가에 포함한다.

TIP PART 04. 비유동자산의 회계처리 | Chapter 01. 유형자산의 취득, 관리와 처분 | 난이도 중

① 시운전 시 생산된 시제품의 매각금액은 취득원가에서 차감한다. 이는 시험생산 중 발생한 회수액으로 자산가치를 감소시키기 때문이다.

Answer 14.① 15.①

16 다음은 ㈜성림이 건물을 수리하고 현금으로 지출한 내용을 요약한 것이다. 건물의 취득원가에 포함할 금액을 계산한 것으로 옳은 것은?

연번	내역	금액	비고
1	파손된 유리창 교체	100,000원	원상 회복
2	외벽 페인트 칠	200,000원	현상 유지
3	창고를 사무실로 개조	1,000,000원	가치 증대

① 100,000원

② 200,000원

③ 1,000,000원

④ 1,200,000원

TIP　PART 04. 비유동자산의 회계처리 | Chapter 02. 유형자산의 감가상각(정액법, 정률법) | 난이도 중

③ 건물의 기능을 향상시키거나 가치증대, 내용연수 연장 시는 자본적지출로 처리한다. 창고를 사무실로 개조(1,000,000원)는 자산가치 상승이므로 취득원가에 포함된다.

17 다음 자료에서 유형자산처분손익을 계산한 것으로 옳은 것은?

- 취득 : 2023년 1월 1일(취득원가 1,000,000원)
- 내용연수 : 5년
- 감가상각 : 정률법(정률 40%)에 의하여 매년 정상적으로 상각함
- 결산 : 연 1회(매년 12월 31일)
- 처분 : 2025년 1월 1일(처분가액 300,000원)

① 처분손실 60,000원 　　　　② 처분이익 60,000원

③ 처분손실 156,000원 　　　　④ 처분이익 156,000원

TIP　PART 04. 비유동자산의 회계처리 | Chapter 02. 유형자산의 감가상각(정액법, 정률법) | 난이도 중

① 1년차 상각 = $1,000,000 \times 40\% = 400,000$, 2년차 상각 = $(1,000,000 - 400,000) \times 40\% = 240,000$이다. 장부가 = $360,000 \rightarrow$ 처분손실 = $360,000 - 300,000 = 60,000$원이다.

Answer　16.③　17.①

제91회 기업회계 3급

18 다음 자산의 분류 중 무형자산에 해당하는 것끼리 짝지어진 것은?

ㄱ 상표권   ㄴ 임차보증금
ㄷ 실용신안권   ㄹ 투자부동산

---

① ㄱ, ㄴ   ② ㄱ, ㄷ
③ ㄴ, ㄷ   ④ ㄷ, ㄹ

TIP PART 04. 비유동자산의 회계처리 | Chapter 03. 무형자산의 개념과 종류 | 난이도 하

② 무형자산은 형태가 없는 비화폐성 자산으로, 특허권 · 실용신안권 · 상표권 · 소프트웨어 등이 포함된다. 임차보증금은 기타비유동자산, 투자부동산은 투자자산이다.

제91회 기업회계 3급

19 다음 중 기타비유동자산으로 분류될 수 없는 것은?

① 장기선급비용
② 장기매출채권
③ 임차보증금
④ 건설중인자산

TIP PART 04. 비유동자산의 회계처리 | Chapter 05. 기타 비유동자산의 개념과 종류 | 난이도 하

④ 건설중인자산은 유형자산, 장기선급비용 · 장기채권 · 임차보증금은 기타비유동자산이다.

Answer   18.②   19.④

20 다음의 (가), (나)에서 설명하는 자산의 분류로 옳은 것은?

> (가) 전자제품 유통업을 운영하는 회사가 상품 운반용으로 사용하는 자동차
> (나) 자동차를 생산하여 판매하는 회사가 투자를 목적으로 보유하고 있는 토지

	(가)	(나)
①	재고자산	투자자산
②	투자자산	유형자산
③	유형자산	투자자산
④	유형자산	재고자산

TIP PART 04. 비유동자산의 회계처리 │ Chapter 01. 유형자산의 취득, 관리와 처분 │ 난이도 하

③ 영업활동에 사용하는 자동차 → 유형자산, 투자목적으로 보유한 토지 → 투자자산

따라서 각각의 용도에 따라 분류가 달라진다. 같은 자산이라도 보유 목적에 따라 회계분류가 달라진다.

21 회계담당자의 실수로 자본적지출을 수익적지출로 잘못 회계처리한 경우 나타나는 현상으로 옳은 것은?

① 자산이 과대계상된다.
② 비용이 과대계상된다.
③ 수익이 과대계상된다.
④ 부채가 과대계상된다.

TIP PART 04. 비유동자산의 회계처리 │ Chapter 02. 유형자산의 감가상각(정액법, 정률법) │ 난이도 중

② 자산으로 처리해야 할 지출을 비용으로 처리하면 자산은 과소, 비용은 과대 계상된다. 그 결과, 당기순이익이 과소 계상된다.

Answer 20.③ 21.②

22 [중소기업회계기준] 중소기업회계기준에서 규정하고 있는 유형자산의 상각방법이 아닌 것은?

① 정액법
② 정률법
③ 생산량비례법
④ 계속기록법

TIP | PART 04. 비유동자산의 회계처리 | Chapter 02. 유형자산의 감가상각(정액법, 정률법) | 난이도 하

④ 중소기업회계기준은 정액법, 정률법, 생산량비례법을 인정한다. 계속기록법은 재고자산의 회계처리 방식으로 감가상각방법이 아니다.

23 사옥을 신축할 목적으로 토지와 건물을 취득한 후 구건물을 철거하는 데 비용이 발생한 경우 회계처리할 계정과목은?

① 신축건물 취득원가
② 토지 취득원가
③ 수선비
④ 유형자산폐기손실

TIP | PART 04. 비유동자산의 회계처리 | Chapter 01. 유형자산의 취득, 관리와 처분 | 난이도 중

② 토지를 사용 가능한 상태로 만들기 위한 철거비용은 토지의 취득원가에 포함한다. 이는 건물 철거비라도 토지 취득 부대비용으로 본다.

Answer 22.④ 23.②

24 보유 중인 차량운반구를 매각하고 대금 14,000,000원을 현금으로 수취하였다. 차량운반구의 매각으로 인한 유형자산처분손익은 얼마인가?

> - 취득원가 : 20,000,000원
> - 잔존가치 : 4,000,000원
> - 감가상각방법 : 정액법
> - 내용연수 : 8년
> - 자산의 취득일자 : 2022년 1월 1일
> - 매각일자 : 2025년 9월 30일
> - 유형자산의 감가상각은 월할 상각을 적용하였다.

① 유형자산처분이익 1,500,000원
② 유형자산처분손실 1,500,000원
③ 유형자산처분이익 1,000,000원
④ 유형자산처분손실 1,000,000원

TIP PART 04. 비유동자산의 회계처리 | Chapter 02. 유형자산의 감가상각(정액법, 정률법) | 난이도 상

① 연 감가상각비 = (20,000,000 − 4,000,000) ÷ 8 = 2,000,000, 총 상각누계액 = 2,000,000 × 3.75년 = 7,500,000, 장부가액 = 12,500,000 → 처분이익 = 14,000,000 − 12,500,000 = 1,500,000원이다.

25 유형자산의 감가상각방법에 대한 다음의 내용 중 ㈎ 안에 들어갈 용어로 옳은 것은?

> 정률법 : 감가상각비 = (취득원가 − ㈎) × 상각률

① 감가상각누계액   ② 잔존가액
③ 내용연수   ④ 매입부대비용

TIP PART 04. 비유동자산의 회계처리 | Chapter 02. 유형자산의 감가상각(정액법, 정률법) | 난이도 하

① 정률법은 미상각잔액(= 취득원가 − 감가상각누계액)에 일정률을 곱한다. 즉, 감가상각비 = (취득원가 − 감가상각누계액) × 상각률

Answer   24.①   25.①

26 다음 중 무형자산에 속하는 것끼리 묶어 놓은 것은?

① 건설 중인 자산 – 산업재산권
② 산업재산권 – 소프트웨어
③ 특허권 – 임차보증금
④ 장기대여금 – 상장주식

TIP PART 04. 비유동자산의 회계처리 │ Chapter 03. 무형자산의 개념과 종류 │ 난이도 하

② 무형자산은 형태가 없는 비화폐성 자산이다. 산업재산권, 소프트웨어, 영업권, 개발비 등이 해당하며, 임차보증금·장기대여금 등은 기타비유동자산이다.

27 기업 고유의 목적과 관계없이 타 회사를 지배할 목적이나 장기적인 투자 이윤을 얻을 목적으로 장기적으로 투자된 자산의 항목으로 옳은 것은?

① 당좌자산
② 무형자산
③ 유형자산
④ 투자자산

TIP PART 04. 비유동자산의 회계처리 │ Chapter 04. 투자자산의 개념과 종류 │ 난이도 하

④ 타기업의 주식·채권 등 장기 투자목적 보유자산은 투자자산이다. 일시적 매매목적은 단기매매증권으로 분류한다.

28 다음 중 비정상적인 원인으로 원재료의 재고감모손실이 발생된 경우 올바른 회계처리는?

① 제조원가에 산입한다.
② 영업외비용으로 보고한다.
③ 매출원가에 산입한다.
④ 판매비와관리비에 산입한다.

TIP PART 04. 비유동자산의 회계처리 │ Chapter 01. 유형자산의 취득, 관리와 처분 │ 난이도 중

② 비정상적인 감모는 영업활동 외 손실로 보아 영업외비용으로 처리한다. 정상적 감모는 제조원가에 포함된다.

Answer 26.② 27.④ 28.②

29 다음 중 유형자산의 정의에 포함되지 않는 것은?

① 화폐성 자산
② 물리적 실체가 있음
③ 미래의 경제적 효익이 있음
④ 영업활동에 사용

TIP PART 04. 비유동자산의 회계처리 | Chapter 01. 유형자산의 취득, 관리와 처분 | 난이도 중

① 유형자산은 비화폐성 자산이다. 현금 등 확정금액으로 교환 가능한 자산은 화폐성 자산이며, 유형자산은 실체가 있고 장기간 사용된다.

30 유형자산 취득 후의 지출 사례 중 자본적 지출에 해당하지 않는 것은?

① 자동차 타이어의 교체비용
② 건물의 증축 공사비용
③ 건물의 피난 시설 설치비용
④ 창고를 사무실로 개조하는 비용

TIP PART 04. 비유동자산의 회계처리 | Chapter 02. 유형자산의 감가상각(정액법, 정률법) | 난이도 중

① 자본적 지출은 자산의 가치 증가나 내용연수 연장을 초래하는 지출이다. 타이어 교체비는 단순 유지보수로 수익적 지출에 해당한다.

31 다음 ㈜강원의 자료에서 건물의 2025년 감가상각비로 계상될 금액에 대한 설명으로 올바른 것은?

> • 2025년 1월 1일에 건물을 100,000,000원에 취득
> • 내용연수 20년, 정액법 상각

① 업무용인 경우 감가상각비는 5,000,000원이다.
② 판매용인 경우 감가상각비는 5,000,000원이다.
③ 판매용, 업무용 구분 없이 감가상각비는 5,000,000원이다.
④ 판매용, 업무용 구분 없이 건물에 대하여 감가상각을 하지 않는다.

TIP PART 04. 비유동자산의 회계처리 | Chapter 02. 유형자산의 감가상각(정액법, 정률법) | 난이도 ??

① 업무용 건물은 감가상각 대상이지만, 판매용 건물은 감가상각하지 않는다. 100,000,000 ÷ 20 = 5,000,000원/년이다.

Answer 29.① 30.① 31.①

32 다음 중 무형자산에 대한 설명으로 옳지 않은 것은?

① 무형자산이란 타인에게 임대하거나 직접 사용하기 위하여 보유한, 물리적 형체가 없는 자산을 말한다.
② 무형자산에는 지식재산권, 개발비, 경상연구개발비, 영업권 등이 포함된다.
③ 무형자산을 처분하는 경우 처분금액과 장부금액의 차액을 무형자산처분손익으로 인식한다.
④ 무형자산은 상각누계액을 취득원가에서 직접 차감한 잔액으로 대차대조표에 표시한다.

TIP　PART 04. 비유동자산의 회계처리 | Chapter 03. 무형자산의 개념과 종류 | 난이도 하
② 경상연구개발비는 무형자산이 아닌 판매비와관리비로 처리한다. 개발비 중 자산인정 요건을 충족해야만 무형자산으로 인식할 수 있다.

33 다음 중 일반기업회계기준에서 분류하는 기타비유동자산에 해당하지 않는 것은?

① 영업권
② 임차보증금
③ 장기미수금
④ 장기매출채권

TIP　PART 04. 비유동자산의 회계처리 | Chapter 05. 기타 비유동자산의 개념과 종류 | 난이도 하
① 영업권은 무형자산에 속하고, 임차보증금 · 장기미수금 · 장기매출채권은 기타비유동자산이다.

34 다음 거래에 대한 결합관계를 설명한 것 중 올바른 것은?

법인회사를 설립하기 위해 주주들이 현금 10,000,000원을 출자하였다.

① 비용의 증가
② 수익의 증가
③ 자본의 증가
④ 부채의 증가

TIP

*PART 04. 비유동자산의 회계처리 | Chapter 01. 유형자산의 취득, 관리와 처분 | 난이도 하
③ (차)현금↑, (대)자본금↑ 자산 증가와 자본 증가의 결합이다.

Answer　32.②　33.①　34.③

35 다음의 거래를 총계정원장에 전기한 것으로 옳은 것은?

> 영업용 차량운반구를 5,000,000원에 취득하고 대금은 1개월 후 지급하기로 하였다.

①
차량운반구
외상매입금　5,000,000원 │

②
차량운반구
│ 미지급금　5,000,000원

③
미수금
차량운반구　5,000,000원 │

④
미지급금
│ 차량운반구　5,000,000원

TIP　PART 04. 비유동자산의 회계처리 │ Chapter 01. 유형자산의 취득, 관리와 처분 │ 난이도 중

④ 유형자산 취득 후 대금은 나중에 지급하므로 미지급금(유동부채)이 발생한다. 전기 시 자산계정(차량운반구)은 차변, 부채계정(미지급금)은 대변으로 기록된다. 따라서 전기 시 '차량운반구 계정의 차변 │ 미지급금 계정의 대변'으로 처리한다.

36 영업용 건물을 3,000,000원에 신축하기로 계약을 체결하고 착수금 300,000원을 현금으로 지급하였다. 이를 회계처리 할 때 차변에 기재할 계정과목으로 옳은 것은?

① 선급금　　　　　　　　　　　② 선수금
③ 건설 중인 자산　　　　　　　　④ 건물

TIP　PART 04. 비유동자산의 회계처리 │ Chapter 01. 유형자산의 취득, 관리와 처분 │ 난이도 중

③ 건설 중인 자산에 지출된 계약금, 착수금, 자재비 등은 '건설 중인 자산'으로 계상한다. 건설이 완료되면 건물로 대체한다. 따라서 건설단계의 회계처리는 차변 '건설 중인 자산', 대변 '현금'으로 기록한다.

Answer　35.④　36.③

37 [중소기업회계기준] 다음 중 유형자산에 대한 설명으로 옳지 않은 것은?

① 타인에게 임대하거나 직접 사용하기 위하여 보유한 물리적 형체가 있는 자산으로 1년을 초과하여 사용할 것으로 예상되는 자산을 말한다.

② 유형자산의 감가상각누계액은 유형자산 각 항목의 차감계정으로 대차대조표에 표시한다.

③ 유형자산을 처분하는 경우 처분금액과 장부금액의 차액을 유형자산평가손익으로 인식한다.

④ 유형자산에는 토지, 건물, 구축물, 차량운반구 등이 포함된다.

TIP PART 04. 비유동자산의 회계처리 | Chapter 01. 유형자산의 취득. 관리와 처분 | 난이도 중

③ 유형자산 처분 시 발생하는 차익 또는 손실은 유형자산처분손익으로 인식한다. 평가손익은 감정평가나 재평가 등에서 발생할 때 사용하는 용어이다.

38 다음 중 최초 취득연도에 정액법에 의하여 감가상각비를 계산하는 데 있어서 필요하지 않은 자료는?

① 취득원가 ② 잔존가액

③ 내용연수 ④ 감가상각누계액

TIP PART 04. 비유동자산의 회계처리 | Chapter 02. 유형자산의 감가상각(정액법, 정률법) | 난이도 하

④ 정액법 감가상각비 = (취득원가 − 잔존가액) ÷ 내용연수 감가상각누계액은 이미 인식된 누적액으로 상각비 계산에 직접 사용되지 않는다.

Answer 37.③ 38.④

39 다음은 ㈜전남의 영업용 건물과 관련된 자료이다. 2024년 ㈜전남의 손익계산서에 표시될 감가상각비를 계산하면 얼마인가?

> • 취득일 : 2024년 1월 1일
> • 취득금액 : 5,000,000원
> • 내용연수 : 5년
> • 잔존가치 : 500,000원
> • 해당 건물은 취득일부터 사용하였으며, ㈜전남의 회계기간은 매년 1월 1일부터 12월 31일까지이다.
> • ㈜전남은 매기 일정한 금액의 감가상각비가 계상되는 방법으로 상각한다.

① 900,000원
② 1,000,000원
③ 1,800,000원
④ 2,000,000원

TIP PART 04. 비유동자산의 회계처리 | Chapter 02. 유형자산의 감가상각(정액법, 정률법) | 난이도 중

① 정액법 감가상각비 = (5,000,000 − 500,000) ÷ 5 = 900,000원이다. 취득일부터 사용하였으므로 1년치 전액을 인식한다.

40 다음 중 무형자산의 정의에 대한 설명으로 옳지 않은 것은?

> 무형자산이란 재화의 생산 등에 사용할 목적으로 기업이 보유하고 있는 자산으로서 ㉠물리적 실체는 없지만 ㉡식별할 수 있고, ㉢통제할 수 있으며, 미래 경제적 효익이 있는 ㉣화폐성 자산이다.

① ㉠

② ㉡

③ ㉢

④ ㉣

TIP PART 04. 비유동자산의 회계처리 | Chapter 03. 무형자산의 개념과 종류 | 난이도 하

④ 무형자산은 비화폐성 자산으로, 물리적 실체는 없지만 식별 가능하고 기업이 통제하며 미래 경제적 효익을 창출할 수 있는 자산이다. 화폐성자산은 현금·예금·채권 등을 말한다.

Answer 39.① 40.④

41 영업용으로 사용 중이던 트럭을 5,000,000원에 매각 처분하고 대금은 외상으로 처리하는 거래에 대한 분개로 옳은 것은?

① (차) 외상매출금　　5,000,000원　　(대) 차량운반구　　5,000,000원
② (차) 외상매입금　　5,000,000원　　(대) 차량운반구　　5,000,000원
③ (차) 미수금　　　　5,000,000원　　(대) 차량운반구　　5,000,000원
④ (차) 미지급금　　　5,000,000원　　(대) 차량운반구　　5,000,000원

TIP PART 04. 비유동자산의 회계처리 | Chapter 01. 유형자산의 취득, 관리와 처분 | 난이도 중

③ 상품이 아닌 자산(차량, 건물 등)을 외상으로 매각한 경우에는 미수금을 사용한다. 이는 영업 외 거래이므로 외상매출금이 아닌 미수금으로 회계처리한다.

42 다음 중 유형자산에 대한 설명으로 가장 옳은 것은?

① 유형자산은 판매 목적으로 구입한 자산이다.
② 유형자산의 종류는 토지, 건물, 차량운반구, 구축물 등이 있다.
③ 1년 이상 장기에 걸쳐 사용되는 자산으로 물리적인 형태가 없는 자산이다.
④ 유형자산을 취득할 때 소요된 취득부대비용은 당기비용으로 처리한다.

TIP PART 04. 비유동자산의 회계처리 | Chapter 01. 유형자산의 취득, 관리와 처분 | 난이도 하

② 유형자산은 기업의 영업활동에 장기간 사용되며 물리적 실체가 있는 자산이다. 대표적인 예로 토지, 건물, 차량운반구, 구축물 등이 있으며 취득 시 발생하는 부대비용은 취득원가에 포함된다.

Answer　41.③　42.②

43 다음 거래를 분개할 때 기입되지 않는 것은?

> 영업용 건물을 10,000,000원에 구입하다. 대금 중 50%는 보통예금에서 이체하여 지급하고 잔액은 1개월 후 지급하기로 하다. 단, 중개수수료 300,000원은 현금으로 지급하다.

① 당좌자산
② 유동부채
③ 유형자산
④ 영업외비용

TIP PART 04. 비유동자산의 회계처리 | Chapter 01. 유형자산의 취득, 관리와 처분 | 난이도 중

④ 유형자산 취득과 관련된 수수료·설치비 등 부대비용은 자산 원가에 포함한다. 따라서 수수료는 별도의 영업외비용으로 처리하지 않으며 취득원가에 가산한다.

44 다음 중 유형자산의 취득원가에 포함하지 않는 것은?

① 유형자산 취득 시 지출한 설치비
② 유형자산 취득 시 지급한 취득세
③ 유형자산 취득 후 지출한 화재보험료
④ 유현자산 취득 시까지 지출한 금융비용

TIP PART 04. 비유동자산의 회계처리 | Chapter 01. 유형자산의 취득, 관리와 처분 | 난이도 하

③ 화재보험료는 자산 보유 후 발생하는 비용으로, 취득원가가 아니라 당기비용으로 처리한다. 취득세·설치비·금융비용은 취득 시점까지의 부대비용으로 원가에 포함한다.

Answer 43.④ 44.③

45 다음 중 건물의 원가에 포함할 수 없는 수익적 지출에 해당하는 것은?

① 본사 3층짜리 건물을 5층으로 증축했다.
② 창고로 사용하던 건물을 사무실로 개조했다.
③ 건물의 내용연수를 연장하기 위해 옥상에 방수처리를 했다.
④ 업무용 자동차의 성능 유지를 위하여 엔진 오일을 교체했다.

TIP PART 04. 비유동자산의 회계처리 │ Chapter 01. 유형자산의 취득, 관리와 처분 │ 난이도 중

④ 증축 · 개조 · 방수공사 등 자산가치 증가나 내용연수 연장은 자본적 지출로 원가에 포함한다. 반면 엔진오일 교체는 단순 유지 · 보수에 해당하는 수익적 지출로 당기비용 처리한다.

46 다음 자료에서 기계장치가 판매용일 경우와 제조용일 경우 2024년의 감가상각비로 계상될 금액은 얼마인가?

- 2024년 1월 1일(기초) 기계장치 : 10,000,000원에 취득
- 내용연수 5년, 정률법 상각(상각률 45%)

	판매용	제조용
①	4,500,000원	0원
②	0원	0원
③	4,500,000원	4,500,000원
④	0원	4,500,000원

TIP PART 04. 비유동자산의 회계처리 │ Chapter 02. 유형자산의 감가상각(정액법, 정률법) │ 난이도 중

④ 판매용 자산은 재고자산으로 감가상각하지 않는다. 제조용 기계는 사용에 따라 가치가 감소하므로 감가상각비 4,500,000원을 인식한다.

Answer　　45.④　46.④

47 다음 중 산업재산권에 해당하지 않는 계정과목은 무엇인가?

① 특허권　　　　　　　　　　　　② 광업권
③ 디자인권　　　　　　　　　　　④ 상표권

TIP　PART 04. 비유동자산의 회계처리 ｜ Chapter 03. 무형자산의 개념과 종류 ｜ 난이도 하

② 산업재산권은 산업재산법에 의해 보호되는 권리로, 특허권 · 실용신안권 · 디자인권 · 상표권이 해당된다. 광업권은 별도의 개발권으로 무형자산이지만 산업재산권에는 포함되지 않는다.

48 다음 중 아래에서 설명하는 무형자산으로 옳은 것은?

> 기업의 특별한 기술이나 지식, 경영 능력, 독점적 지위 등으로 인하여 장차 그 기업에 경제적으로 기여할 것이라고 기대되는 초과 수익력으로, 외부로부터 유상으로 취득한 무형자산

① 개발비　　　　　　　　　　　　② 연구비
③ 영업권　　　　　　　　　　　　④ 라이선스

TIP　PART 04. 비유동자산의 회계처리 ｜ Chapter 03. 무형자산의 개념과 종류 ｜ 난이도 하

③ 영업권은 기업의 평판, 기술력, 노하우 등으로부터 발생하는 초과 수익력을 의미한다. 내부 창출 시 인식하지 않으며, 외부 유상 취득 시 자산으로 계상한다.

49 다음 중 투자자산에 해당하는 계정과목이 아닌 것은?

① 매도가능증권　　　　　　　　　② 장기대여금
③ 선급금　　　　　　　　　　　　④ 만기보유증권

TIP　PART 04. 비유동자산의 회계처리 ｜ Chapter 04. 투자자산의 개념과 종류 ｜ 난이도 하

③ 선급금은 상품이나 용역을 미리 지급한 대가로, 기타유동자산이다. 투자자산은 장기이익 또는 지배목적의 보유자산(장기대여금, 유가증권 등)을 말한다.

Answer　47.② 48.③ 49.③

50 다음 중 유형자산의 취득원가에 포함하지 않는 비용은 무엇인가?

① 시운전비 ② 설치비
③ 재산세 ④ 취득세

TIP PART 04. 비유동자산의 회계처리 | Chapter 01. 유형자산의 취득, 관리와 처분 | 난이도 중

③ 재산세는 자산 보유 후 발생하는 유지 관련 세금으로, 취득원가가 아니라 발생기간의 비용이다. 취득세, 설치비, 시운전비는 취득 시점의 부대비용으로 원가에 포함한다.

51 다음 중 유형자산의 수선 및 유지를 위한 지출로 당초 예상되었던 성능 수준을 회복하거나 유지하기 위한 것으로써 발생한 기간의 비용으로 인식하는 것에 해당하는 것은?

① 자본적지출 ② 수익적지출
③ 감가상각비 ④ 대손상각비

TIP PART 04. 비유동자산의 회계처리 | Chapter 01. 유형자산의 취득, 관리와 처분 | 난이도 중

② 수익적지출은 자산의 원래 성능을 유지하거나 수명을 연장하지 않는 단순 유지비용으로, 지출 시점에 전액 비용으로 처리한다. 반면 자본적지출은 성능 향상이나 수명 연장을 위한 지출로 자산가치에 더해진다.

52 ㈜중부는 기계장치를 3,000,000원(장부금액 3,800,000원)에 처분하고, 대금은 약속어음으로 받았다. 다음 중 위 거래에 대한 분개로 옳은 것은?

① (차) 받을어음	3,000,00원	(대) 기계장치	3,000,00원	
② (차) 미수금	3,000,00원	(대) 기계장치	3,000,00원	
③ (차) 받을어음	3,000,00원	(대) 기계장치	3,800,00원	
유형자산처분손실	800,00원			
④ (차) 미수금	3,000,00원	(대) 기계장치	3,800,00원	
유형자산처분손실	800,00원			

TIP PART 04. 비유동자산의 회계처리 | Chapter 01. 유형자산의 취득, 관리와 처분 | 난이도 중

④ 처분가액이 장부금액보다 낮으므로 처분손실이 발생한다. 또한 어음수취 거래이므로 미수금 계정을 사용한다.

Answer 50.③ 51.② 52.④

제84회 기업회계 3급

53 다음 중 감가상각의 3요소에 해당하지 않는 것은?

① 취득원가　　　　　　　　　　② 상각률
③ 내용연수　　　　　　　　　　④ 잔존가치

TIP　PART 04. 비유동자산의 회계처리 │ Chapter 02. 유형자산의 감가상각(정액법, 정률법) │ 난이도 중

② 감가상각의 기본 요소는 취득원가, 내용연수, 잔존가치이다. 상각률은 이 세 가지 요소를 기초로 계산된 비율에 불과하므로 독립된 요소가 아니다. 즉, 감가상각비는 (취득원가−잔존가치)/내용연수로 산정한다.

제84회 기업회계 3급

54 다음 중 유형자산의 특징으로 옳지 않은 것은?

① 물리적 실체가 존재한다.
② 장기간 효익을 제공한다.
③ 정상 영업 활동 과정에서 사용할 목적으로 보유한다.
④ 토지, 건물, 차량운반구 등 모든 유형자산이 감가상각 대상이 된다.

TIP　PART 04. 비유동자산의 회계처리 │ Chapter 02. 유형자산의 감가상각(정액법, 정률법) │ 난이도 하

④ 토지와 건설 중인 자산은 감가상각 대상이 아니다. 그 외 사용 중 자산(건물, 기계장치, 비품 등)은 가치감소를 감가상각으로 인식한다.

Answer　53.②　54.④

55 다음은 ㈜한양의 2024년 말 기계장치와 관련된 재무제표 중 일부이다. 이에 대한 설명으로 옳지 않은 것은?

<table>
<tr><td colspan="3" align="center">재무상태표</td></tr>
<tr><td>㈜한양</td><td colspan="2" align="center">2024년 12월 31일</td></tr>
<tr><td colspan="3">...</td></tr>
<tr><td>2. 유형자산</td><td></td><td></td></tr>
<tr><td>기계장치</td><td align="right">2,000,000원</td><td align="right">1,500,000원</td></tr>
<tr><td>감가상각누계액</td><td align="right">(500,000원)</td><td></td></tr>
<tr><td colspan="3">...</td></tr>
</table>

① 기계장치의 취득원가는 2,000,000원이다.
② 기계장치의 장부가액은 1,500,000원이다.
③ 분개장의 차변에 감가상각누계액 500,000원이 표시된다.
④ 2024년의 손익계산서에 감가상각비로 500,000원이 계상된다.

> **TIP** PART 04. 비유동자산의 회계처리 | Chapter 02. 유형자산의 감가상각(정액법, 정률법) | 난이도 중

③ 감가상각비는 차변에, 감가상각누계액은 대변에 기입한다. 장부가액 = 2,000,000 − 500,000 = 1,500,000원이다.

56 다음 중 무형자산에 대한 설명으로 틀린 것은?

① 법률상의 권리 또는 경제적 가치를 나타내는 자산이다.
② 산업재산권, 라이선스와 프랜차이즈, 저작권 등이 있다.
③ 미래에 기업의 수익 창출에 기여할 것으로 예상되는 자산이다.
④ 무형자산을 취득할 때 소요되는 비용은 판매비와관리비로 처리한다.

> **TIP** PART 04. 비유동자산의 회계처리 | Chapter 03. 무형자산의 개념과 종류 | 난이도 하

④ 무형자산의 취득 시 발생한 금액은 자산으로 처리한다. 특허권, 소프트웨어, 상표권 등은 취득원가로 계상하고 내용연수에 따라 상각한다.

Answer 55.③ 56.④

57 기업 고유의 목적과 관계없이 타 회사를 지배할 목적이나 장기적인 투자이윤을 얻을 목적으로 장기적으로 투자된 자산의 항목으로 옳은 것은?

① 당좌자상
② 무형자산
③ 유형자산
④ 투자자산

TIP   PART 04. 비유동자산의 회계처리 | Chapter 04. 투자자산의 개념과 종류 | 난이도 하

④ 투자자산은 장기투자 목적의 주식, 채권, 부동산 등으로 구성된다. 이는 기업의 고유 영업활동과 직접 관련되지 않으며, 장기보유를 통한 수익 창출을 목적으로 한다.

Answer   57.④

고난도기출문제

제93회 기업회계 2급

1 ㈜세무는 2025년 1월 1일에 3,000,000원을 지급하고 영업용 차량운반구를 취득하였다. 해당 차량운반구의 내용연수는 6년이고 잔존가치는 취득원가의 10%로 추정하였다. ㈜세무는 2025년 12월 31일에 이 차량운반구를 2,600,000원에 처분하였다. 이 차량운반구와 관련하여 2025년 ㈜세무의 영업이익의 감소액은 얼마인가? 단, 감가상각은 정액법으로 한다.

① 50,000원
② 400,000원
③ 450,000원
④ 500,000원

TIP PART 04. 비유동자산의 회계처리 | Chapter 01. 유형자산의 취득. 관리와 처분 | 난이도 중

③ 취득가 3,000,000, 잔존가치 10%, 내용연수 6년 → 연상각비 450,000원, 1년 사용 후 장부가 2,550,000, 처분가 2,600,000 → 처분이익 50,000원이다. 유형자산처분이익은 영업외손익으로 영업이익에는 영향이 없다.

제93회 기업회계 2급

2 정부 보조로 유형자산을 무상으로 취득한 경우, 그 유형자산의 취득원가로 옳은 것은?

① 무상으로 취득한 자산의 취득일의 공정가치로 한다.
② 무상으로 취득한 자산의 취득일의 사용가치로 한다.
③ 무상으로 취득한 자산의 취득일의 장부금액으로 한다.
④ 무상으로 취득한 자산의 취득원가는 0원으로 한다.

TIP PART 04. 비유동자산의 회계처리 | Chapter 01. 유형자산의 취득, 관리와 처분 | 난이도 중

③ 정부보조로 무상 취득한 자산의 취득원가는 취득일의 공정가치로 인식한다. 이는 자산차감법 또는 이연수익법으로 처리할 수 있다.

Answer 1.③ 2.①

3　다음 중 무형자산에 대한 설명으로 옳은 것을 모두 고른 것은?

> ㉠ 생산 또는 사용 전의 시제품과 모형을 설계, 제작 및 시험하는 활동은 개발단계 분류한다.
> ㉡ 무형자산은 물리적 형체가 없기에 식별가능할 것을 요건으로 한다.
> ㉢ 프로젝트 연구단계에서 발생한 지출은 발생기간의 비용으로 인식한다.
> ㉣ 내부적으로 창출된 브랜드에 대한 지출도 무형자산으로 인식한다.
> ㉤ 무형자산은 사용가능한 때부터 상각한다.

① ㉠, ㉡, ㉣

② ㉡, ㉢, ㉤

③ ㉠, ㉡, ㉢, ㉤

④ ㉠, ㉡, ㉣, ㉤

TIP　PART 04. 비유동자산의 회계처리 ｜ Chapter 03. 무형자산의 개념과 종류 ｜ 난이도 하

④ 무형자산은 식별가능해야 하며, 연구단계 지출은 비용으로 처리한다. 개발단계라도 요건을 충족하지 않으면 자산으로 인식할 수 없다. 또한 내부 창출 브랜드 지출은 자산으로 인식하지 않는다.

4　㈜세무는 2023년 7월 1일 유가증권을 1,000,000원에 취득하였다. 아래 자료를 참조할 때 다음의 설명 중 옳지 않은 것은?

손익계산서 (2023.1.1. ~ 2023.12.31.)	손익계산서 (2024.1.1. ~ 2024.12.31.)	손익계산서 (2025.1.1. ~ 2025.12.31.)
평가이익 200,000원	평가손실 100,000원	처분이익 330,000원

① 2023년 12월 31일 유가증권 공정가액은 1,200,000원이다.

② 2024년 12월 31일 유가증권 공정가액은 1,100,000원이다.

③ 2025년 유가증권 처분가액은 1,430,000원이다.

④ 위 유가증권은 매도가능증권으로 분류하였다.

TIP　PART 04. 비유동자산의 회계처리 ｜ Chapter 05. 기타 비유동자산의 개념과 종류 ｜ 난이도 하

① 기말평가손익을 당기손익으로 처리하는 것은 단기매매증권이다. 매도가능증권은 기타포괄손익누계액으로 인식한다.

Answer　3.③　4.④

5 ㈜민국은 2025년 새 건물을 신축하기 위해 건축물이 딸린 토지를 취득하였으며 다음은 토지 취득과 관련된 자료이다. 다음 자료를 바탕으로 토지의 취득원가를 계산하면 얼마인가?

> - 토지 매입가액 : 50,000,000원
> - 토지 취득과 관련된 취·등록세 : 2,300,000원
> - 토지 위의 기존 폐건물 철거비 : 1,000,000원
> - 폐건물을 철거하면서 발생한 폐자재 처분 수입 : 300,000원
> - 새로운 신축건물 건설비 : 20,000,000원

① 52,300,000원
② 53,000,000원
③ 53,300,000원
④ 73,000,000원

TIP PART 04. 비유동자산의 회계처리 │ Chapter 01. 유형자산의 취득, 관리와 처분 │ 난이도 중

② 토지의 취득원가 = 토지 매입가 50,000,000 + 등록세 2,300,000 + 철거비 1,000,000 − 부산물매각수입 300,000 = 53,000,000원 철거 관련 순비용은 토지의 취득원가에 포함하며, 신축건물의 건설비(20,000,000)는 별도 자산이다.

6 ㈜세무는 2024년 1월 1일 취득원가 20,000,000원, 내용연수 5년인 기계장치를 취득하였다. 상각률 35%인 정률법을 사용하여 감가상각하던 중 2025년 6월 30일에 12,000,000원에 처분하였다. 2025년 손익계산서에 계상해야 할 유형자산처분손익은 얼마인가?

① 처분이익 1,275,000원
② 처분이익 1,325,000원
③ 처분손실 1,275,000원
④ 처분손실 1,325,000원

TIP PART 04. 비유동자산의 회계처리 │ Chapter 02. 유형자산의 감가상각(정액법, 정률법) │ 난이도 중

① 정률법 상각률 35%, 2024년 상각비 7,000,000 → 장부가 13,000,000 2025년 상반기 상각비 2,275,000 → 처분 시 장부가 10,725,000 처분가 12,000,000 − 장부가 10,725,000 = 처분이익 1,275,000원

Answer 5.② 6.①

7 **[중소기업회계기준] 다음 중 유형자산과 관련하여 적용할 수 없는 감가상각방법은?**

① 정액법
② 정률법
③ 연수합계법
④ 생산량비례법

> **TIP** PART 04. 비유동자산의 회계처리 | Chapter 02. 유형자산의 감가상각(정액법. 정률법) | 난이도 중

③ 중소기업회계기준 제38조에 따라 유형자산의 감가상각방법은 정액법·정률법·생산량비례법 중 하나를 선택한다. 연수합계법은 허용되지 않는다.

8 **다음 중 무형자산에 대한 설명으로 옳은 것은?**

① 무형자산의 인식요건을 충족시키지 못할 경우 그것을 취득 또는 창출하는 데 소요되는 지출이 발생했을 때 비용으로 인식한다.
② 개발단계에서 발생하는 모든 지출은 무형자산으로 인식한다.
③ 기업이 발행한 지분증권과 교환하여 취득한 무형자산의 취득원가는 그 지분증권의 장부가액으로 한다.
④ 내부적으로 창출된 무형자산의 취득원가는 그 자산의 창출, 제조, 사용준비에 직접 관련된 지출로만 한다.

> **TIP** PART 04. 비유동자산의 회계처리 | Chapter 03. 무형자산의 개념과 종류 | 난이도 하

① 무형자산 인식요건을 충족하지 못하면 발생 시점에 비용으로 처리한다. 개발단계라도 요건을 충족해야만 자산으로 인식할 수 있다.

Answer 7.③ 8.①

9 다음 중 차입원가 자본화에 대한 설명으로 옳지 않은 것은?

① 차입원가의 회계처리 방법은 모든 자본화대상자산에 대하여 매기 계속하여 적용하고, 정당한 사유 없이 변경하지 아니한다.

② 자본화 대상 차입원가에는 현재가치 할인차금 상각액은 포함하나 받을어음의 할인료는 제외한다.

③ 특정차입금에 대한 차입원가는 일반차입금에 대한 차입원가보다 나중에 적용한다.

④ 자본화 대상에 포함되는 적격자산은 유형자산, 무형자산 및 투자부동산과 제조, 매입, 건설, 또는 개발이 개시된 날로부터 의도된 용도로 사용하거나 판매할 수 있는 상태가 될 때까지 1년 이상의 기간이 소요되는 재고자산도 포함한다.

TIP PART 04. 비유동자산의 회계처리 | Chapter 05. 기타 비유동자산의 개념과 종류 | 난이도 하

③ 차입원가 자본화 시 특정차입금의 차입원가를 우선 적용한다. 특정차입금 → 일반차입금 순으로 적용하며, 자본화대상은 유형자산 · 무형자산 · 투자부동산이다.

10 12월 말 결산법인인 ㈜세무는 2024년 1월 1일 장기투자목적으로 ㈜회계의 주식 1,000주를 5,000,000원에 취득하고 이를 매도가능증권으로 분류하였다. ㈜세무는 2025년 7월 1일에 매도가능증권 500주를 3,200,000원에 처분하였다. 관련 정보가 다음과 같을 때 2025년 손익계산서에 미치는 영향으로 옳은 것은?

- 2024년 초 : 5,000원/주
- 2024년 말 : 6,500원/주
- 2025년 말 : 7,000원/주

① 700,000원 이익이 증가
② 700,000원 이익이 감소
③ 1,000,000원 이익이 증가
④ 1,000,000원 이익이 감소

TIP PART 04. 비유동자산의 회계처리 | Chapter 05. 기타 비유동자산의 개념과 종류 | 난이도 중

① 매도가능증권은 평가손익을 기타포괄손익누계액으로 처리하며, 처분 시 손익으로 재분류된다. 2025.7.1. 처분 시 처분이익 700,000원만 손익계산서에 반영된다. 따라서 당기 이익은 700,000원 증가한다.

Answer　　9.③　10.①

11 다음 중 유형자산에 대한 설명으로 옳지 않은 것은?

① 토지와 건물을 매입하여 건물을 신축할 목적으로 취득한 토지와 기존건물의 대가는 모두 토지의 취득원가로 한다. 이 경우 기존건물 철거비용에서 부산물 매각 대금을 차감한 금액도 토지의 취득원가로 처리한다.

② 토지를 보유하는 동안 납부하는 부동산 보유세의 경우도 토지취득과 관련된 지출로 보아 매년 말 토지의 취득원가에 가산시킨다.

③ 새로운 지역 또는 새로운 고객층을 대상으로 영업을 하는 데 소요되는 원가는 유형자산의 취득원가로 보지 아니한다.

④ 유형자산의 설치장소 준비원가는 해당 유형자산이 가동하기 위해 필요한 장소와 상태에 이르게 하는 데 직접 관련되는 원가이므로 유형자산의 취득원가를 구성한다.

> **TIP** PART 04. 비유동자산의 회계처리 | Chapter 01. 유형자산의 취득. 관리와 처분 | 난이도 중
>
> ② 토지 취득 후 건물 철거 시, 철거비용 - 부산물매각액은 토지의 취득원가에 포함된다. 단, 토지를 보유하는 동안 납부하는 재산세 · 보유세는 취득원가가 아니라 세금과공과로 처리한다.

12 ㈜팔자는 2024년 4월 1일 건물을 13,000,000원에 구입한 후 내용연수 10년, 잔존가액 1,000,000원, 정액법을 사용하여 감가상각하고 있다. 2025년 9월 30일 해당 건물을 분할하여 50%는 기존 그대로 사용하고 나머지 50%는 현금 6,000,000원에 처분한 경우 건물 처분으로 인식할 유형자산 처분손익은 얼마인가? (단, 감가상각비는 월할 계산한다.)

① 처분손실 7,000,000원

② 처분손실 5,200,000원

③ 처분손실 12,500원

④ 처분이익 400,000원

> **TIP** PART 04. 비유동자산의 회계처리 | Chapter 01. 유형자산의 취득. 관리와 처분 | 난이도 상
>
> ④ 건물 13,000,000, 내용연수 10년, 잔존가 1,000,000, 월할상각 시 상각누계액 = (13,000,000 − 1,000,000) × 18/120 = 1,800,000원 장부가 11,200,000, 처분가 6,000,000, 처분비율 50% → 6,000,000 − (11,200,000 × 0.5) = 400,000원 처분이익

Answer 11.② 12.④

13 ㈜도움의 2025년 기계의 취득 및 결산에 대한 자료가 다음과 같다. 2025년 12월 31일에 기계장치의 장부금액은 얼마인가?

> • 2025년 1월 1일 15,000,000원의 기계장치를 구입하였으며, 정부로부터 국고보조금 3,000,000원을 지원받아 실제 12,000,000원을 지출하였다(국고보조금은 자산차감법을 적용하여 재무제표에 반영한다).
> • 기계장치는 내용연수 10년, 잔존가치 0원, 정액법으로 감가상각하며 월할 계산한다.

① 10,500,000원
② 10,800,000원
③ 12,000,000원
④ 13,500,000원

TIP PART 04. 비유동자산의 회계처리 | Chapter 02. 유형자산의 감가상각(정액법, 정률법) | 난이도 중

② 기계장치 15,000,000원 중 국고보조금 3,000,000원은 자산차감법으로 처리한다. 즉, 장부가액은 12,000,000원으로 인식 후 감가상각비와 정부보조금상각누계액을 차감한다. 기말 장부가액 = 15,000,000 − (1,500,000 + 2,700,000) = 10,800,000원 이다.

14 ㈜연구의 2025년 지출한 연구비용 내역은 아래와 같다. ㈜연구가 2025년에 연구와 관련하여 경상연구개발비로 처리할 금액은 얼마인가?

> • 연구단계 지출액 : 3억 원
> • 개발단계 지출액 : 2억 원(이중 무형자산 인식요건을 갖춘 금액은 1억원)

① 1억 원
② 3억 원
③ 4억 원
④ 5억 원

TIP PART 04. 비유동자산의 회계처리 | Chapter 03. 무형자산의 개념과 종류 | 난이도 하

③ 연구단계 지출 3억 원 + 개발단계 2억 원 중 무형자산 인식요건 불충족액 1억 원은 경상연구개발비로 비용 처리, 따라서 경상연구개발비 = 3억 원 + (2억 원 − 1억 원) = 4억 원이다.

Answer 13.② 14.③

15 ㈜민정의 매도가능증권과 관련된 정보는 다음과 같다. 2025년 10월 1일 처분으로 당기손익에 영향을 미치는 금액은 얼마인가?

- 2023년 1월 1일 매도가능증권을 5,000,000원에 취득했다.
- 2023년 12월 31일 매도가능증권 공정가액은 7,000,000원이다.
- 2024년 12월 31일 매도가능증권 공정가액은 4,000,000원이다.
- 2025년 10월 1일 매도가능증권을 6,000,000원에 처분했다.

---

① 2,000,000원 증가
② 1,000,000원 증가
③ 1,000,000원 감소
④ 2,000,000원 감소

TIP PART 04. 비유동자산의 회계처리 | Chapter 05. 기타 비유동자산의 개념과 종류 | 난이도 중

② 매도가능증권 처분손익은 처분가액 − 취득가액으로 계산한다. 6,000,000 − 5,000,000 = 1,000,000원 이익 이전 평가손익(기타포괄손익누계액)은 처분 시 실현되어 당기손익에 반영된다.

Answer 15.②

16 ㈜경기는 2025년 1월 1일에 A공장을 신축하기 위해 B건물(토지 포함)을 500,000원에 매입한 후 B건물은 철거하였다. 이후 A공장의 건설공사를 착공하여 2025년 12월 10일에 완공하였다. A공장의 건설공사 기간 중 발생한 자료가 다음과 같을 때 토지와 건물의 취득원가는 얼마인가?

- B건물의 철거 비용 : 100,000원
- A공장의 건축 설계비용 : 150,000원
- B건물의 매매계약 및 등기 등과 관련된 법률 비용 : 80,000원
- A공장 건축비용 : 2,000,000원
- B건물을 철거할 때 나온 고철 등 판매 수입 : 50,000원

	토지	건물
①	2,150,000원	630,000원
②	630,000원	630,000원
③	630,000원	2,150,000원
④	2,150,000원	2,150,000원

TIP PART 04. 비유동자산의 회계처리 | Chapter 01. 유형자산의 취득, 관리와 처분 | 난이도 상

③ 건물 철거 시 발생하는 철거비용은 신축 목적이라면 토지의 취득원가에 포함된다. 또한 철거 시 발생한 고철 판매수입은 취득원가에서 차감한다. 따라서 토지 = 500,000 + 100,000 + 80,000 − 50,000 = 630,000원, 건물 = 150,000 + 2,000,000 = 2,150,000원이다.

Answer 16.③

17 다음 중 유형자산의 원가 구성에 대한 설명으로 옳지 않은 것은?

① 자본적 지출은 생산능력의 증대, 내용연수의 연장을 가져오는 지출을 말한다.

② 수익적 지출은 자산의 원상회복이나 능률 유지를 위한 지출을 말한다.

③ 자본적 지출을 수익적 지출로 처리하게 되면 비용이 과소계상된다.

④ 수익적 지출을 자본적 지출로 처리하게 되면 비용이 과소계상된다.

TIP PART 04. 비유동자산의 회계처리 │ Chapter 01. 유형자산의 취득, 관리와 처분 │ 난이도 상

③ 유형자산의 후속지출은 자본적 지출과 수익적 지출로 구분된다. 자본적 지출은 생산능력 향상이나 내용연수 연장을 가져와 자산가액에 가산한다. 수익적 지출은 원상회복·유지 목적의 지출로 비용으로 처리한다. 즉, 실제로는 자산이 과소계상되고 비용이 과대계상된다.

18 ㈜강서는 보유하고 있던 건물을 3,000,000원에 외상으로 매각하였다. 처분 건물의 취득원가는 5,000,000원이고 처분일 현재의 감가상각누계액은 3,500,000원인 경우 ㈜강서가 행할 회계처리를 올바르게 표시한 것은?

①	(차) 외상매입금	3,000,000원	(대) 건물	5,000,000원
	감가상각누계액	3,500,000원	유형자산처분이익	1,500,000원
②	(차) 미수금	3,000,000원	(대) 건물	5,000,000원
	감가상각누계액	3,500,000원	유형자산처분이익	1,500,000원
③	(차) 외상매입금	3,000,000원	(대) 건물	5,000,000원
	감가상각누계액	3,500,000원	기타포괄손익누계액	1,500,000원
④	(차) 미수금	3,000,000원	(대) 건물	5,000,000원
	감가상각누계액	3,500,000원	기타포괄손익누계액	1,500,000원

TIP PART 04. 비유동자산의 회계처리 │ Chapter 01. 유형자산의 취득, 관리와 처분 │ 난이도 중

② 건물 처분 시 감가상각누계액은 자산에서 차감하고, 처분금액과의 차액을 손익으로 인식한다. 처분가액 3,000,000 − (취득가 5,000,000 − 누계액 3,500,000) = 1,500,000원 이익

따라서 회계처리는

차) 미수금 3,000,000 │ 대) 건물 5,000,000

차) 감가상각누계액 3,500,000/ 대) 유형자산처분이익 1,500,000이 된다.

Answer　　17.③　18.②

19 ㈜강남은 2023년 1월 1일에 A기계를 100,000원에 취득한 후 연수합계법(내용연수 5년, 잔존가치 10,000원)으로 감가상각하였다. 2025년 1월 1일에 A기계의 감가상각방법을 정액법으로 변경하고 잔존내용연수는 5년, 잔존가치는 0원으로 추정 변경하였다. 이러한 회계변경이 정당한 것으로 인정될 때 2025년에 인식할 A기계의 감가상각비는 얼마인가?

① 8,500원

② 8,800원

③ 9,000원

④ 9,200원

> **TIP** PART 04. 비유동자산의 회계처리 │ Chapter 02. 유형자산의 감가상각(정액법, 정률법) │ 난이도 상

④ 감가상각방법의 변경은 회계정책 변경으로 보며, 정당한 사유가 있을 때 허용된다. 연수합계법에서 정액법으로 변경 시 남은 내용연수와 잔존가치를 기준으로 재산정한다. 기계 장부가 46,000원, 잔존 0, 내용연수 5년 → 연 상각비 9,200원이다. 이는 전기분 재작성 없이 전진법(prospective approach)으로 처리한다.

20 다음 중 무형자산의 상각방법에 대한 설명으로 틀린 것은?

① 상각방법은 경제적 효익이 소비되는 형태를 반영하는 합리적인 방법이어야 한다.

② 합리적인 상각방법을 정할 수 없는 경우 정액법을 사용한다.

③ 무형자산의 상각은 지출이 발생한 시점부터 시작한다.

④ 무형자산의 잔존가치는 없는 것을 원칙으로 한다.

> **TIP** PART 04. 비유동자산의 회계처리 │ Chapter 03. 무형자산의 개념과 종류 │ 난이도 하

③ 무형자산의 상각은 자산이 사용 가능한 시점부터 시작하며, 소비 형태를 합리적으로 추정할 수 없는 경우 정액법을 적용한다. 취득 후 사용이 가능한 시점부터 상각을 개시한다.

Answer 19.④ 20.③

21 ㈜강원은 2001년에 토지와 건물을 구입하여 사용 중이다. 2023년말 기준으로 토지의 장부가액은 10억 원, 건물의 장부가액은 4억 원이며, 해당 건물은 해당 토지 위에 지어져 있다. 2024년 ㈜강원은 해당 토지 위에 건물을 신축하기 위하여 기존 건물을 철거하였으며, 철거비용으로 1억 원이 지출되었다. 다른 고려 사항은 없다고 할 때, 위 거래와 관련된 설명으로 옳은 것은?

① 건물 철거비용은 토지의 취득원가에 포함된다.
② 건물 철거비용은 전액 당기비용 처리해야 한다.
③ 건물 철거비용은 신축건물이 완공된 후, 건물의 취득원가에서 차감한다.
④ 건물 철거비용은 신축건물의 취득원가에 포함된다.

> **TIP** PART 04. 비유동자산의 회계처리 | Chapter 01. 유형자산의 취득. 관리와 처분 | 난이도 중

② 건물을 신축하기 위해 기존 건물을 철거한 경우, 기존 건물의 장부금액은 처분손실로 인식하고 철거비용은 당기비용으로 처리한다. 이는 신축건물의 취득원가에 포함되지 않으며, 토지의 취득원가에도 가산되지 않는다.

22 ㈜여수는 2024년 5월 해상구조물을 현금 500,000원에 구입하였다. 환경 관련 법률에서는 이 구조물의 내용연수가 종료된 후에는 훼손된 환경을 원상복구 하도록 하고 있다. 이를 위하여 지출될 것으로 추정되는 금액은 40,000원이며 현재가치는 30,000원이다. 해상구조물의 취득 시점에 ㈜여수가 행할 회계처리로 올바른 것은?

①	(차) 구축물	540,000원	(대) 현금	500,000원
			복구비용	40,000원
②	(차) 구축물원	540,000원	(대) 현금	500,000원
			복구충당부채	40,000원
③	(차) 구축물	530,000원	(대) 현금	500,000원
			복구비용	30,000원
④	(차) 구축물	530,000원	(대) 현금	500,000원
			복구충당부채	30,000원

> **TIP** PART 04. 비유동자산의 회계처리 | Chapter 01. 유형자산의 취득. 관리와 처분 | 난이도 상

④ 자산의 사용 종료 후 원상복구 의무가 존재하고, 그 지출액이 신뢰성 있게 추정 가능하면 충당부채로 인식한다. 따라서 해상구조물 500,000원과 복구의무 현재가치 30,000원을 합산하여 '차) 구축물 530,000 | 대) 현금 500,000, 복구충당부채 30,000'으로 회계처리한다. 이는 향후 복구비용이 확정될 때 상계된다.

Answer 21.② 22.④

23 12월 결산법인인 ㈜제주는 2023년 4월 초 기계장치(취득원가 400,000원, 내용연수 4년, 잔존가치 0원, 연수합계법 상각)를 취득하여 사용하다가 2024년 8월 말에 250,000원에 처분하였다. 2024년 기계장치처분손익을 계산하면 얼마인가? (단, 감가상각은 월할상각한다.)

① 90,000원 손실

② 120,000원 손실

③ 60,000원 이익

④ 190,000원 이익

TIP PART 04. 비유동자산의 회계처리 │ Chapter 02. 유형자산의 감가상각(정액법, 정률법) │ 난이도 중

③ 연수합계법은 자산의 내용연수 동안 잔존가치를 차감한 금액을 각 연도별 감가상각률로 배분한다. 제주㈜의 기계장치(취득가 400,000, 내용연수 4년, 잔존가치 0)를 월할상각하면, 2023년 감가상각비 = 400,000 × 4/10 × 9/12 = 120,000원, 2024년 처분 시점까지 상각비 = 90,000원 장부가 = 400,000 − (120,000 + 90,000) = 190,000, 처분가 250,000 − 장부가 190,000 = 처분이익 60,000원이 된다.

24 ㈜군산은 2024년 1월 1일 정부로부터 국고보조금 2,000,000원을 지원받아 기계장치(취득가액 5,000,000원, 내용연수 5년, 잔존가치 없음)을 취득하였다. 기계장치를 정액법으로 상각할 경우, 2024년도 당기손익에 미친 영향은 얼마인가?

① 600,000원 이익

② 1,000,000원 손실

③ 600,000원 손실

④ 1,000,000원 이익

TIP PART 04. 비유동자산의 회계처리 │ Chapter 02. 유형자산의 감가상각(정액법, 정률법) │ 난이도 중

③ 정부보조금은 관련 자산의 취득원가에서 차감하지 않고, '국고보조금' 계정으로 인식 후 상각에 따라 손익에 반영한다. 기계장치(5,000,000, 보조금 2,000,000, 5년 정액법)의 감가상각비는 1,000,000원이며, 국고보조금 상각액은 400,000원이다. 따라서 당기손익에는 1,000,000 − 400,000 = 600,000원 손실로 반영된다.

Answer　23.③　24.③

25 다음 중 무형자산에 대한 설명으로 틀린 것은?

① 무형자산 상각을 회계처리할 때에는 일반적으로 해당 자산계정을 직접 차감한다.

② 무형자산 상각 시 잔존가치는 원칙적으로 '0'인 것으로 한다.

③ 무형자산의 상각방법에는 정액법, 정률법 등이 있는데, 소비되는 형태를 신뢰성 있게 결정할 수 없는 경우에는 정률법을 사용한다.

④ 무형자산의 상각기간은 독점적, 배타적인 권리를 부여하고 있는 관계 법령이나 계약에 정해진 경우를 제외하고는 20년을 초과할 수 없다.

TIP PART 04. 비유동자산의 회계처리 │ Chapter 03. 무형자산의 개념과 종류 │ 난이도 하

③ 무형자산의 상각은 일반적으로 정액법으로 하며, 잔존가치는 '0'으로 본다. 소비 형태를 신뢰성 있게 결정할 수 없는 경우에는 정률법이 아닌 정액법을 적용해야 한다. 또한 상각기간은 법령이나 계약에 정해진 경우를 제외하고는 20년을 초과할 수 없다.

26 다음의 자료를 이용하여 ㈜회계의 2024년도 매도가능증권의 처분손익을 계산하면 얼마인가?

> • 2023년 4월 1일 매도가능증권을 10,000,000원에 취득하였다.
> • 2023년 말 매도가능증권의 공정가액은 9,000,000원이다.
> • 2024년도 중에 매도가능증권을 9,600,000원에 처분하였다.

① 400,000원 이익

② 400,000원 손실

③ 600,000원 이익

④ 600,000원 손실

TIP PART 04. 비유동자산의 회계처리 │ Chapter 05. 기타 비유동자산의 개념과 종류 │ 난이도 중

② 매도가능증권의 처분손익은 취득원가와 처분가액의 차액, 그리고 평가손익의 누계액을 고려해 계산한다.

ㄱ 2023년 말 평가손실 1,000,000원 인식 → 장부가 9,000,000원

ㄴ 2024년 처분가액 9,600,000원 → 처분손익 = 9,600,000 − 9,000,000 = 600,000 이익

ㄷ 단, 이전에 평가손실 1,000,000이 있었으므로 실제 처분손익은 400,000원 손실로 인식된다.

Answer　25.③　26.②

27 12월 말 결산법인인 ㈜유통은 2023년 1월 초 외상 판매한 상품판매대금 3,000,000원을 매년 말 1,000,000원씩 분할하여 회수하기로 하였다. 상품판매대금의 명목가액과 현재가치의 차이는 중요하고, 유효이자율은 8%이다. 해당 장기매출채권의 2024년 말 현재 장부금액은 얼마인가? 단, 장기매출채권의 유동성대체는 하지 않으며, 1원의 현재가치(3년, 8%)는 0.7938이고, 1원의 정상연금 현재가치(3년, 8%)는 2.5770인 것으로 가정한다.

① 775,813원
② 793,840원
③ 925,813원
④ 1,633,160원

TIP PART 04. 비유동자산의 회계처리 │ Chapter 05. 기타 비유동자산의 개념과 종류 │ 난이도 상

③ 장기매출채권은 유효이자율법으로 평가하며, 현재가치 = 1,000,000 × 2.5770 = 2,577,000원, 2024년말 장부금액 = 925,813원 이 계산은 유효이자율 8% 적용 후, 이자수익과 회수액의 차이를 고려한 결과이다.

유동·비유동 분류는 '보고기간 말부터 1년 기준'이라는 원칙이 핵심이므로 결제능력이나 기업의 재무적 의도를 섞어내는 함정에 주의해야 한다. 미지급금, 미지급비용, 선수금 등은 의미가 비슷해 혼동이 많으므로 사례별로 계정을 연결해 암기하는 것이 필수적이다. 사채 문제는 '장부금액 = 최초 인식금액 ± 상각누계액'이라는 구조를 고정 공식으로 기억하면 계산 오류를 크게 줄일 수 있다. 할인발행·할증발행의 경우 유효이자율법을 적용할 때 '이자비용 = 기초장부금액 × 시장이자율' 공식을 가장 먼저 적용해 흐름을 잡아야 한다. 충당부채 인식 여부는 의무가 현재 존재하는지가 첫 판단 기준이며, 우발부채는 공시 대상이라는 점을 기계적으로 기억해두면 함정에서 벗어나기 쉽다.

부채는 유동부채와 비유동부채로 구분되며, 각각이 어떤 원리로 발생하는지를 흐름 중심으로 정리해 계정의 본질을 정확히 이해하는 것이 중요하다. 유동부채의 주요 항목인 미지급금, 미지급비용, 선수금, 예수금, 단기차입금은 이름이 유사해 혼동되기 쉬우므로 사례별로 성격을 비교하며 분개 패턴을 반복해 익혀야 한다. 비유동부채에서는 사채 회계처리가 핵심으로, 발행가·할인·할증 및 유효이자율법의 계산 구조를 공식화해 꾸준히 훈련해야 문제 대비가 가능하다. 또한 충당부채는 현재의무, 유출가능성, 신뢰성 있는 추정이라는 인식요건을 정확히 이해해야 하며, 우발부채와의 구분 문제에서도 경제적 실질을 기준으로 판단하는 연습이 필요하다. 사채와 충당부채는 숫자 계산보다 조건 해석이 더 중요한 영역이므로, 문제 풀이 전 제시 조건을 꼼꼼히 체크하는 습관을 들이는 것이 효과적이다.

01 유동부채의 개념과 종류

section 1 유동부채의 의의

재무상태표일로부터 만기가 1년 이내에 도래하는 부채이다.

유동부채에는 매입채무, 단기차입금, 미지급금, 선수금, 예수금, 미지급비용, 유동성장기부채, 선수수익 등이 포함된다.

section 2 매입채무와 기타의 채무

(1) 매입 채무

매입채무는 상품을 매입하면서 현금을 미래에 지급하기로 한 의무이다. 일반적 상거래에서 발생한 구두약속에 의한 외상매입금과 어음을 발행하여 지급을 약속한 지급어음이 여기에 속한다.

① **외상매입금** : 일반적 상거래(주된 영업활동 거래)에서 발생한 채무로써 재무상태표일로부터 1년 이내에 지급해야 할 금액이다.

② **지급어음** : 일반적 상거래에서 발생한 어음상의 의무로써 지급기일이 재무상태표일로부터 1년 이내에 도래하는 어음이다.

(2) 기타의 채무

① **선수금** : 상거래에서 미리 계약금의 명목으로 선수한 금액을 말한다.

② **선수수익** : 대금은 수령하였으나 수익실현시점이 차기 이후에 속하는 수익을 말한다.

③ **미지급금** : 상거래 이외의 거래에서 발생한 채무로서 1년 이내에 지급할 것을 말한다.

④ **미지급비용** : 발생주의에 따라 당기에 발생된 비용으로서 지급되지 아니한 것을 말한다.

⑤ **예수금** : 기업이 거래처나 종업원이 제3자에게 납부해야 할 금액을 일시적으로 보관하였다가 제3자에게 지급해야 하는 금액을 말한다.

(1) 매입처원장

① 매입처원장은 기업이 외상으로 상품이나 원재료를 매입할 때 발생하는 거래처별 채무내역을 체계적으로 기록·관리하기 위한 회계상의 보조원장이다.

② 이 장부는 총계정원장의 '매입채무' 계정을 세부적으로 분류·보완하기 위해 사용되며, 각 거래처별 외상 매입금의 발생, 결제, 잔액 현황을 명확히 파악할 수 있도록 구성된다.

③ 매입처원장에는 거래일자, 거래처명, 품목, 수량, 단가, 금액, 결제 조건, 지급예정일 등의 구체적인 거래 정보가 기입되며, 모든 거래는 발생 순서에 따라 기록된다.

④ 이 원장은 각 거래처별 미지급금의 규모와 결제상태를 신속히 확인할 수 있도록 하여, 외상 거래에 대한 신용관리 및 자금계획 수립에 중요한 근거자료로 활용된다.

⑤ 총계정원장의 매입채무 계정과 매입처원장의 거래처별 잔액은 반드시 일치해야 하며, 이를 통해 회계정보의 정확성과 내부통제의 신뢰성을 확보한다.

⑥ 회계기록의 세부적 근거자료로서 분개장과 연동되며, 일정 기간 동안의 거래 내역을 기초로 거래처별 잔액시산표를 작성하여 재무제표의 신뢰성을 높인다.

⑦ 따라서 매입처원장은 단순한 보조장부를 넘어, 기업의 단기지급의무를 효율적으로 관리하고 채무상환능력을 점검하기 위한 핵심 회계관리 도구로 기능한다.

(2) 지급어음기입장

① 기업은 어음거래에 관한 상세한 내용을 기입하기 위하여 어음기입장을 작성하는데, 어음기입장은 회계장부상으로는 보조부로서 보조기입장에 속한다.

② 어음기입장은 받을어음기입장과 지급어음기입장으로 나뉘는데, 지급어음기입장은 지급어음을 발생순서에 따라 기입하되 거래내용·금액·어음종류·수취인 등 명세를 기입하는 장부이다. 이로부터 특정일 현재의 지급어음의 현재액을 파악할 수 있고, 특정일 현재 지급할 어음금액도 알 수 있다.

02 비유동부채의 개념과 종류

section 1 비유동부채의 개념

재무상태표일 기준으로 지급기일이 1년 이후에 도래하는 장기채무를 말한다.

section 2 비유동부채의 종류

(1) 사채

주식회사가 장기자금을 조달하기 위하여 계약에 따라 일정한 이자를 지급하며 일정한 시기에 원금을 상환할 것을 계약하고 차입한 채무를 말한다. 사채의 발행가액은 액면이자율과 시장이자율의 차이에 의해 액면발행, 할인발행, 할증발행이 결정된다.

- 액면이자율 = 시장이자율 : 액면발행
- 액면이자율 < 시장이자율 : 할인발행
- 액면이자율 > 시장이자율 : 할증발행

① 발행가액의 결정 : 사채의 발행가액은 사채에서 발생하는 미래현금흐름(원금과 이자지급)을 사채발행일 현재 유효이자율로 할인한 현재가치로 계산한다.

사채의 발행가액 = 원금의 현재가치 + 이자지급액의 연금의 현재가치

② 사채발행기간 중의 회계처리 : 사채의 이자비용은 사채의 표시이자율에 따라 지급되며 이때 사채할인(할증)발행차금을 동시에 상각(환입)하여 사채이자에 가감한다. 사채할인(할증)발행차금은 사채발행 시부터 최종 상환 시까지 기간에 유효이자율법을 적용하여 상각 또는 환입하여 사채이자에 가감하며 사채의 장부가액에 가산(차감)된다.

이자비용(유효이자) = 사채의 기초장부금액 × 유효이자율

발행유형	유효이자율법 · 정액법		유효이자율법		정액법	
	사채의 장부가액	현금이자비용	할인(할증)액 상각	총이자비용	할인(할증)액 상각	총이자비용
할인발행	증가	일정	증가	증가	일정	일정
할증발행	감소	일정	증가	감소	일정	일정

※ 유효이자율법에 의하면 사채발행차금상각액은 할인발행, 할증발행 모두 항상 증가하고,
　총이자비용은 할인발행은 증가하고, 할증발행은 감소한다.

③ **사채의 상환** : 사채의 만기시점에 상환가액은 액면가액이 되며 미상각사채할인(할증)발행차금은 존재하지 않는다. 따라서 상환가액과 액면가액이 동일하여 사채상환손익이 발생하지 않는다. 그러나 만기일 이전에 조기상환하면 상환 시 사채의 장부금액과 상환금액이 달라져 사채상환손익이 발생한다.

(2) 충당부채

① **충당부채의 인식과 측정기준의 적용**
　㉠ 부채인식의 요건은 과거사건의 결과로 현재 기업실체가 부담하고 있고 미래에 자원의 유출 또는 사용이 예상되는 의무이다. 하지만 부채 인식에는 현재 시점에서 누구에게 언제 지급해야 할지 확정할 필요는 없다. 회계에서는 지출시기와 금액이 확정되지 않은 부채를 충당부채라 한다. 충당부채를 인식하기 위해서는 과거 사건으로 인한 의무가 미래행위와 독립적이어야 한다.
　㉡ 충당부채는 과거사건이나 거래의 결과에 의한 현재의무로서, 지출의 시기 또는 금액이 불확실하지만 그 의무를 이행하기 위해 자원이 유출될 가능성이 높고(확률적 발생확률이 50% 초과), 당해 금액의 신뢰성 있는 추정이 가능한 의무이다.
　㉢ 충당부채는 결제에 필요한 미래 지출의 시기 또는 금액의 불확실성으로 인하여 매입채무와 미지급비용과 같은 기타 부채와 구별된다. 또한, 우발부채와도 구분된다. 즉, 우발부채는 과거사건에 의하여 발생하였으나 기업이 전적으로 통제할 수 없는 하나 이상의 불확실한 미래사건의 발생 여부에 의하여서만 그 존재가 확인되는 잠재적 의무, 또는 과거사건에 의하여 발생하였으나 당해 의무를 이행하기 위하여 경제적 효익을 갖는 자원이 유출될 가능성이 높지 아니한 경우, 또는 당해 의무를 이행하여야 할 금액을 신뢰성 있게 측정할 수 없는 경우에 해당하여 인식하지 아니하는 현재의무이다. 우발부채는 부채로 인식하지 아니한다.

② 충당부채는 다음의 요건을 모두 충족하는 경우에 인식한다.
　㉠ **부채의 정의** : 과거사건의 결과로 현재의무(법적 의무 또는 의제 의무)가 존재한다.
　㉡ **미래효익의 유출가능성** : 당해 의무를 이행하기 위하여 경제적 효익을 갖는 자원이 유출될 가능성이 높다.
　㉢ **금액의 신뢰성 있는 측정** : 당해 의무의 이행에 소요되는 금액을 신뢰성 있게 추정할 수 있다.

③ 충당부채의 종류

   ㉠ 판매 후 품질보증과 관련된 제품보증충당부채, 판매촉진을 위해 환불정책과 관련된 반품보증충당부채, 원자력발전소, 해상구조물, 쓰레기매립장 등 환경보전을 위해 원상회복과 관련된 복구충당부채 등이 있다.

   ㉡ 1년을 기준으로 하여 유동부채에 속한 단기충당부채와 비유동부채에 속한 장기충당부채로 나뉜다. 예를 들면, 제품보증충당부채 중 1년 이내에 지급될 것은 단기충당부채로, 1년 이후에 지급될 것은 장기충당부채로 분류되어야 한다. 그러나 경우에 따라 이러한 구분이 모호한 경우가 있다.

> **tip** 제품보증충당부채
>
>   ㉠ 제품의 보증은 제품을 판매한 이후 품질, 수량, 성능의 결함에 따른 무상수리, 제품교환을 말한다. 제품보증은 제품의 판매와 동시에 자동적, 자발적으로 제공된다. 제품보증약정을 하고 제품을 판매한 경우는 보증에 대한 의무발생가능성이 높으므로 자원의 유출가능성이 높고, 금액의 신뢰성 있는 추정이 가능하므로 충당부채인식요건을 충족한다.
>
>   ㉡ 제품보증에 관한 회계처리는 일반적으로 제품판매 대금 전액을 판매수익으로 인식하고 추정된 보증비용을 비용으로 인식하는 보증비용인식법이 있다.

(3) 장기차입금

실질적으로 이자를 부담하는 차입금으로서 만기가 재무상태표일로부터 1년 이후에 도래하는 것을 말한다. 또한 장기차입금 중 만기가 재무상태표일로부터 1년 이내에 도래시 유동성장기부채라는 계정과목으로 하여 유동성 대체를 하여야 한다.

(4) 장기차입금의 차입과 상환

① 기업의 재무활동 중 가장 핵심적인 자금조달 과정이다. 회계적으로 정확한 인식과 분류가 요구된다.

② 장기차입금은 재무상태표일로부터 만기가 1년을 초과하는 이자부 채무를 의미하며, 차입 시에는 차변에 현금 또는 예금을, 대변에는 장기차입금을 기록하여 부채의 발생을 인식한다.

③ 차입과 동시에 발생한 수수료나 발행비용은 차입금에서 차감하여 표시하거나 유효이자율법을 적용하여 차입기간 동안 체계적으로 상각한다.

④ 이후 회계기간별로 발생하는 이자는 발생주의 원칙에 따라 비용으로 인식하며 차변에 이자비용, 대변에 현금 또는 미지급이자로 처리한다.

⑤ 특정 자산의 취득이나 건설을 위해 차입한 자금의 이자는 회계기준(K-IFRS 제1023호)에 따라 일정 요건을 충족할 경우 자산의 취득원가로 자본화할 수 있다. 상환 시점에는 원금의 지급으로 부채가 감소하므로 차변에 장기차입금, 대변에 현금을 기록하며, 결산일 현재 1년 이내에 상환해야 할 금액은 유동성장기부채로 대체하여 유동부채로 재분류한다.

⑥ 외화로 차입한 경우 환율 변동에 따른 차익·차손은 외환손익으로 인식하여 재무성과에 반영한다.

⑦ 장기차입금의 차입과 상환 회계처리는 단순한 부채의 기록을 넘어, 자금조달비용의 적정 배분, 자본화 요건의 판단, 유동성 구분, 환산손익의 인식 등 복합적인 판단을 요구한다. 기업의 재무구조와 자본비율, 유동성 및 지급능력을 평가하는 데 중요한 정보를 제공하는 핵심 회계영역이라 할 수 있다.

연 습 해 보 기

㈜메타는 2025년 1월 1일에 이자율 연 8%, 기간 5년, 매년 12월 31일에 이자를 지급하는 조건으로 액면금액 ₩100,000의 사채를 발행하였다. 사채의 시장이자율은 10%이다.

1. 사채의 발행금액을 구하라.

☑ 사채의 발행가액 = 만기에 지급할 원금의 현재가치 + 미래 이자지급액의 현재가치
　　= 100,000 × PVIF(10%, 5년) + 100,000 × 8% × PVIFA(10%, 5년)
　　= 100,000 × 0.6209 + 100,000 × 8% × 3.7908
　　= 92,416

2. 2017년 12월 31일에 인식할 이자비용을 구하라.

☑ 유효이자 = 기초의 사채장부금액 × 유효이자율 = 92,416 × 10% = 9,242

적중예상문제

1 기업이 근로자 급여에서 소득세를 공제하여 납부일까지 일시 보관하고 있을 경우 무엇으로 처리해야 하는가?

① 가수금
② 미수금
③ 예수금
④ 선수금

TIP ③ 기업이 급여 지급일에 공제하여 일시 보관하였다가 납부하는 소득세는 예수금으로 처리한다.

2 일반적인 상거래에서 발생한 외상매입금과 지급어음은 무엇으로 처리해야 하는가?

① 매입채무
② 단기차입금
③ 선수금
④ 미지급금

TIP ① 일반적인 상거래에서 발생한 외상매입금과 지급어음은 매입채무로 처리한다.

3 당월 외상매입 자료에서 외상매입금 당월 지급액은 얼마인가?

• 월초잔액	20,000원
• 월말잔액	160,000원
• 외상매입액	250,000원
• 외상매입액 중 환출액	10,000원

① 100,000원
② 110,000원
③ 120,000원
④ 130,000원

TIP ① 당월 현금지급액은 순매입액에서 외상매입금의 증가분을 차감하여 구할 수 있다.

외상매입금 당월지급액 = (250,000 − 10,000) − (160,000 − 20,000) = 100,000

(차) 환출액　　10,000　　　(대) 월초잔액　　20,000
　　원말잔액 160,000　　　　　외상매입액 250,000

Answer　　1.③　2.①　3.①

4 다음은 ㈜춘천의 2017년도 자료이다. 기말 재무상태표에 계상될 지급어음은 얼마인가?

> • 당기 지급어음 발생액　　　15,000,000원
> • 지급어음 2017년 기초잔액　　5,000,000원
> • 당기 지급어음 지급액　　　　6,000,000원

① 11,000,000원　　　　　　　② 12,000,000원
③ 13,000,000원　　　　　　　④ 14,000,000원

TIP ④ 당기 지급어음 지급액은 지급어음 발생액에서 지급어음의 증가분을 차감하여 구할 수 있으므로
6,000,000 = 15,000,000 − (기말 지급어음 − 5,000,000)
∴ 기말 지급어음 = 14,000,000

5 ㈜춘천은 2017년 1월 1일에 액면가액 200,000원(만기 3년, 액면이자율 10%, 유효이자율 15%)의 사채를 177,164원에 할인발행하였다. 2017년 손익계산서에 보고될 사채이자비용은 얼마인가?

① 17,716원　　　　　　　　② 20,000원
③ 26,574원　　　　　　　　④ 27,560원

TIP ③ 사채이자비용 = 기초장부금액 × 유효이자율 = 177,164원 × 15% = 26,574원

6 ㈜춘천은 2017년 1월 1일에 액면가액 100,000원(만기 5년, 액면이자율 8%, 유효이자율 10%)의 사채를 92,416원에 발행하였다. 2017년 사채할인발행차금상각액은 얼마인가?

① 1,517원　　　　　　　　② 1,418원
③ 1,392원　　　　　　　　④ 1,242원

TIP ④ 사채할인발행차금상각액 = 유효이자 − 액면이자 = 9,242원 − 8,000원 = 1,242원

7 사채에 관한 설명 중 틀린 것은?

① 사채할인발행차금은 유효이자율법으로 상각한다.
② 자기사채를 취득하는 경우에는 취득목적에 관계없이 사채의 상환으로 처리한다.
③ 시장이자율의 변동에 관계없이 사채의 만기일까지 부담하는 이자율은 항상 동일하다.
④ 사채의 시장이자율이 상승하는 경우에는 사채상환손실이 발생한다.

TIP ④ 사채의 시장이자율이 상승하는 경우에는 사채상환이익이 발생한다.

8 다음 중 사채의 평가계정으로서 사채에서 차감되는 것은?

① 사채할인발행차금
② 감채기금
③ 사채발행비
④ 사채할증발행차금

TIP ① 사채할인발행차금은 사채의 평가계정으로서 사채에서 차감된다.

9 다음 중 추정부채에 속하는 것은?

① 유동성장기부채
② 퇴직급여충당부채
③ 사채
④ 차입금

TIP ② 추정부채는 구체적인 상환 일자, 금액 등이 정해지지 않은 부채로 퇴직급여충당부채나 제품보증충당부채, 판매보증충당부채 등은 추정부채에 속한다.

Answer   7.④   8.①   9.②

[10 ~ 11] 다음 자료를 보고 물음에 답하시오.

(자료) ㈜강원은 2017년 말 고객이 구매 후 30일 내에 반품할 수 있는 조건으로 원가 ₩1,050,000의 정수기를 ₩1,500,000에 현금판매 하였다. ㈜강원은 2017년 말 과거 경험과 정수기 소매업계 상황에 기초하여 판매한 상품의 5%가 반품될 것으로 추정하였다. 또한 반품과 관련된 직접비용으로 반환금액의 3%가 발생한다.

10 이러한 반품조건의 판매로 반품충당부채 인식액은 얼마로 기록되는가?

① ₩2,250

② ₩22,500

③ ₩20,250

④ ₩24,750

(TIP) ④ $(1,500,000 - 1,050,000) \times 5\% + 1,500,000 \times 5\% \times 3\% = 22,500 + 2,250 = 24,750$원이다.

11 ㈜강원의 당기순이익에 미치는 영향은 얼마인가?

① ₩417,500

② ₩425,250

③ ₩450,000

④ ₩474,750

(TIP) ② 당기순이익 증감
$$= (1,500,000 - 1,050,000) \times (1 - 0.05) - 1,500,000 \times 0.05 \times 0.03$$
$$= 427,500 - 2,250 = 425,250$$원이다.

12 다음 중 부채의 성격이 다른 것은?

① 매입채무
② 장기차입금
③ 회사채
④ 장기충당부채

TIP ① 매입채무는 유동부채이고, 나머지는 비유동부채이다.

13 다음 중 유동부채로 분류되는 것은?

① 사채
② 장기차입금
③ 유동성장기부채
④ 장기성매입채무

TIP ③ 유동성장기부채는 상환기간이 1년 이내이므로 유동부채로 분류된다.

14 다음 중 충당부채로 인식할 수 없는 것은?

① 미래의 예상 영업손실
② 손실부담계약
③ 제품보증
④ 구조조정

TIP ① 충당부채는 과거 회계거래에 의해 현재 부담하고 있으나, 그 지급시점과 금액이 확정되어 있지 않은 부채로 확정급여부채, 제품보증충당부채, 구조조정충당부채 등이 해당된다.

15 다음 중 사채발행비에 대한 설명으로 옳지 않은 것은?

① 사채발행비가 발생하면 시장이자율보다 유효이자율이 항상 높다.
② 사채발행비는 사채를 상환하는 기간 동안 유효이자율법으로 이자비용 처리된다.
③ 상각후원가측정 금융부채에 해당하는 경우 사채발행비는 사채의 발행금액에서 차감한다.
④ 유효이자율법은 상환기간 동안 이자비용이 일정하다.

TIP ④ 유효이자율법은 사채 장부금액에 대한 이자비용의 비율이 일정하며, 정액법은 상환기간 동안 이자비용이 일정하다.

16 다음 중 충당부채에 대한 설명으로 틀린 것은?

① 구조조정충당부채로 인식할 수 있는 지출은 구조조정과 관련하여 직접 발생하여야 한다.
② 미래 발생할 수선원가는 법률적인 요구가 있는 경우에 한해서 충당부채로 인식한다.
③ 충당부채로 인식하여야 하는 금액의 가능한 결과가 연속적인 범위 내에 분포하고 각각의 발생확률이 동일한 경우에는 당해 범위의 중간 값을 사용한다.
④ 충당부채로 인식하여야 하는 금액의 가능한 결과가 일정 범위로 추정될 때는 가능한 추정범위내에서 가장 가능성이 높은 금액으로 한다.

TIP ② 미래 발생할 수선원가는 법률적인 요구가 있는 경우든, 없는 경우든 충당부채가 아니다.

[17 ~ 20] 다음 자료를 보고 물음에 답하시오.

(자료) 보고기간말이 12월 31일인 ㈜단무지는 액면금액 ₩300,000인 사채(표시이자 : 연 10%, 이자지급일 : 매년 12월 31일, 만기 : 3년, 사채권면의 발행일 : 2024년 1월 1일)를 2024년 3월 1일에 발행하였다. 사채에 적용되는 시장이자율은 2024년 1월 1일 연 14%, 2024년 3월 1일 연 12%이다. ㈜단무지는 2025년 7월 1일 현금 ₩310,000을 지급하고 매입 상환하였다. 상환시 지급한 현금은 표시이자 기간 경과분이 포함된 금액이다.

현재가치요소	12%	14%
1기간	0.89286	0.87719
2기간	0.79719	0.76947
3기간	0.71178	0.67497

17 2024년 3월 1일 발행일의 현금수령액은 얼마인가?

① ₩272,140
② ₩278,490
③ ₩285,589
④ ₩291,301

(TIP) ④ 2024년 3월 1일 발행일의 현금수령액(권면상 발행일의 사채 현재가치 + 사채가치증가액)
= [30,000 × 0.89286 + 30,000 × 0.79719 + 330,000 × 0.71178] + [285,589 × 12% × 2/12]
= 291,301

18 사채를 만기일에 상환한다면 발행일부터 만기일까지 총이자비용은 얼마인가?

① ₩98,699
② ₩104,411
③ ₩111,510
④ ₩117,860

(TIP) ① 총이자비용 = (30,000 + 30,000 + 330,000) − 291,301 = 98,699원이다.

Answer   17.④ 18.①

19 2024년 12월 31일 사채의 이자비용과 장부금액은 얼마인가?

① 이자비용 ₩28,559 장부금액 ₩280,241
② 이자비용 ₩28,559 장부금액 ₩289,859
③ 이자비용 ₩31,750 장부금액 ₩280,241
④ 이자비용 ₩31,750 장부금액 ₩289,859

TIP ② 이자비용 = 285,589 × 12% × 10/12 = 28,559원
장부금액 = 285,589 + (285,589 × 12% − 30,000) = 289,859원

20 2025년 7월 1일 사채상환 시 상환손익은 얼마인가?

① 상환이익 ₩2,749
② 상환손실 ₩2,749
③ 상환이익 ₩10,142
④ 상환손실 ₩10,142

TIP ② 사채상환손실 = 310,000 − [289,859 + (289,859 × 12% × 6/12)] = 2,749원이다.

※ 사채의 조기상환의 경우에는 상환시점까지 사채할인(할증)발행자금을 상각하여 상환시점에서의 사채장부금액을 계산해야 한다. 그리고 이렇게 산출된 장부금액과 상환시 소요된 금액(상환대가 + 상환비용)을 비교하여 전자가 후자를 초과하면 사채상환 이익을 인식하고, 반대의 경우에는 사채상환손실을 인식한다. 사채상환손익은 당기손익으로 분류한다.

실전기출문제

제93회 기업회계 3급

1 다음 중 지급어음 계정에 기입되는 거래로 옳은 것은?

① 비품 1,000,000원을 구입하고 약속어음을 발행하여 지급하였다.
② 비품 1,000,000원을 구입하고 당좌수표를 발행하여 지급하였다.
③ 상품 1,000,000원을 구입하고 약속어음을 발행하여 지급하였다.
④ 상품 1,000,000원을 구입하고 소지하고 있던 타인발행 약속어음을 배서양도하여 지급하였다.

TIP PART 05. 부채의 회계처리 | Chapter 01. 유동부채의 개념과 종류 | 난이도 하

③ 상품 매입 시 약속어음을 발행하면 '지급어음' 대변으로 기록한다. 비품 구입은 영업외거래로 '미지급금' 사용, 타인어음 배서는 '받을어음' 감소이다.

제93회 기업회계 3급

2 다음 자료의 설명에 해당하지 않는 계정과목은?

> 기업이 장기간에 걸쳐 상환할 의무를 지는 부채로, 보고 기간 종료일로부터 1년 이내에 상환해야 하는 유동부채를 제외한 모든 부채이다.

① 사채
② 장기대여금
③ 장기미지급금
④ 퇴직급여충당부채

TIP PART 05. 부채의 회계처리 | Chapter 02. 비유동부채의 개념과 종류 | 난이도 중

② 비유동부채는 결산일로부터 1년 이후에 상환 예정인 장기 부채로, 대표적인 계정으로는 사채, 장기차입금, 장기미지급금, 퇴직급여충당부채 등이 있다. 반면, 장기대여금은 기업이 타인에게 장기적으로 자금을 빌려준 것으로, 부채가 아닌 자산(비유동자산) 항목에 해당한다.

Answer 1.③ 2.②

제92회 기업회계 3급

3 다음 중 유동자산 또는 유동부채로 분류되지 않는 것은?

① 외상매출금
③ 선수금

② 선급금
④ 장기성매입채무

TIP PART 05. 부채의 회계처리 │ Chapter 02. 비유동부채의 개념과 종류 │ 난이도 하

④ 장기성매입채무는 1년 이후에 상환되는 부채이므로 비유동부채에 해당한다. 일반적인 외상매입금이나 미지급금과 구분된다.

제92회 기업회계 3급

4 다음 중 은행과의 약정에 의해 당좌예금 잔액을 초과하여 당좌수표를 발행하였을 때 대변에 기입하는 계정과목으로 적절한 것은?

① 선수금
③ 지급어음

② 당좌차월
④ 미수금

TIP PART 05. 부채의 회계처리 │ Chapter 01. 유동부채의 개념과 종류 │ 난이도 중

② 당좌차월은 은행과의 약정에 따라 초과 인출한 금액으로, 단기부채로 분류된다. 이자부담이 있으므로 일반예금과 구분한다.

제92회 기업회계 3급

5 다음의 설명에 해당하는 계정과목으로만 묶인 것은?

> • 기업의 정상적인 영업주기 내에 상환 등을 통하여 소멸할 것이 예상되는 부채
> • 보고기간 종료일로부터 1년 이내에 상환되어야 하는 부채

① 미수금, 선수금
③ 가수금, 외상매출금

② 예수금, 지급어음
④ 사채, 미지급금

TIP PART 05. 부채의 회계처리 │ Chapter 01. 유동부채의 개념과 종류 │ 난이도 중

② 유동부채는 보고기간 종료 후 1년 이내 상환되는 부채를 말한다. 외상매입금 · 지급어음 · 예수금 · 선수금 · 미지급금 등이 여기에 포함된다.

Answer 3.④ 4.② 5.②

6 다음 중 유동부채에 해당하지 않는 계정과목은?

① 미지급법인세 ② 단기대여금
③ 단기차입금 ④ 지급어음

> TIP PART 05. 부채의 회계처리 | Chapter 01. 유동부채의 개념과 종류 | 난이도 하

② 단기대여금은 자산계정(유동자산)이다. 미지급법인세, 단기차입금, 지급어음은 모두 유동부채에 포함된다.

7 다음의 계정과목 중 예수금으로 처리할 수 없는 것은?

① 근로소득세 원천징수액
② 건강보험료(직원부담분)
③ 국민연금(직원부담분)
④ 종업원 급여 선급액

> TIP PART 05. 부채의 회계처리 | Chapter 01. 유동부채의 개념과 종류 | 난이도 중

④ 예수금은 타인을 대신해 일시 보관하는 금액이다. 급여 선급액은 회사가 종업원에게 먼저 지급한 금액으로 자산(선급금)이다.

8 다음 거래 중 비유동부채가 기입되지 않는 거래는?

① 3년 상환 조건으로 현금 100,000,000원을 차입하였다.
② 전기 말 유동성 대체한 장기차입금 20,000,000원을 현금으로 상환하였다.
③ 액면금액 1,000,000원의 사채를 액면금액으로 발행하고 대금은 당좌예금에 입금받았다.
④ 건물을 2년간 임대하는 계약을 체결하고, 임대보증금 200,000,000원과 1개월분 임대료 1,000,000원을 보통예금에 입금받았다.

> TIP PART 05. 부채의 회계처리 | Chapter 02. 비유동부채의 개념과 종류 | 난이도 하

② 유동성대체분은 결산 시 장기부채 중 1년 내 상환분을 유동부채로 옮긴 것이다. 이를 상환하면 유동부채 감소이므로 비유동부채 변동이 아니다.

Answer 6.② 7.④ 8.②

9 다음의 자료를 이용하여 유동부채 총액을 계산하면?

> - 예수금 : 150,000원
> - 사채 : 500,000원
> - 외상매입금 : 200,000원
> - 단기차입금 : 300,000원

① 450,000원
② 650,000원
③ 900,000원
④ 1,150,000원

TIP PART 05. 부채의 회계처리 │ Chapter 01. 유동부채의 개념과 종류 │ 난이도 하

② 유동부채 = 예수금 + 외상매입금 + 단기차입금 = 150,000 + 200,000 + 300,000 = 650,000원이다.
　사채는 비유동부채이므로 제외한다.

10 다음 자료에 의하여 기말외상매입금의 미지급액을 계산하면?

> - 전기이월액 : 100,000원
> - 당기외상매입액 : 250,000원
> - 외상매입금 중 현금지급액 : 200,000원

① 100,000원
② 150,000원
③ 200,000원
④ 250,000원

TIP PART 05. 부채의 회계처리 │ Chapter 01. 유동부채의 개념과 종류 │ 난이도 하

② 기말잔액 = 100,000 + 250,000 − 200,000 = 150,000원이다. 이는 외상매입금 계정의 잔액으로, 결산 시 유동부채로 표
　시된다.

Answer　　9.②　10.②

11 다음 (가), (나)의 거래를 분개할 때 대변에 기입되는 계정과목으로 바르게 짝지은 것은?

> (가) 신제품을 생산하기 위하여 기계를 10,000,000원에 구입하고, 대금은 3개월 후에 지급하기로 하였다.
>
> (나) 신제품을 공급해 주기로 하고 대금 중 계약금 1,000,000원을 현금으로 받았다.

	(가)	(나)
①	미지급금	선수금
②	미지급금	선급금
③	외상매입금	선수금
④	외상매입금	선급금

TIP PART 05. 부채의 회계처리 │ Chapter 02. 비유동부채의 개념과 종류 │ 난이도 중

① 상품 외 거래로 대금 후지급 → 미지급금(부채), 계약금 선수취 → 선수금(부채) 모두 타인에 대한 지급의무를 나타낸다.

12 다음 거래의 결과로 발생하는 비유동부채의 증감액을 계산하면 얼마인가?

> • 장기차입금 70,000원 중 40,000원이 1년 이내에 만기가 도래하였다.
> • 기말에 액면금액 100,000원의 사채를 100,000원에 액면발행(만기 : 3년, 액면이자율 : 5%, 이자지급 : 매년 말일)하여 당좌예입 하였다.

① 총감소액 17,000원
② 총증가액 23,000원
③ 총감소액 50,000원
④ 총증가액 60,000원

TIP PART 05. 부채의 회계처리 │ Chapter 02. 비유동부채의 개념과 종류 │ 난이도 중

④ 비유동부채 감소 : 장기차입금 유동성대체 40,000↓ 비유동부채 증가 : 사채 발행 100,000↑ 총증가액 = 100,000 − 40,000 = 60,000원

Answer 11.① 12.④

제88회 기업회계 3급

13 다음 중 부채계정으로만 짝지어진 것은?

① 선수금, 미지급금
② 미지급금, 미수금
③ 선급금, 미수금
④ 선급금, 선수금

TIP PART 05. 부채의 회계처리 │ Chapter 01. 유동부채의 개념과 종류 │ 난이도 하
① 선급금 · 미수금은 자산, 선수금 · 미지급금은 부채이다.

제88회 기업회계 3급

14 다음의 외상거래 중 매입채무로 처리하기에 적절하지 않은 것은?

① 부동산매매업을 주업으로 하는 회사에서 판매용 상가를 매입하였다.
② 커피 제조회사에서 기계장치를 매입하였다.
③ 자동차판매회사에서 판매용 트럭을 매입하였다.
④ 제약회사에서 약품 원재료를 매입하였다.

TIP PART 05. 부채의 회계처리 │ Chapter 01. 유동부채의 개념과 종류 │ 난이도 하
② 매입채무는 정상 영업재고의 외상매입에서 발생하며, 기계장치 등 비상품성 자산은 미지급금 처리한다.

제87회 기업회계 3급

15 다음 중 외상매입금 계정을 대변에 기입하는 거래로 옳은 것은?

① 상품을 외상으로 매입한 경우
② 외상매입한 상품을 환출한 경우
③ 외상매입대금을 할인받은 경우
④ 외상매입금을 어음 발행하여 지급한 경우

TIP PART 05. 부채의 회계처리 │ Chapter 01. 유동부채의 개념과 종류 │ 난이도 하
① 외상으로 상품을 매입하면 외상매입금(부채)이 증가하므로 대변에 기록된다.
②③④ 부채의 감소에 해당하므로 차변에 기록된다.

Answer 13.① 14.② 15.①

제87회 기업회계 3급

16 다음 중 미지급금 계정으로 처리할 수 없는 거래는?

① 전월 소모품 구입 시 결제한 카드대금 50,000원이 보통예금에서 자동이체되다.

② 영업용 화물자동차를 1,000,000원에 무이자 할부로 구입하다.

③ 사무용 컴퓨터를 300,000원에 구입하고 대금은 월말에 지급하기로 하다.

④ 판매용 의자를 210,000원에 구입하고 대금은 1개월 후 지급하기로 하다.

TIP PART 05. 부채의 회계처리 | Chapter 01. 유동부채의 개념과 종류 | 난이도 하

④ 상품·제품 등 판매용 목적의 재고를 외상으로 들여오면 외상매입금(매입채무)로 처리한다. 미지급금은 비상품성 자산 (비품·컴퓨터 등) 외상구입 등 상거래 외 채무에 사용한다.

제87회 기업회계 3급

17 다음 중 기업이 거액의 자금을 비교적 장기간 사용하기 위하여 일반투자자들로부터 집단적·공개적으로 자금을 차용하고 그 증거로서 발행하는 유가증권에 해당하는 계정은?

① 차입금

② 투자채권

③ 사채

④ 자본금

TIP PART 05. 부채의 회계처리 | Chapter 02. 비유동부채의 개념과 종류 | 난이도 하

④ 사채는 발행기업의 입장에서 부채로 계상되는 이자지급 채무증권이다. 차입금은 개별 금융기관 등과의 계약에 의한 차입 을 말한다.

Answer 16.④ 17.③

18 다음의 거래에 대한 거래요소의 결합관계로 옳은 것은?

> 거래처에 대한 외상 대금 200,000원을 약속어음을 발행하여 지급하다.

① (차) 부채의 감소   (대) 자산의 감소
② (차) 부채의 감소   (대) 부채의 증가
③ (차) 자산의 증가   (대) 부채의 증가
④ (차) 비용의 발생   (대) 자산의 감소

TIP   PART 05. 부채의 회계처리 │ Chapter 01. 유동부채의 개념과 종류 │ 난이도 중

② 외상매입금(부채)을 지급어음(또 다른 부채)을 발행하여 상환하는 거래이므로, 기존 부채는 감소하고 새로운 부채가 증가한다. 분개 : 차(외상매입금) 200,000 │ 대(지급어음) 200,000

19 다음의 거래 중 유동부채에 해당하는 계정과목을 기입하는 거래로 옳은 것은?

① 종업원 출장을 위해 여비 개산액 100,000원을 수표로 발행하여 지급하였다.
② 상품을 100,000원에 매입하기로 하고 계약금 10,000원을 현금으로 지급하였다.
③ 영업용 차량운반구를 500,000원에 처분하고 대금은 1개월 후 수취하기로 하였다.
④ 종업원 급여 1,000,000원 중 소득세 50,000원을 제외한 잔액을 보통예금에서 이체하여 지급하였다.

TIP   PART 05. 부채의 회계처리 │ Chapter 02. 비유동부채의 개념과 종류 │ 난이도 중

④ 예수금은 종업원 등으로부터 일시적으로 예치된 금액으로 1년 이내 지급 의무가 있으므로 유동부채로 분류된다. 가지급금과 선급금은 자산, 미수금은 유동자산이다.

Answer   18.②   19.④

20 다음 중 비유동부채를 모두 고른 것은?

㉠ 사채   ㉡ 미지급금

㉢ 장기차입금   ㉣ 유동성장기부채

① ㉠, ㉢   ② ㉠, ㉣

③ ㉡, ㉢   ④ ㉡, ㉣

TIP PART 05. 부채의 회계처리 | Chapter 02. 비유동부채의 개념과 종류 | 난이도 중

① 비유동부채는 상환기일이 1년 이후인 부채를 의미한다. 사채와 장기차입금은 그 대표적인 항목이다. 단기차입금, 미지급금 등은 유동부채이다.

21 다음은 ㈜전북의 거래와 이에 대한 회계처리이다. ㈎에 기입할 계정과목으로 옳은 것은?

㈜전북은 자금 융통을 위해 3년 만기의 사채(액면금액 10,000,000원)를 9,800,000원에 발행하고, 대금은 보통예금으로 받았다.

(차) 보통예금	9,800,000원	(대) 사채	10,000,000원
㈎	200,000원		

① 감자차손

② 사채할인발행차금

③ 주식할인발행차금

④ 미처분이익잉여금

TIP PART 05. 부채의 회계처리 | Chapter 02. 비유동부채의 개념과 종류 | 난이도 중

② 액면금액보다 낮은 금액으로 발행 시 차액은 사채할인발행차금으로 처리한다. 이는 사채이자의 일부로 간주되어 상환기간 동안 상각된다.

Answer   20.①   21.②

22 다음 중 빈칸 (가)에 해당하는 계정과목만으로 짝지어진 것은?

매입 채무	기타 채무
일반적인 상거래에서 발생하는 채무	일반적인 상거래 이외에서 발생하는 채무
(가)	

① 외상매출금, 받을어음 ② 단기대여금, 미수금

③ 외상매입금, 지급어음 ④ 단기차입금, 미지급금

TIP PART 05. 부채의 회계처리 | Chapter 01. 유동부채의 개념과 종류 | 난이도 중

③ 외상매입금과 지급어음은 일반 상거래에서 발생한 매입채무이다. 미지급금은 상거래 외 채무, 차입금은 금융거래에서 발생한 부채이다.

23 다음 중 비유동부채로 분류되는 계정과목만으로 짝지어진 것은?

① 사채, 장기차입금 ② 사채, 단기차입금

③ 지급어음, 미지급금 ④ 장기차입금, 외상매입금

TIP PART 05. 부채의 회계처리 | Chapter 02. 비유동부채의 개념과 종류 | 난이도 하

① 비유동부채는 상환기일이 1년 이후인 부채를 말한다. 사채와 장기차입금이 대표적이며, 단기차입금 · 외상매입금 등은 유동부채이다.

24 다음 중 유동부채에 해당하는 계정과목만으로 짝지어진 것은?

① 가수금, 미수금 ② 선수금, 미지급금

③ 받을어음, 지급어음 ④ 외상매출금, 외상매입금

TIP PART 05. 부채의 회계처리 | Chapter 01. 유동부채의 개념과 종류 | 난이도 하

② 선수금, 미지급금, 지급어음, 외상매입금은 유동부채이다. 미수금, 받을어음, 외상매출금은 유동자산에 해당한다.

Answer   22.③ 23.① 24.②

고난도기출문제

제93회 기업회계 2급

1 다음 중 사채에 대한 설명으로 옳지 않은 것은?

① 사채를 발행하는 입장에서는 비유동부채로 처리하며, 사채를 구입하는 입장에서는 자산으로 처리한다.
② 액면이자율보다 시장이자율이 클 경우에는 할인발행한다.
③ 액면이자율과 시장이자율이 같은 경우에는 액면발행한다.
④ 사채할인발행차금은 정액법을 적용하여 상각한다.

> TIP PART 05. 부채의 회계처리 │ Chapter 02. 비유동부채의 개념과 종류 │ 난이도 중

④ 사채할인발행차금은 유효이자율법으로 상각한다. 정액법은 단순 계산이지만 정확성이 떨어지므로 일반기업회계기준에서는 허용되지 않는다.

제93회 기업회계 2급

2 다음 중 충당부채와 우발부채에 대한 설명으로 옳은 것을 모두 고르면?

> ㉠ 충당부채는 지출하는 시기 또는 금액이 불확실한 부채를 말한다.
> ㉡ 충당부채는 과거사건에 의해서 발생한 현재의무로 재무상태표상 부채로 인식한다.
> ㉢ 우발부채는 과거사건에 의해 발생하였으므로 재무상태표상 부채로 인식한다.

① ㉠
② ㉠, ㉡
③ ㉡, ㉢
④ ㉠, ㉡, ㉢

> TIP PART 05. 부채의 회계처리 │ Chapter 02. 비유동부채의 개념과 종류 │ 난이도 중

② 충당부채는 과거 사건으로 발생한 현재의무로, 미래지출 가능성이 높고 금액 추정이 가능할 때 인식한다. 우발부채는 재무상태표에 인식하지 않고 주석에 공시한다.

Answer 1.④ 2.②

3 ㈜대한은 2025년 7월 1일 액면금액 100,000원의 사채를 발행하였는데, 이 사채의 만기일은 2029년 6월 30일이고 표시이자율은 연 8%이다. 사채의 발행 시점 유효이자율이 10%이므로 사채의 발행가액은 95,024원이다. 이자는 1년이 경과하는 시점에 지급할 때 2025년 12월 31일에 인식할 사채할인발행차금 상각액은 얼마인가? (단, 소수점 이하는 절사한다.)

① 551원 　　　　　　　　　　② 651원
③ 751원 　　　　　　　　　　④ 851원

> **TIP** PART 05. 부채의 회계처리 │ Chapter 02. 비유동부채의 개념과 종류 │ 난이도 상
>
> ③ 표시이자율 8%, 시장이자율 10%인 사채의 발행가는 95,024원으로 할인발행된다. 유효이자율법 적용 시, 이자비용은 95,024×10%×1/2=4,751원, 액면이자 4,000원, 따라서 할인차금 상각액은 4,7510−4,000=751원이다. 이와 같이 할인발행 시 매기 이자비용이 표시이자보다 커진다.

4 ㈜세무는 다음과 같이 2025년 1월 1일 사채를 발행하려 한다. 2025년 12월 31일 이 사채와 관련된 이자비용을 계산하면 얼마인가? (단, 소수점 이하는 절사한다.)

- 사채의 액면금액 : 1,000,000원
- 액면이자율 : 8%(이자지급일 : 매년 12월 31일)
- 만기 : 3년
- 발행 시 시장이자율 : 10%
- 10%의 현가계수 : 0.75131, 연금현가계수 : 2.48685

---

① 80,000원 　　　　　　　　　② 95,025원
③ 100,000원 　　　　　　　　④ 60,104원

> **TIP** PART 05. 부채의 회계처리 │ Chapter 02. 비유동부채의 개념과 종류 │ 난이도 상
>
> ② 액면 1,000,000, 표이율 8%, 시장이율 10%, 발행가 = 1,000,000 × 0.75131 + 80,000 × 2.48685 = 950,258원, 이자비용 = 950,258 × 10% = 95,025원이다.

Answer　　3.③　4.②

5 ㈜성은은 2025년 7월 1일 액면금액 1,000,000원(만기일 : 2029년 6월 30일, 표시이자율 : 연 8%)의 사채를 936,600원에 할인 발행하였다. 사채 발행 당시 유효이자율은 10%이며 표시이자는 매년 6월 30일과 12월 31일 두 번 지급한다. 사채할인발행차금을 유효이자율법으로 상각한다면 사채를 발행한 시점부터 2025년 12월 31일까지의 기간에 상각되는 사채할인발행차금으로 옳은 것은?

① 13,600원
② 10,500원
③ 6,830원
④ 5,500원

TIP PART 05. 부채의 회계처리 │ Chapter 02. 비유동부채의 개념과 종류 │ 난이도 상

③ 사채를 할인발행한 경우, 사채할인발행차금은 유효이자율법으로 상각한다. 표시이율 8%, 유효이자율 10%, 반기이자 지급 시, 할인상각액 = (936,600 × 5%) − (1,000,000 × 4%) = 6,830원 이는 유효이자율법 적용으로 실제 이자비용이 표시이자보다 많아지는 것을 의미한다.

6 ㈜태인은 2025년 말 다음과 같은 상황에 대한 회계처리 방안에 대해 검토 중에 있다. 다음 사항을 반영할 때 2025년 말 재무상태표에 계상하여야 할 충당부채의 금액은 얼마인가? 다음에 제시된 금액은 모두 신뢰성 있게 측정 가능하다.

> (가) ㈜태인은 용광로 사용 시 발생하는 매연에 대한 여과장치를 새로운 법률제정으로 인해 2026년 말까지 설치하여야 한다. 2025년 말 현재 여과장치를 설치하고 있지 않았다. 여과장치의 예상 설치비용은 10,000,000원이다.
> (나) ㈜태인은 점포를 임차하여 사용하고 있으며, 임차기간이 만료되었을 때 원상복구 해주어야 하는 의무가 있다. 복구 시 예상되는 비용은 7,000,000원이고 2025년 말 현재가치 금액은 6,200,000원이다.

① 6,200,000원
② 7,000,000원
③ 16,200,000원
④ 17,000,000원

TIP PART 05. 부채의 회계처리 │ Chapter 02. 비유동부채의 개념과 종류 │ 난이도 상

① 충당부채는 의무가 현재 존재하고, 미래 유출 가능성이 높으며, 금액을 신뢰성 있게 추정할 수 있을 때 인식한다. (가) 법률제정으로 인한 여과장치 설치는 아직 의무가 발생하지 않았으므로 부채로 인식하지 않는다. (나) 임차점포 복구의무는 현재 의무이며, 복구비용의 현재가치 6,200,000원을 충당부채로 인식한다.

Answer 5.③ 6.①

7 다음 중 사채에 대한 설명으로 옳지 않은 것은?

① 사채의 할인발행이란 사채의 발행금액을 액면금액보다 낮게 발행하는 것이다.

② 사채발행비는 사채 발행으로 인해 조달된 현금을 감소시키는 효과로 인하여 지급수수료로 회계처리한다.

③ 사채발행 시 시장이자율과 사채의 액면이자율의 크기에 따라 사채는 액면발행, 할인발행, 할증발행으로 구분된다.

④ 유효이자율법 적용 시 사채를 할인 발행하는 경우 사채의 장부금액은 매년 증가한다.

TIP PART 05. 부채의 회계처리 | Chapter 02. 비유동부채의 개념과 종류 | 난이도 중

② 사채발행비는 사채발행으로 조달된 현금 유입액을 감소시키는 항목으로, 사채발행가액에서 차감하여 표시한다. 발행비는 사채할인발행차금과 함께 유효이자율법에 의해 상각된다.

제90회 기업회계 2급

8 ㈜조정은 2025년 1월 1일에 사채(액면금액 100,000원, 만기 3년, 표시이자율 연 8%, 매년 말 이자 지급)를 발행하였다. 2025년 1월 1일 사채의 유효이자율이 연 10%일 때 사채의 발행가액은 얼마인가? (단, 소수점 이하는 절사한다.)

할인율	단일금액 1원의 현재가치			정상연금 1원의 현재가치		
	1년	2년	3년	1년	2년	3년
8%	0.9259	0.8573	0.7938	0.9259	1.7833	2.5771
10%	0.9091	0.8264	0.7513	0.9091	1.7355	2.4868

① 92,031원

② 95,024원

③ 97,031원

④ 99,737원

TIP PART 05. 부채의 회계처리 | Chapter 02. 비유동부채의 개념과 종류 | 난이도 상

② 표시이자율 8%, 시장이자율 10% → 할인발행, 발행가 = 원금 100,000 × 0.7513 + (100,000 × 8% × 2.4868) = 75,130 + 19,894 = 95,024원이다. 이는 유효이자율법에 따라 매년 장부가가 증가한다.

Answer 7.② 8.②

9 ㈜조선은 2024년 7월 1일 ㈜세종으로부터 3,000,000원을 차입하였다. 연 이자율 6%, 2025년 6월 30일 원리금 일시상환 조건인 경우, ㈜조선이 2024년 12월 31일 해야 할 회계처리는?

①	(차) 이자비용	90,000원	(대) 현금	90,000원
②	(차) 이자비용	90,000원	(대) 단기차입금	90,000원
③	(차) 단기차입금	90,000원	(대) 미지급이자	90,000원
④	(차) 이자비용	90,000원	(대) 미지급이자	90,000원

> **TIP** PART 05. 부채의 회계처리 │ Chapter 01. 유동부채의 개념과 종류 │ 난이도 하

④ ㈜조선은 차입금 3,000,000원, 이자율 6%, 6개월 경과이므로, 3,000,000 × 6% × 6/12 = 90,000원 → 미지급이자로 계상한다. 따라서 차) 이자비용 90,000 │ 대) 미지급이자 90,000

10 다음 중 충당부채, 우발부채, 우발자산에 대한 설명으로 옳은 것은?

① 충당부채는 의무를 이행하기 위하여 예상되는 지출액의 현재가치로 평가한다.
② 우발부채는 의무를 이행하기 위하여 자원이 유출될 가능성이 아주 낮지 않은 한, 주석에 기재한다.
③ 우발자산은 자원의 유입 가능성이 매우 높은 경우 자산으로 인식한다.
④ 충당부채를 발생시킨 사건과 밀접하게 관련된 자산의 예상처분차익은 충당부채 금액 측정 시 고려한다.

> **TIP** PART 05. 부채의 회계처리 │ Chapter 01. 유동부채의 개념과 종류 │ 난이도 하

② 충당부채는 의무를 이행하기 위해 필요한 지출액의 현재가치로 평가한다. 우발부채는 의무 이행 가능성이 낮을 경우 인식하지 않고, 단지 주석에 기재한다. 우발자산은 자원 유입 가능성이 매우 높을 때에만 주석에 기재하며, 인식하지 않는다.

Answer 9.④ 10.②

11 ㈜수민은 2023년 1월 1일 ㈜현재가 발행한 사채(액면금액 10,000원, 표시이자율 8%, 만기 3년, 이자는 매년 말 후급)를 취득하고 만기보유증권으로 분류하였다. 해당 사채의 발행 당시 시장이자율은 10%였다. ㈜수민이 2024년 말 인식할 이자수익은? (단, 아래 표는 단일금액 1원의 현재가치 요소이며, 계산 결과는 소수점 이하를 절사한다.)

기간	8%	10%
1	0.9259	0.9091
2	0.8573	0.8264
3	0.7938	0.7513

① 650원

② 800원

③ 950원

④ 965원

TIP PART 05. 부채의 회계처리 │ Chapter 02. 비유동부채의 개념과 종류 │ 난이도 상

④ 표시이자율 8%, 시장이자율 10%인 사채는 할인발행되어 유효이자율법으로 상각된다. 1,000원당 현재가치는 $(10{,}000 \times 0.7513) + (10{,}000 \times 0.08 \times (0.9091 + 0.8264 + 0.7513)) = 9{,}502$원 연말 장부가액 $= 9{,}502 + (9{,}502 \times 0.1) - 800 = 9{,}652$원, 이자수익 $= 9{,}652 \times 10\% = 965$원이다.

12 사채는 발행조건에 따라 액면발행, 할인발행, 할증발행을 할 수 있다. 아래의 괄호에 알맞은 부호를 모두 고른 것은?

> • 액면발행 : 액면이자율 (㉠) 시장이자율
> • 할증발행 : 액면이자율 (㉡) 시장이자율
> • 할인발행 : 액면이자율 (㉢) 시장이자율

	㉠	㉡	㉢		㉠	㉡	㉢
①	>	<	=	②	>	=	=
③	=	>	<	④	=	<	>

TIP PART 05. 부채의 회계처리 │ Chapter 02. 비유동부채의 개념과 종류 │ 난이도 하

③ 액면발행은 액면이자율 = 시장이자율, 할증발행은 액면이자율 > 시장이자율, 할인발행은 액면이자율 < 시장이자율이다. 이는 시장금리와 발행이자율 간 관계를 통해 사채발행가를 결정하는 기본원리이다.

Answer 11.④ 12.③

PART 06

자본의 회계처리

01 개인기업의 자본금(인출금)

section 1 개인기업의 의의

개인기업이란 자연인인 개인이 소유 · 운영하는 기업이다. 개인기업의 출자자는 보통 1인이다. 개인기업의 자본회계 처리방법으로는 자본계정만을 설정하는 방법과 자본금계정과 인출금계정을 설정하는 방법이 있다.

section 2 자본계정 설정

(1) 자본계정만 설정하는 방법

자본의 증감에 대해 하나의 자본금계정만을 설정하여 처리하는 방법이다. 원시출자액 · 추가출자액 · 당기순이익은 자본금계정의 대변에 기입하고, 출자액 · 감자액 · 당기순손실은 이 계정의 차변에 기입한다.

(2) 자본금계정과 인출금계정을 설정하는 방법

① 자본금계정에 추가하여 인출금계정을 설정하는 방법으로 자본금의 인출이 빈번할 때에 사용된다.

② 인출금계정이란 자본금을 감소시키는 계정으로 기업주 개인을 위한 계정이다. 이 계정에는 기업주와 기업 간의 거래로 나타나는 자금 · 상품의 대차 · 사용에 의한 현금인출 등이 기입되는데, 기말에는 보통 자본금계정에 대체하여 소멸시킴으로써 가계정의 성격을 갖는다.

③ 따라서 인출금계정은 재무상태표에 나타나지 않는다. 이 방법은 자본계정만 설정하는 방법에 비하여 자본금계정의 기입을 간단히 할 뿐만 아니라 인출금의 총액도 알 수 있는 장점이 있다.

02 주식회사의 자본

section 1 자본금

주식회사는 기업의 경영활동에 장기간 사용할 자금을 조달하기 위해 주식을 발행한다.

기업회계기준상 자본금계정은 주주의 불입자본 중 상법의 규정에 따라 수권자본의 범위 내에서 이사회의 의결로 발행된 주식의 액면가액으로 회사의 정관에 자본금으로 확정되어 있는 법정자본금을 의미한다. 자본금은 '액면가액 × 발행주식수'로 계산한 금액이다. 주식의 발행형태에 따라 액면발행, 할증발행(주식발행초과금), 할인발행(주식할인발행차금)이 있다.

(1) 보통주자본금

보통주는 기본적인 소유권을 가진 주식으로 우선주에 비해 특별한 권리는 없다.

(2) 우선주자본금

우선주는 배당 또는 잔여재산 분배 등에서 우선권이 있는 주식이다. 특히 한국채택국제회계기준은 상환우선주의 회계처리에서 주의할 점은 발행기업이 의무적으로 상환해야 하는 계약상 의무를 부담하거나, 보유자가 상환을 청구할 수 있는 권리를 보유한다면 자본금이 아니라 금융부채로 분류한다. 이때 상환우선주의 배당은 손익계산서상 비용으로 표시한다.

section 2 자본잉여금

자본잉여금은 증자활동, 감자활동 및 자본과 관련된 자본거래에서 발생한 잉여금으로 영업활동과 관련하여 발생한 이익잉여금과 구별된다. 자본잉여금의 종류는 주식발행초과금, 감자차익, 자기주식처분이익 등이 있다.

(1) 주식발행초과금

주식발행초과금은 경영성적이 우수하고, 장래성이 있는 주식회사에서 증자를 위한 주식을 발행할 때 액면금액을 초과하여 주식을 발행한 경우 액면금액을 초과한 금액을 주식발행초과금이라 한다.

(2) 감자차익

주식회사에서 사업의 규모를 축소하기 위하여 발행한 주식을 매입소각하거나, 결손금을 보전하기 위하여 자본을 감소시키는 것을 감자라고 하며, 이 경우 감소한 자본금이 주금의 환급액 또는 결손금의 보전액을 초과할 때의 초과액을 감자차익이라 한다.

(3) 자기주식처분이익

① 자기주식이란 자기가 발행한 주식을 회사가 소유하게 되는 경우 그 해당 주식을 말한다.

② 자기주식을 취득할 경우 그 취득원가를 자본조정항목으로 하여 분류하고, 자본에서 차감하는 형식으로 보고한다.

③ 자기주식을 일시 보유목적으로 취득하고, 매각할 경우 매각이익이 발생하였다면 자기주식처분이익으로 하여 손익계산서에 반영하지 않고 자본잉여금으로 분류한다.

④ 반대로 매각손실이 발생하였다면, 자기주식처분이익계정 잔액을 먼저 상계하고 남은 금액은 자본조정항목인 자기주식처분손실로 분류한다.

section 3 이익잉여금

이익잉여금(또는 유보이익)은 기업이 벌어들인 이익 중에서 일부를 주주들에게 배당으로 지급하고 나머지를 기업 내에 누적적으로 유보한 것이다. 따라서 납입자본은 물론이고 이익잉여금 역시 주주들에게 귀속된다.

한편, 당기말 미처분이익잉여금은 이익준비금, 배당금, 차기이월미처분이익잉여금으로 분할하는 것을 이익잉여금의 처분이라 하고, 그 절차는 다음과 같다.

(1) 이익잉여금의 처분절차

① 결산일에 손익계정의 순이익을 미처분이익잉여금계정으로 대체(처분가능한 이익잉여금 집계)

② 이사회의 승인으로 이익잉여금처분(안)을 의결, 이익잉여금처분계산서를 작성

(2) 이익잉여금의 분류

① 이익준비금 : 이익준비금은 상법 규정에 의하여 자본의 1/2에 달할 때까지 매결산 시, 금전에 의한 이익배당액의 1/10 이상의 금액을 최소한 적립하도록 한 법정적립금으로서 결손보전과 자본전입 이외에는 사용할 수가 없다.

② **기타 법정적립금** : 상법 이외의 법령에 의하여 의무적으로 적립하여야 하는 법정적립금으로서 기업합리화적립금과 재무구조개선적립금 등이 있다.

③ **임의적립금** : 법률규정이 아닌 회사가 임의적으로 일정한 목적을 위하여 정관이나 주주총회의 결의에 의해서 이익잉여금 중 사내에 유보된 적립금이다.

　㉠ 적극적 적립금 : 기업의 순자산을 증대시키기 위한 목적으로 자본을 유보하는 적립금으로서 사업확장적립금과 감채적립금 등이 있다.

　㉡ 소극적 적립금 : 장차 거액의 손실이나 지출로 인하여 기업의 순자산이 감소할 것을 대비하여 적립하는 적립금으로서 배당평균적립금, 결손보전적립금, 세법상 준비금 등이 있다.

④ **미처분이익잉여금** : 미처분이익잉여금은 당기분 이익잉여금처분계산서상의 이익잉여금을 처분하기 전의 금액으로 전기이월미처분이익잉여금에 당기순손익, 회계변경누적효과 등을 가감하여 표시한다.

section 4 자본조정

자본전체에 가산하거나, 차감할 임시적인 조정항목으로 주식할인발행차금, 배당건설이자, 자기주식, 감자차손, 자기주식처분손실, 해외사업환산대(차), 매도가능증권평가손익 등이 기업회계기준에서 규정하고 있는 예이다.

(1) 주식할인발행차금

주식할인발행차금은 주식발행시 주식을 액면가액 이하로 발행하는 경우 액면금액에서 발행가액을 차감한 금액이다.

(2) 미교부주식배당금

결산 시 이익잉여금처분시에 나타난 주식배당액을 말하는 것으로서, 미처분이익잉여금 중 주식배당액은 미교부주식배당금계정 대변에 기입하고, 현금배당액은 미지급배당금계정 대변에 기입한다.

section 5 기타포괄손익누계액

회사와 주주 간의 자본거래가 아닌 원천에서 발생한 자본의 증감으로서, 손익계산서에 계상되지 않은 손익(기타포괄손익)의 누적액을 말한다. 예를 들면 기타포괄손익－공정가치 측정 금융상품 평가손익, 유형자산 재평가잉여금이 있으며 현금흐름위험회피 파생상품평가손익, 해외사업장의 환산과정에서의 외환차이 등이 기타포괄손익에 속한다.

(1) 기타포괄손익-공정가치 선택 금융자산(지분상품) 평가손익

① 기타포괄손익-공정가치 선택 금융자산을 기말에 공정가액으로 평가함에 따라 발생하는 평가손익은 미실현 손익으로 기타포괄손익으로 분류한다.

② 미실현손익인 기타포괄손익-공정가치 선택 금융자산의 평가손익은 해당 자산의 손상 또는 처분 시 당기손익으로 재분류 조정하지 않는다.

(2) 기타포괄손익-공정가치 측정 금융자산(채무상품) 평가손익

① 기타포괄손익-공정가치 측정 금융자산을 기말에 공정가액으로 평가함에 따라 발생하는 평 가손익은 미실현 손익으로 기타포괄손익으로 분류한다.

② 미실현손익인 기타포괄손익-공정가치 측정 금융자산의 평가손익은 해당 자산의 손상 또는 처분 시 당기손익으로 재분류 조정한다.

(3) 유형자산재평가잉여금

① 유형자산은 원가법과 재평가를 선택 적용할 수 있다.

② 유형자산재평가에서 첫째, 최초 재평가시 평가증(장부가액 < 공정가치)의 경우 재평가잉여금(기타포괄손익)으로 기록하고, 이후 재평가손 평가증의 경우 추가로 재평가잉여금으로 기록, 재평가감의 경우 재평가잉여금을 감소시키며 평가감 금액이 재평가잉여금을 초과하는 경우에는 재평가손실(당기손실)로 기록한다.

③ 둘째, 최초 평가 시 평가감(장부가액 > 공정가치)이 발생한 경우 차이를 재평가손실(당기손실)로 기록하고, 이후 재평가 시 평가감이 또 발생하면 추가로 재평가손실로 기록하며, 재평가증이 발생하면 기존의 재평가손실을 재평가이익(당기이익)으로 처리하고 초과하는 금액은 재평가잉여금(기타포괄손익)으로 처리한다.

> **tip** 주식배당, 무상증자, 주식분할, 주식병합의 비교

구분	주식배당		무상증자	주식분할	주식병합
	시가법	액면가액법			
자본금	증가	증가	증가	불변	불변
자본잉여금	증가	불변	감소가능	불변	불변
이익잉여금	감소	감소	감소가능	불변	불변
자본 총계	불변	불변	불변	불변	불변
발행주식수	증가	증가	증가	증가	증가
1주당 액면	불변	불변	불변	감소	감소

㈜백석은 2024년 1월 1일 현금 ₩2,000,000을 출자하여 설립된 회사이다.

다음 자료를 참고로 ㈜ 백석의 2024년과 2025년의 당기순이익을 계산하시오.

[자료]

일자	자산총계	부채총계
2024.12.31.	₩4,850,000	₩1,200,000
2025.12.31.	₩5,170,000	₩1,670,000

2024년 중에 추가적인 현금 출자(유상증자)가 ₩800,000이 있었고, 2025년 중에는 배당금 ₩500,000이 지급되었으며 다른 자본에 영향을 미치는 거래는 발생하지 않았다.

⊘ 기말자본 − 기초자본 = 당기순이익

처음 출자한 2,000,000원이 기초자본이 된다. 유상증자가 있었으므로 차감한다.

기말자본 = 4,850,000 − 1,200,000 = 3,650,000원

2024년 당기순이익 = 3,650,000 − 2,000,000 = 1,650,000 − 800,000 = 850,000원

2025년의 기초자본은 2024년 기말자본이 이월되므로 3,650,000이다.

기말자본 = 5,170,000 − 1,670,000 = 3,500,000

2025년 당기순이익 = 3,500,000 − 3,650,000 = △150,000

배당금이 지급되었으므로 배당금을 더하면 △150,000 + 500,000 = 350,000원

적중예상문제

1 다음 중 이익잉여금 항목에 해당하지 않는 것은?

① 이익준비금
② 임의적립금
③ 주식발행초과금
④ 미처분이익잉여금

TIP ③ 주식발행초과금은 자본잉여금에 해당한다.
　　※ 이익잉여금 항목 … 이익준비금, 임의적립금, 이월이익잉여금 등

2 다음 중 재무제표상의 자본에 대한 설명으로 잘못된 것은?

① 자본금은 발행주식수에 발행가액을 곱하여 계산하며 재무상태표에 공시할 때에는 주식종류별로 구분하여 표시한다.
② 재무상태표상의 자본잉여금은 주식발행초과금, 감자차익, 기타자본잉여금으로 구성된다.
③ 재무상태표상의 자본은 자본금, 자본잉여금, 이익잉여금, 자본조정, 기타포괄손익누계액으로 구성된다.
④ 주식할인발행차금은 자본조정항목이다.

TIP ① 재무상태표상의 자본금은 발행주식수에 액면가액을 곱해 계산한다. 액면가액과 발행가액의 차익은 주식발행초과금이나 주식할인발행차금으로 처리한다.

Answer　　1.③　2.①

3 기타포괄손익 중 재분류조정을 하지 않는 항목은?

① 기타포괄손익－공정가치로 측정하는 채무상품의 재측정손익
② 순확정급여부채의 재측정요소
③ 해외사업장의 환산차이
④ 현금흐름위험회피수단 평가손익 중 효과적인 부분

TIP 기타포괄손익의 재분류조정
ㄱ 당기손익으로 재분류조정하지 않는 기타포괄손익
• 유형자산과 무형자산의 재평가잉여금의 변동손익
• 확정급여제도의 재측정요소
• 기타포괄손익－공정가치 측정항목으로 지정한 지분상품에 대한 투자에서 발생한 손익과 이에 대한 위험회피에서
  위험회피수단인 파생상품평가손익 중 효과적인 부분
ㄴ 당기손익으로 재분류 조정하는 기타포괄손익
• 기타포괄손익－공정가치로 측정하는 채무상품에 대한 투자에서 발생한 손익
• 해외사업장의 재무제표 환산으로 인한 손익
• 현금흐름위험회피에서 위험회피수단인 파생상품평가손익 중 효과적인 부분

4 다음 중 자본총계가 변동 없는 경우로 묶인 것은?

① 무상증자와 무상감자
② 유상증자와 유상감자
③ 무상증자와 유상감자
④ 유상증자와 무상감자

TIP ① 무상증자와 무상감자는 자본총계가 변동이 없다.

5 ㈜동근은 2024년에 자기주식 60주를 주당 ₩3,000에 취득하였으며, 2025년에 이 중 30주를 주당 ₩5,000에 처분하였다. 2024년말 ㈜동근 주식의 주당 공정가치는 ₩4,000이다. 2025년의 자기주식 처분이 자본총계에 미치는 영향을 옳게 나타낸 것은?

① ₩30,000 감소
② ₩60,000 증가
③ ₩150,000 감소
④ ₩150,000 증가

TIP ④ 현금의 증가분만큼 자본이 증가한다. 따라서, 30주 × @₩5,000 = ₩150,000 증가
또는 90,000 + 60,000 = 150,000(증가)

〈취득 시〉	(차) 자기주식	180,000	(대) 현금	180,000
〈처분 시〉	현금	150,000	자기주식	90,000(증가)
			주식처분이익	60,000(증가)

[6 ～ 7] 다음 자료를 보고 물음에 답하시오.

(자료) 2023년 1월 1일에 주식을 발행하고 영업을 개시한 ㈜국세의 2024년 12월 31일 현재 재무상태표상 보통주자본금과 우선주자본금은 각각 ₩5,000,000과 ₩3,000,000이고, 그 동안의 자본금의 변동은 없었다. 보통주 및 우선주의 주당 액면금액은 ₩5,000으로 동일하며, 우선주는 배당률 3%의 누적적·부분참가적(6%까지) 주식이다. 영업을 개시한 이래 한번도 배당을 실시하지 않은 ㈜국세가 2025년 1월에 총 ₩600,000의 현금배당을 선언하였다.

6 ㈜국세의 우선주에 배분될 배당금은 얼마인가?

① ₩315,700
② ₩270,000
③ ₩237,500
④ ₩180,000

TIP ㉠ 〈1차 배분〉
- 누적적·부분참가적 우선주 배당금 = 3,000,000 × 3% × 2년 = 180,000원
- 보통주 배당금 = 5,000,000 × 3% = 150,000원
㉡ 〈잔여배당금 배분〉
- 잔여배당금 = 600,000 − 330,000 = 270,000원
- 누적적·부분참가적 우선주 배당금 = 3,000,000 × (6% − 3%) = 90,000원
  [한도 = 270,000 × 3,000,000 / 8,000,000 = 101,250]
- 보통주배당금 = 270,000 − 90,000 = 180,000
∴ 누적적·부분참가적 우선주 배당 = 180,000 + 90,000 = 270,000원

7 ㈜국세의 보통주에 배분될 배당금은 얼마인가?

① ₩284,300
② ₩330,000
③ ₩362,500
④ ₩420,000

TIP ② 보통주 배당금 = 600,000 − 270,000 = 330,000원

Answer　　6.②　7.②

8 다음 중 성격이 다른 하나는 무엇인가?

① 소유주지분
② 주주지분
③ 채권자지분
④ 잔여지분

TIP ③ 채권자지분은 부채를 의미하고, 나머지는 자본을 의미한다.

9 현금배당이 ₩700,000 발생하였을 경우 이와 관련하여 배당금지급일에 해야 할 회계처리 방법은?

① 회계처리는 불필요하다.
② 〈차〉미처분이익잉여금 ₩700,000　　　　〈대〉미지급배당금 ₩700,000
③ 〈차〉미지급배당금 ₩700,000　　　　〈대〉현금 ₩700,000
④ 〈차〉미처분이익잉여금 ₩700,000　　　　〈대〉미교부주식배당금 ₩700,000

TIP ③ 현금배당과 관련하여 배당금 지급일에 '〈차〉미지급배당금 ₩700,000 〈대〉현금 ₩700,000'으로 회계처리한다.

10 다음 중 당기순이익을 계산하기 위해 이용되는 계정은?

① 자본금계정
② 미처분이익잉여금계정
③ 자본잉여금계정
④ 집합손익계정

TIP ④ 당기순이익을 계산하기 위해 집합손익계정을 이용한다.
손익계산서 계정은 모두 집합손익계정으로 대체되고 그 계정에서 당기순이익을 계산하고 〈차〉 집합손익 〈대〉 당기순이익을 분개하게 된다.

11 다음 중 자본에서 차감되어야 할 항목은?

① 주식발행초과금
② 주식할인발행차금
③ 자기주식처분이익
④ 감자차익

TIP ② 주식할인발행차금은 자본항목 중 자본조정으로 자본에서 차감하는 형식으로 기재한다. 상각하지 않은 주식할인발행차금은 주식할인발행차금(자본잉여금)과 우선적으로 상계하고 그 다음 이익잉여금의 처분으로 한다.

Answer　8.③　9.③　10.④　11.②

12 다음 자본에 대한 설명으로 적절하지 않은 것은?

① 자기주식을 취득하면 취득가액만큼 자본이 감소한다.
② 자기주식을 처분하면 처분가액만큼 자본이 증가한다.
③ 자기주식을 소각하면 소각금액만큼 자본이 증가한다.
④ 주식배당과 무상증자는 자본의 변동이 없다.

TIP ③ 자기주식을 소각하면 자본의 변동이 없다.

13 다음 자본에 대한 설명 중 옳지 않은 것은?

① 현금배당을 하더라도 자본의 변동은 없다.
② 이익준비금 적립은 자본의 변동이 없다.
③ 당기발생 기타포괄손익-공정가치 측정 금융자산평가손익만큼 자본이 변동한다.
④ 당기발생 기타포괄손익-공정가치 측정 금융자산평가손익은 총포괄이익에 포함된다.

TIP ① 현금배당을 하면 자본이 감소한다.

14 주식회사의 경우 감자차익은 무엇으로 처리되는가?

① 자본금
② 자본잉여금
③ 이익잉여금
④ 자본조정

TIP ② 주식회사의 경우 감자차익은 감자차손이 있는 경우 동 금액을 차감한 후의 금액을 자본잉여금으로 처리하고 감자
차손은 감자차익에서 우선 차감하고 나머지는 결손금 처리 순서에 준하여 처리한다.

15 당기순이익을 기업에 유보한 것은 무엇으로 처리되는가?

① 자본금
② 자본잉여금
③ 이익잉여금
④ 자본조정

(**TIP**) ③ 이익잉여금은 당기순이익을 주주들에게 배당하지 않고 회사 내에 유보시켜 놓은 것을 말한다. 당기순이익과 손실을 손익계산서상 표기되는 최종 손익의 결과로 결산과정을 통해 손익계산서상의 해당 금액만큼 재무상태표의 이익잉여금으로 대체 처리한다.

16 기업의 순자산을 증가시킬 목적으로 설정하는 적립금을 무엇이라 하는가?

① 이익준비금
② 적극적 적립금
③ 소극적 적립금
④ 이월이익잉여금

(**TIP**) ② 적극적 적립금은 기업의 순자산을 증가시킬 목적으로 설정하는 적립금을 말하며, 소극적 적립금은 기업의 순자산이 감소할 것에 대비하여 설정하는 적립금을 말한다.

Answer 15.③ 16.②

실전기출문제

제93회 기업회계 3급

1 [중소기업회계기준] 이익잉여금처분계산서에서 다음 자료의 산식으로 산출되는 것은?

> 미처분이익잉여금 + 임의적립금이입액 − 이익잉여금처분액

① 배당금

② 이익준비금

③ 기타법정적립금

④ 차기이월미처분이익잉여금

TIP PART 06. 자본의 회계처리 │ Chapter 02. 주식회사의 자본) │ 난이도 중

④ 중소기업회계기준에 따라 차기이월미처분이익잉여금은 기초 미처분이익잉여금과 당기순이익에서 처분액을 차감하여 산출된다. 이는 다음 회계기간의 이익잉여금 계산의 출발점이 된다.

제93회 기업회계 3급

2 다음 자료를 통해 기말 자본을 계산한 금액으로 옳은 것은?

> • 기초 자본 : 2,500,000원
> • 추가 출자액 : 1,200,000원
> • 당기순이익 : 400,000원
> • 인출액 : 300,000원

① 2,900,000원   ② 3,800,000원

③ 4,100,000원   ④ 4,400,000원

TIP PART 06. 자본의 회계처리 │ Chapter 01. 개인기업의 자본금(인출금) │ 난이도 하

② 기말자본 = 기초자본 + 추가출자 + 당기순이익 − 인출금 = 2,500,000 + 1,200,000 + 400,000 − 300,000 = 3,800,000원이다.

Answer   1.④ 2.②

3 다음 중 주식회사 자본의 분류로 옳지 않은 것은?

① 자본금 : 발행주식의 액면금액 합계

② 자본잉여금 : 주식 발행, 증자 및 감자 등의 자본 거래에서 발생한 잉여금

③ 이익잉여금 : 손익 거래에서 발생한 순이익을 원천으로 하여 주주총회에서 처분이 유보된 잉여금

④ 기타포괄손익누계액 : 자본거래 중 자본금 및 자본잉여금으로 분류할 수 없는 항목

TIP PART 06. 자본의 회계처리 │ Chapter 02. 주식회사의 자본 │ 난이도 하

④ 기타포괄손익누계액은 확정 손익이 아닌 잠재적 손익으로, 자본 항목에는 포함되지만 자본금·자본잉여금과는 구분된다.

4 다음은 주식의 발행에 대한 내용이다. 빈칸 ㈎에 들어갈 계정과목으로 옳은 것은?

> 주주로부터 현금을 수령하고 주식을 발행하는 경우에 주식의 발행 금액이 액면 금액보다 크다면 그 차액을 ㈎으로 하여 자본잉여금으로 회계 처리한다.

① 감자차익

② 자기주식

③ 주식할인발행차금

④ 주식발행초과금

TIP PART 06. 자본의 회계처리 │ Chapter 02. 주식회사의 자본 │ 난이도 하

④ 주식 발행금액이 액면금액보다 클 경우 초과금은 자본잉여금의 일종인 주식발행초과금으로 처리한다. 이는 자본금 증가와 구분되는 항목이다.

Answer 3.④ 4.④

5 다음의 거래를 분개할 때 기입되지 않는 항목은?

> 1주당 5,000원에 매입한 자기주식 10주를 1주당 7,000원에 재발행하고 대금은 보통예금으로 입금받았다.

① 자본금
② 자본조정
③ 유동자산
④ 자본잉여금

TIP PART 06. 자본의 회계처리 │ Chapter 02. 주식회사의 자본 │ 난이도 중

① 자기주식은 자본조정 항목으로, 매입·재발행 시 자본금에는 영향을 주지 않는다. 처분이익은 자본잉여금으로, 자기주식은 자본조정으로 처리한다.

6 다음 거래의 회계처리 결과로 옳은 것을 〈보기〉에서 고르면?

> ㈜세무유통은 사업확장을 위하여 신주 1,000주(주당 액면가액 5,000원)를 액면발행하여 교부하고 주식대금을 타인발행수표로 받아 당좌예입 하였다

〈보기〉

㉠ 부채의 증가   ㉡ 자본의 증가
㉢ 자산의 증가   ㉣ 영업이익의 증가

---

① ㉠, ㉡
② ㉠, ㉢
③ ㉡, ㉢
④ ㉡, ㉣

TIP PART 06. 자본의 회계처리 │ Chapter 02. 주식회사의 자본 │ 난이도 중

③ 주식 발행은 자본금 증가(자본 증가)를 초래하며, 주식대금 입금은 당좌예금 증가(자산 증가)를 초래한다. 따라서 자산과 자본이 동시에 증가한다.

Answer　5.①　6.③

7 ㈜거성은 사업축소를 위해 자기주식 100주(주당 액면금액 10,000원)를 1주당 8,000원에 현금으로 매입하여 소각하였다. 이에 대해 회계처리할 때 ㈎에 기입될 계정과목은?

(차) 자본금	1,000,000원	(대) 현금	800,000원
		㈎	200,000원

① 감자차익
② 주식발행초과금
③ 자기주식처분이익
④ 주식할인발행차금

TIP PART 06. 자본의 회계처리 | Chapter 02. 주식회사의 자본 | 난이도 중

① 자본금 감소분(액면가×100＝1,000,000원)보다 실제 지급액(800,000원)이 적으면 차액(200,000원)은 감자차익(자본잉여금)으로 처리한다.

8 다음 중 이익잉여금에 해당하는 항목으로 옳은 것은?

① 이익준비금
② 유형자산처분이익
③ 주식할인발행차금
④ 단기매매증권처분이익

TIP PART 06. 자본의 회계처리 | Chapter 02. 주식회사의 자본 | 난이도 중

① 이익준비금은 이익잉여금의 일부로, 법정·임의로 적립되는 잔여이익이다. 유형자산처분이익·증권처분이익은 수익계정, 주식할인발행차금은 자본조정 항목이다.

Answer 7.① 8.①

9 다음은 개인기업의 자본금계정이다. ㈎와 ㈏에 기입될 수 있는 것을 바르게 짝지은 것은?

	자본금	
㈎		㈏

	㈎	㈏
①	인출금, 차기이월	추가출자, 전기이월
②	인출금, 추가출자	전기이월, 당기순이익
③	전기이월, 당기순이익	차기이월, 추가출자
④	추가출자, 당기순손실	전기이월, 인출금

TIP PART 06. 자본의 회계처리 │ Chapter 01. 개인기업의 자본금(인출금) │ 난이도 하

① 자본금 계정 → 차변 : 인출금, 당기순손실/대변 : 추가출자, 당기순이익, 차기이월이다. 따라서 ㈎ 인출금, ㈏ 차기이월이 맞다.

10 다음 중 자본항목의 분류로 옳은 것은?

① 감자차익 : 자본잉여금
② 이익준비금 : 자본조정
③ 주식발행초과금 : 이익잉여금
④ 주식할인발행차금 : 자본잉여금

TIP PART 06. 자본의 회계처리 │ Chapter 01. 개인기업의 자본금(인출금) │ 난이도 하

① 주식발행초과금·감자차익 → 자본잉여금, 이익준비금 → 이익잉여금, 주식할인발행차금 → 자본조정

Answer 8.① 9.① 10.①

11 ㈜세무백화점은 2025년 6월에 상품을 판매하면서 자사 상품권을 받았다. 해당 거래를 회계처리할 경우 차변의 계정과목으로 옳은 것은?

① 외상매입금

② 현금

③ 매출

④ 상품권선수금

> **TIP** PART 06. 자본의 회계처리 | Chapter 02. 주식회사의 자본 | 난이도 중

④ 상품권 발행 시 : 차) 현금 xxx | 대) 상품권선수금 xxx 상품 인도 시 : 차) 상품권선수금 xxx | 대) 매출 xxx이다.
따라서 상품권을 받고 상품을 인도한 시점의 차변은 상품권선수금이다.

12 다음의 계정과목 중 성격이 다른 하나는 무엇인가?

① 자산수증이익

② 채무면제이익

③ 자기주식처분이익

④ 유형자산처분이익

> **TIP** PART 06. 자본의 회계처리 | Chapter 02. 주식회사의 자본 | 난이도 하

③ 자기주식처분이익은 자본잉여금(자본계정)
①②④ 수익 항목(손익계산서)

13 다음 중 주식회사가 이사회나 주주총회의 결의에 의하여 이익잉여금 또는 자본잉여금을 자본에 전입하고 기존 주주들에게 신주를 교부하는 경우에 해당하는 것은?

① 무상증자

② 유상증자

③ 현금배당

④ 주식배당

> **TIP** PART 06. 자본의 회계처리 | Chapter 02. 주식회사의 자본 | 난이도 하

① 무상증자는 이익잉여금 또는 자본잉여금을 자본금으로 전입하여 신주를 교부하는 것이다.
차) 이익잉여금(또는 자본잉여금) xxx | 대) 자본금 xxx
이는 자본 내부 이동으로 손익에 영향을 주지 않는다.

Answer 11.④ 12.③ 13.①

14 회사 설립, 증자를 위하여 주식을 발행할 때 발행금액을 액면금액보다 높게 발행한 경우 그 초과액을 무엇이라 하는가?

① 감자차익　　　　　　　　　　② 주식발행초과금

③ 자본금　　　　　　　　　　　④ 자기주식

TIP　PART 06. 자본의 회계처리 ｜ Chapter 02. 주식회사의 자본 ｜ 난이도 하

② 주식을 액면금액보다 높은 금액으로 발행할 경우 초과액은 주식발행초과금으로 처리한다. 이는 자본잉여금 항목이며, 감자차익 · 자기주식처분이익 등과 동일한 자본잉여금 범주에 속한다.

15 다음은 이익준비금(법정적립금)에 대한 설명이다. 빈칸 (가), (나)에 들어갈 내용으로 올바른 것은?

> 이익준비금은 「상법」에 의해 적립해야 하는 법정적립금으로, 기업은 자본금의 (가)에 달할 때까지 매 결산 시 금전에 의한 배당액의 (나) 이상의 금액을 이익준비금으로 적립하여야 한다.

	(가)	(나)
①	1/3	1/5
②	1/3	1/10
③	1/2	1/5
④	1/2	1/10

TIP　PART 06. 자본의 회계처리 ｜ Chapter 02. 주식회사의 자본 ｜ 난이도 중

④ 「상법」 제459조에 따르면 이익준비금은 자본금의 1/2에 달할 때까지 매 결산 시 금전배당액의 1/10 이상을 적립해야 한다. 법정적립금의 일종으로, 자본의 안정성을 확보하기 위한 제도이다.

Answer　14.②　15.④

16 다음 중 자본조정에 해당하는 계정과목으로 옳은 것은?

① 자본금
② 자기주식처분이익
③ 이익준비금
④ 주식할인발행차금

TIP PART 06. 자본의 회계처리 | Chapter 02. 주식회사의 자본 | 난이도 중

④ 주식할인발행차금은 액면금액보다 낮은 금액으로 발행할 때 발생하며, 자본조정 항목으로 처리된다. 자본금은 납입자본, 자기주식처분이익은 자본잉여금, 이익준비금은 이익잉여금이다.

17 다음은 ㈜울산의 거래와 이에 대한 회계처리이다. ㈎에 기입할 계정과목과 동일하게 분류되는 계정과목으로 옳은 것은?

㈜울산은 액면금액 10,000원의 주식 1,000주를 12,000원에 발행하고 대금은 당좌예입하였다.			
(차) 당좌예금	12,000,000원	(대) 자본금	10,000,000원
		㈎	2,000,000원

① 감자차익
② 자기주식
③ 사채할증발행차금
④ 자기주식처분손실

TIP PART 06. 자본의 회계처리 | Chapter 02. 주식회사의 자본 | 난이도 중

① 액면 초과분(12,000 − 10,000 = 2,000)은 주식발행초과금으로 자본잉여금에 속한다. 감자차익과 자기주식처분이익 역시 자본잉여금으로 같은 분류이다.

Answer 16.④ 17.①

18 다음 중 자본 항목의 분류로 옳은 것은?

① 감자차손 : 자본조정

② 감자차익 : 자본조정

③ 주식발행초과금 : 이익잉여금

④ 주식할인발행차금 : 자본잉여금

TIP PART 06. 자본의 회계처리 │ Chapter 02. 주식회사의 자본 │ 난이도 중

① 감자차익, 주식발행초과금 → 자본잉여금, 감자차손, 주식할인발행차금 → 자본조정, 이익잉여금은 영업활동 결과에서
발생한 누적이익을 의미한다.

Answer 18.①

고난도기출문제

제93회 기업회계 2급

1 다음 자료를 보고 ㈜기업의 자본조정을 계산하면 얼마인가?

• 감자차손 : 200,000원	• 자기주식 : 25,000원
• 이익준비금 : 10,000원	• 주식할인발행차금 : 100,000원
• 미처분이익잉여금 : 50,000원	• 자기주식처분손실 : 70,000원
• 임의적립금 : 60,000원	• 매도가능증권평가이익 : 150,000원

① 170,000원 　　　　　　　　　② 370,000원
③ 395,000원 　　　　　　　　　④ 545,000원

TIP PART 06. 자본의 회계처리 │ Chapter 02. 주식회사의 자본 │ 난이도 중

③ 자본조정 = 감자차손 200,000 + 자기주식 25,000 + 할인발행차금 100,000 + 자기주식처분손실 70,000 = 395,000원이다. 이는 자본총액에서 차감되는 항목이다.

제93회 기업회계 2급

2 ㈜대한의 2025년 당기순이익은 200,000원이고 2024년 말 미처분이익잉여금은 100,000원이다. 당기 이익잉여금은 현금과 주식으로 각각 60,000원과 30,000원을 배당하고 사업확장적립금으로 20,000원을 적립한다. 이익준비금은 현금배당의 10%를 적립할 때 ㈜대한의 2025년 이익잉여금처분계산서에 표시될 차기이월이익잉여금은 얼마인가?

① 184,000원 　　　　　　　　　② 190,000원
③ 197,000원 　　　　　　　　　④ 200,000원

TIP PART 06. 자본의 회계처리 │ Chapter 02. 주식회사의 자본 │ 난이도 중

① 미처분이익잉여금(100,000) + 당기순이익(200,000) = 300,000원, 처분액 = 현금배당 60,000 + 이익준비금 6,000 + 주식배당 30,000 + 사업확장적립금 20,000 = 116,000원이다. 따라서 차기이월이익잉여금 = 300,000 − 116,000 = 184,000원이다.

Answer　　1.③　2.①

3 ㈜기업은 2025년 3월 1일에 자기회사 발행주식 50주를 취득하였는데, 주당 액면가액과 취득가액은 각각 500원과 1,000원이다. 2025년 5월 1일에 자기주식 20주를 주당 1,300원에 매각하였으며, 2025년 7월 1일에 자기주식 30주를 주당 900원에 매각하였다. 자기주식 관련 거래가 2025년 자본에 미치는 영향으로 옳은 것은?

① 이익잉여금 3,000원 감소
② 이익잉여금 3,000원 증가
③ 자본잉여금 3,000원 감소
④ 자본잉여금 3,000원 증가

TIP PART 06. 자본의 회계처리 │ Chapter 02. 주식회사의 자본 │ 난이도 중

④ 매입가 1,000원, 매각가 1,300(이익 6,000) │ 900(손실 3,000), 자기주식처분손익은 자본잉여금으로 처리된다. 순이익 3,000 증가 → 자본잉여금 3,000원 증가한다.

4 다음은 ㈜한국의 자본과 관련된 자료이다. 다음 자료를 이용하여 자본조정과 자본잉여금을 계산하면 얼마인가?

• 감자차손 : 10,000원	• 주식발행초과금 : 150,000원
• 감자차익 : 20,000원	• 자기주식처분이익 : 130,000원
• 자기주식 : 30,000원	• 주식할인발행차금 : 80,000원
• 매도가능증권평가이익 : 150,000원	• 이익준비금 : 200,000원

	자본조정	자본잉여금
①	150,000원	50,000원
②	50,000원	150,000원
③	300,000원	120,000원
④	120,000원	300,000원

TIP PART 06. 자본의 회계처리 │ Chapter 02. 주식회사의 자본 │ 난이도 중

④ 자본조정 = 감자차손(10,000) + 자기주식(30,000) + 할인발행차금(80,000) = 120,000원, 자본잉여금 = 발행초과금(150,000) + 감자차익(20,000) + 자기주식처분이익(130,000) = 300,000원

Answer 3.④ 4.④

5 ㈜태인은 단기 시세차익을 목적으로 보유하고 있는 주식에 대하여 2025년 1월 31일에 700,000원의 현금 배당과 액면금액 500,000원(보통주식 50주)의 주식배당을 받았다. 배당과 관련된 분개로 옳은 것은?

①	(차) 현금	500,000원	(대) 배당금수익	500,000원
②	(차) 단기매매증권	500,000원	(대) 배당금수익	500,000원
③	(차) 현금	700,000원	(대) 배당금수익	700,000원
④	(차) 현금	700,000원	(대) 단기매매증권	700,000원

> **TIP** PART 06. 자본의 회계처리 | Chapter 02. 주식회사의 자본 | 난이도 하

③ 현금배당 700,000원은 배당금수익, 주식배당은 수익이 아니다. 따라서 분개 : 차) 현금 700,000 | 대) 배당금수익 700,000

6 다음 중 자본에 대한 설명으로 옳지 않은 것은?

① 자본금은 법정자본금뿐만 아니라 임의자본금으로도 할 수 있다.
② 자본잉여금은 증자나 감자 등 주주와의 거래에서 발생하여 자본을 증가시키는 잉여금이다.
③ 자본조정은 당해 항목의 성격으로 보아 자본거래에 해당하나 최종 납입된 자본으로 볼 수 없거나 자본의 가감 성격으로 자본금이나 자본잉여금으로 분류할 수 없는 항목이다.
④ 기타포괄손익누계액은 보고기간 종료일 현재의 매도가능증권평가손익, 해외사업환산손익, 현금흐름위험회피 파생상품평가손익 등의 잔액이다.

> **TIP** PART 06. 자본의 회계처리 | Chapter 02. 주식회사의 자본 | 난이도 중

① 자본금은 법정자본금만을 의미하며 임의자본금은 존재하지 않는다. 자본잉여금, 자본조정, 기타포괄손익누계액 등은 자본항목이지만 법정자본금은 반드시 정관 및 상법상 납입자본금이어야 한다.

Answer 5.③ 6.①

7 2024년말 미처분이익잉여금이 80,000원인 ㈜새싹의 2025년 당기순이익은 120,000원이다. 당기 이익잉여금을 다음과 같이 처분하려고 한다. 다음의 사항들이 주주총회에서 원안대로 승인되는 경우 차기이월이익잉여금은 얼마인가?

- 감채기금적립금 이입 : 30,000원
- 주식배당 : 10,000원
- 이익준비금 적립 : 현금배당의 10%
- 현금배당 : 40,000원
- 사업확장적립금 적립 : 25,000원

---

① 151,000원

② 161,000원

③ 171,000원

④ 181,000원

TIP　PART 06. 자본의 회계처리 ｜ Chapter 02. 주식회사의 자본 ｜ 난이도 중

① 미처분이익잉여금(80,000) + 당기순이익(120,000) = 처분전이익잉여금 200,000원, 감채기금 30,000, 현금배당 40,000, 주식배당 10,000, 사업확장적립금 25,000, 이익준비금(40,000 × 10%) 4,000 → 총 109,000 차감된다. 따라서 차기이월이익잉여금 = 200,000 − 109,000 = 151,000원

8 ㈜태양은 2025년 1월 1일 자기주식 10주를 주당 5,000원에 취득하였고 2025년 12월 31일 자기주식 5주를 주당 6,000원에 처분하였다. 이러한 거래들로 인하여 2025년 손익계산서상 영향을 주는 금액은 얼마인가?

① 20,000원 감소

② 5,000원 감소

③ 영향 없음

④ 5,000원 증가

TIP　PART 06. 자본의 회계처리 ｜ Chapter 02. 주식회사의 자본 ｜ 난이도 중

③ 자기주식은 회사가 이미 발행한 주식을 자기 자금으로 취득한 것으로, 자산이 아닌 자본의 차감항목(자본조정)에 해당한다. 취득 · 보유 · 처분 시 손익계산서에는 영향을 미치지 않으며, 처분손익은 자본잉여금 또는 자본조정 항목으로 처리한다.

Answer　7.①　8.③

9 ㈜한국의 2025년 거래 내역이 다음과 같을 때 2025년 말 자본잉여금으로 계상되는 금액은 얼마인가? (단, 각 거래는 독립적이고 상계 처리하지 않는 것으로 가정한다.)

> • 2월 5일 액면 2,000원인 주식을 7,000원에 발행하였다.
> • 3,000원에 매입한 자기주식을 8,000원에 처분하였다.
> • 장기투자목적으로 1월 1일에 매입한 주식 15,000원의 12월 31일 현재 공정가치는 18,000원이다.
> • 액면 5,000원인 주식을 7,000원에 매입하여 즉시 소각하였다.

① 5,000원
② 10,000원
③ 11,000원
④ 13,000원

TIP　PART 06. 자본의 회계처리 │ Chapter 02. 주식회사의 자본 │ 난이도 중

② 자본잉여금은 주식발행초과금, 자기주식처분이익 등으로 구성된다. 주식발행초과금 = 7,000 − 2,000 = 5,000, 자기주식처분이익 = 8,000 − 3,000 = 5,000으로 합계 = 10,000원이다. 매입 후 즉시 소각한 주식의 손익은 자본조정 항목으로 반영된다.

Answer　9.②

10 다음 중 재무제표상 자본에 해당하는 계정과목이 아닌 것은?

① 주식발행초과금
② 가지급금
③ 기타포괄손익누계액
④ 감자차손

TIP PART 06. 자본의 회계처리 │ Chapter 02. 주식회사의 자본 │ 난이도 하

② 가지급금은 직원이나 관계자에게 일시 대여한 금액으로, 자산으로 분류된다. 자본항목에는 주식발행초과금, 감자차손, 기타포괄손익누계액 등이 해당한다. 따라서 가지급금은 자본이 아닌 자산 항목이다.

Answer 10.②

PART

07

수익과 비용의
회계처리

매출액과 매출원가

section 1 수익과 비용

(1) 수익의 인식

① 수익의 의의 : 기업이 일정 기간 동안 고객에게 재화를 판매하거나 용역을 제공하고 그 대가로 획득한 현금 또는 수취채권을 말한다. 수익은 기업의 경영활동과 관련하여 순자산의 증가를 가져오는 것이다. 수익은 영업주기 전반에 걸쳐 물품을 판매하고 대금을 회수하기 위한 영업활동이 점진적으로 수행되어 현금 또는 현금청구권이 확보되고, 수익창출활동이 사실상 완료되는 시점에 인식한다.

② 수익의 측정 : 수익은 판매대가(받았거나 또는 받을 대가)의 공정가액으로 측정한다. 여기서 공정가액이란 합리적인 판단력과 거래의사가 있는 독립된 당사자 간에 거래될 수 있는 교환가격이다.

tip 수익인식시기

구분	수익인식시기
상품 등 일반매출액	상품·제품 등을 판매하여 인도하는 시점
위탁매출액	수탁자가 위탁품을 판매한 날
시용매출액	매입자가 매입의사표시를 한 날
용역·예약매출	진행기준. 단, 진행기준을 적용함에 있어 공사·제조 및 용역제공과 관련한 수익·원가 또는 진행률 등을 합리적으로 추정할 수 없거나 수입금액의 회수가능성이 크지 않은 경우에는 발생원가범위 내에서 회수가능한 금액을 수익으로 인식하고 발생원가 전액을 비용으로 계상
단기·장기할부매출액	상품·제품 등을 판매하여 인도하는 시점. 다만, 장기할부의 경우 이자상당액은 현재가치할인차금으로 계상하여, 기간의 경과에 따라 수익으로 인식
토지·건물 등의 처분	잔금청산일, 소유권이전등기일 및 매입자의 사용가능일 중 가장 빠른 날

③ 수익인식의 5단계(K-IFRS 제1115호; 고객과의 계약에서 생기는 수익)

　㉠ 1단계 : 고객과의 계약 식별

　　• 기업은 먼저 고객과 체결한 계약이 재무제표에서 수익으로 인식할 수 있는 '유효한 계약'인지 판단한다. 이를 위해 다음 요건을 모두 충족해야 한다.

- 이 요건을 충족한 경우에만 해당 계약을 수익인식의 대상 계약으로 본다.
  - 계약 당사자들이 계약을 승인하고 각자의 의무를 이행하기로 합의할 것
  - 이전해야 할 재화·용역과 관련된 권리를 명확히 식별할 수 있을 것
  - 지급조건이 명확히 정해져 있을 것
  - 계약이 기업의 미래현금흐름의 금액·시기·위험에 변동을 일으키는 상업적 실질을 가질 것
  - 고객에게서 받을 대가의 회수가능성이 높을 것
ⓛ 2단계 : 수행의무의 식별
- 계약에서 고객에게 어떤 재화나 용역을 제공하기로 약속했는지를 분석하여 '수행의무'를 정의한다.
- 수행의무는 고객에게 구별되는 재화·용역을 이전하기로 한 각 약속 단위이다. 다음 기준을 모두 충족하면 '구별되는 품목'으로 본다.
- 구별되는 재화·용역이 연속적이고 본질적으로 동일하며 고객에게 이전되는 방식도 동일한 경우에는 '일련의 수행의무'로 본다.
  - 효익획득 가능성 : 고객이 그 재화·용역 자체로 효익을 얻거나, 다른 자원과 결합하여 효익을 얻을 수 있음
  - 식별가능성 : 계약 내 다른 약속과 명확히 구분되는 개별 약속으로 식별될 것
ⓒ 3단계 : 거래가격의 산정
- 기업이 재화나 용역을 이전하는 대가로 받을 것으로 예상되는 금액을 거래가격으로 산정한다.
- 거래가격은 제3자를 위해 회수한 금액은 제외하고, 기업이 실질적으로 얻을 권리가 있는 금액을 기준으로 판단한다.
  - 변동대가 존재 여부 및 그 추정치에 대한 제약
  - 계약에 포함된 유의적인 금융요소(선급·후불 등)
  - 비현금 대가 존재 여부
  - 고객에게 지급하는 대가(리베이트·인센티브 등)
ⓔ 4단계 : 거래가격을 계약 내 수행의무에 배분
- 거래가격을 계약에서 식별된 수행의무 각각에 적절히 배분해야 한다.
- 배분은 각 수행의무의 개별판매가격을 기준으로 상대적 비율에 따라 이루어진다.
  개별판매가격을 직접 관측할 수 없는 경우, 합리적인 정보에 근거하여 다음 방법 중에서 추정할 수 있다.
  - 시장평가조정법 : 시장에서 고객이 지불할 만한 가격을 기준으로 추정
  - 예상원가이윤가산법 : 예상원가에 적정 이윤을 더해 산출
  - 잔여접근법 : 전체 거래가격에서 다른 수행의무의 개별판매가격을 차감하여 나머지를 배분
ⓜ 5단계 : 수행의무를 이행할 때 수익을 인식
- 기업은 고객이 재화나 용역에 대한 통제를 획득하는 시점에 수익을 인식한다.
- 통제란 자산을 지시·사용하거나 그 효익 대부분을 획득할 수 있는 능력을 의미하며 다음과 같은 형태로 효익이 실현될 수 있다.
- 수행의무는 한 시점에 이행되거나 기간에 걸쳐 이행될 수 있다.

- 기간에 걸쳐 이행되는 경우, 진행률을 합리적으로 측정할 수 있는 방법을 사용하여 수익을 기간에 걸쳐 인식한다. 진행률 측정의 목적은 고객에게 약속한 재화·용역에 대한 통제가 이전되는 정도를 신뢰성 있게 나타내는 데 있다.
  - 재화의 사용을 통한 생산활동
  - 다른 자산의 가치를 증가시키는 사용
  - 부채의 결제 또는 비용 절감
  - 자산의 매각·교환
  - 담보 제공
  - 단순 보유에 따른 경제적 효익

(2) 비용의 인식

① **비용의 의의** : 일정 기간 동안 수익을 획득하기 위해 발생한 경제적 효익의 소비나 소멸을 나타낸다. 비용은 '수익·비용 대응의 원칙'에 따라 수익을 인식한 기간 동안 수익에 대응하여 비용을 인식한다. 따라서 경영활동인 재화를 구매하거나 용역의 제공을 받는 것 등의 대가로 인한 자산의 유출이나 부채의 증가로 나타난다. 비용은 기업의 경영활동과 관련하여 순자산의 감소를 가져오는 것이다.

② **비용의 인식기준** : 비용은 경영활동의 전 과정을 통해 발생하므로 자산을 사용하거나 감소될 때 마다 비용을 인식해야 한다. 하지만 현실적으로 엄격하게 이것을 적용하기 어려우므로 수익이 인식된 시점에 수익과 관련한 비용을 인식하게 되는데 이를 수익·비용 대응의 원칙이라 한다.

section 2 매출액과 매출원가

(1) 매출액

매출액은 기업의 주된 영업활동에서 발생한 상품, 제품의 판매 또는 용역의 제공으로 실현된 금액으로, 순매출액을 의미한다. 순매출액은 총매출액에서 매출에누리와 환입 및 매출할인을 차감하여 구한다.

① **제품매출, 상품매출** : 기업의 주된 영업활동의 결과로 제품매출액은 총매출액에서 매출할인, 매출환입, 매출에누리 등을 차감한 금액이다.

② **매출환입 및 매출에누리** : 매출환입은 제품이나 상품의 불량, 하자, 파손 등의 사유로 반품처리된 금액을 결제금액에서 차감해주는 것으로 총매출액에서 차감한다. 매출에누리는 판매된 상품의 불량(파손, 하자)로 판매가격을 깎아주는 것으로 이 또한 총매출액에서 차감한다.

③ **매출할인** : 매출할인은 신용할인으로 외상대금을 약정된 할인기간 내에 조기에 회수하여 유동성을 확보하고자 결제금액의 일부를 할인해주는 것이다.

(2) 매출원가

상품, 제품 등의 매출액에 대응되는 원가로서 일정 기간 중에 판매된 상품이나 제품 등에 대해 배분된 매입원가 또는 제조원가를 말한다.

매출액과 직접 대응되는 원가로서 일정 기간 동안 판매된 상품이나 제품에 대한 매입원가이다.

① **상품매출원가** : 상품매출원가 = 기초상품재고액 + 당기상품매입액 － 기말상품재고액

② **제품매출원가** : 제품매출원가 = 기초제품재고액 + 당기제품제조원가 － 기말제품재고액

02 판매비와 관리비

section 1 인건비 계정

(1) 급여

판매 및 일반관리부문에 종사하는 종업원에 대한 정기적인 급료와 임금, 상여금 및 제수당을 말한다.

(2) 퇴직급여

판매 및 관리업무에 종사하는 종업원의 퇴직급여충당부채전입액을 말하며, 종업원이 퇴직 시 지급되는 퇴직금은 먼저 퇴직급여충당부채와 상계하고, 동 충당부채 잔액이 부족 시 퇴직급여인 비용으로 회계처리한다.

(3) 복리후생비

판매 및 관리업무에 종사하는 종업원들에 대한 복리비와 후생비로서 법정복리비, 복리시설부담금, 건강보험료(사용자부담분), 기타 사회통념상 타당하다고 인정되는 장례비, 경조비, 위로금 등을 말한다.

section 2 관리 · 일반 경비

(1) 여비교통비

판매 및 관리업무에 종사하는 종업원들에게 지급하는 출장비, 시내교통비 등을 말한다.

(2) 통신비

판매 및 관리업무에서 발생하는 전신료, 전화료, 우편료, 인터넷 사용료 등과 그 유지비로서 통신을 위해 직접 소요된 비용을 말한다.

(3) 수도광열비

판매 및 관리업무에서 발생하는 수도료, 전기료, 유류비, 가스비 등을 말한다.

(4) 세금과공과

기업이 부담하는 국세, 지방세와 국가 또는 지방자치단체가 부과하는 공과금, 벌금, 과태료, 과징금 등을 말한다. 또한 조합 또는 법정단체의 공과금 등도 포함한다.

(5) 임차료

부동산이나 동산을 임차하고 그 소유자에게 지급하는 비용을 말한다.

(6) 차량유지비

판매 및 관리에 사용하는 차량에 대한 유지비용으로 유류대, 주차비, 차량수리비 등을 말한다.

(7) 소모품비

판매 및 관리업무에 사용하는 소모성 비품 구입에 관한 비용으로 사무용품, 기타 소모자재 등이 있다.

(8) 지급수수료

판매 및 관리업무에서 제공받은 용역의 대가를 지불할 때 사용하는 비용을 말한다.

(9) 접대비

판매 및 관리업무 시 거래처에 대한 접대비용으로 거래처에 대한 경조금, 선물대, 기밀비 등을 포함한다.

(10) 보험료

판매 및 관리업무용 부동산에 대한 화재 및 손해보험 등의 보험료를 말한다.

(11) 수선비

판매 및 관리업무용 건물, 비품 등의 수선비를 말한다.

 판매 비용

(1) 광고선전비

제품의 판매촉진활동과 관련된 비용을 말한다.

(2) 운반비

상품판매 시 운반에 소요되는 비용을 판매자가 부담할 때 사용한다. 그러나 상품매입 시 운반비를 부담한 경우에는 상품의 취득부대비용으로 처리한다.

 감가상각 및 대손 비용

(1) 감가상각비

유형자산의 취득원가를 기간손익에 반영하기 위하여 내용연수동안 배분한 금액을 말한다.

(2) 대손상각비

회수가 불가능한 채권과 대손추산액을 처리하는 비용을 말한다.

 연구 · 교육 · 기타

(1) 교육훈련비

판매 및 관리업무 임직원의 직무능력 향상을 위한 교육 및 훈련에 대한 비용을 말한다.

(2) 도서인쇄비

판매 및 관리업무용 도서구입비 및 인쇄와 관련된 비용을 말한다.

(3) 연구비

연구활동을 수행하는 과정에서 발생하는 비용을 말한다.

(4) 경상개발비

개발활동과 관련하여 경상적으로 발생하는 비용을 말한다.

03 영업외 수익과 영업외 비용, 중단사업 손익

section 1 영업외 수익과 영업외 비용

(1) 이자수익과 이자비용

이자수익은 금융업이외의 판매업, 제조업 등을 영위하는 기업이 일시적인 유휴자금을 대여한 경우나 은행에 예·적금을 가입한 경우에 발생한 이자 및 국공채 등에서 발생하는 이자 등을 포함하고, 이자비용은 타인자본을 사용하였을 경우에 이에 대한 대가로서 차입금에 대한 이자 및 회사채이자 등을 말한다.

(2) 배당금수익

주식이나 출자금 등에서 발생하는 이익 또는 잉여금의 분배로 받는 현금배당금액을 말한다.

(3) 임대료

부동산 또는 동산을 타인에게 임대하고 일정기간마다 사용대가로 받는 임대료, 지대, 집세 및 사용료를 말한다. 회사가 부동산임대업을 주업으로 하는 경우에는 임대료수입이 매출액이 되지만, 이외의 업종에서는 영업외수익으로 계상하여야 한다.

(4) 당기손익-공정가치 측정 금융자산 평가이익과 당기손익-공정가치 측정 금융자산 평가손실

당기손익-공정가치 측정 금융자산은 결산일 현재 공정가액으로 평가하여야 한다. 공정가액이 장부가액보다 큰 경우에는 그 차액을 영업외수익으로 계상하여야 하고, 공정가액이 장부가액보다 적은 경우에는 그 차액을 영업외비용으로 회계처리 한다.

(5) 당기손익-공정가치 측정 금융자산 처분이익과 당기손익-공정가치 측정 금융자산 처분손실

당기손익-공정가치 측정 금융자산을 처분하는 경우에 장부가액보다 높은 가액으로 처분하는 경우에는 그 차액을 영업외수익으로, 낮은 가액으로 처분한 경우에는 영업외비용으로 회계처리 한다.

(6) 유형자산 처분이익과 유형자산 처분손실

유형자산을 장부가액보다 높은 가액으로 처분하는 경우에는 영업외수익으로 회계처리하고, 반대의 경우에는 영업외비용으로 회계처리 한다.

(7) 자산수증이익

회사가 주주, 채권자 등 타인으로부터 무상으로 자산을 증여받은 경우에 발생하는 이익을 말한다.

(8) 채무면제이익

회사가 주주, 채권자 등 타인으로부터 채무를 면제받았을 경우 발생하는 이익을 말한다.

(9) 기부금

상대방에게 아무런 대가없이 기증하는 금전, 기타의 재산가액을 말한다.

(10) 전기오류수정이익과 전기오류수정손실

오류로 인하여 전기 이전의 손익이 잘못되었을 경우에 전기오류수정이익 또는 전기오류수정손실이라는 계정과목으로 하여 당기 영업외손익으로 처리하도록 규정하고 있다. 그러나 오류가 전기 재무제표의 신뢰성을 심각하게 손상시킬 수 있는 중대한 오류의 경우에는 오류로 인한 영향을 미처분이익잉여금에 반영하고 전기재무제표를 수정하여야 한다.

section 2 중단사업손익

(1) 법인세비용차감전계속사업손익

기업의 계속적인 사업활동과 그와 관련된 부수적인 활동에서 발생하는 손익으로서 중단사업손익에 해당하지 않는 모든 손익을 말한다. 법인세비용차감전계속사업손익은 중단사업손익이 있을 경우에만 나타나며 영업손익에 영업외수익을 가산하고 영업외비용을 차감하여 산출한다.

(2) 중단사업

기업의 일부로서 경영관리와 재무보고 목적상 별도로 식별할 수 있고, 주요 사업별 또는 지역별 단위로 구분할 수 있으며, 사업의 중단을 목표로 수립된 단일계획에 따라 기업의 일부를 일괄매각방식 또는 기업분할방식으로 처분하거나, 해당 사업에 속한 자산과 부채를 분할하여 처분 또는 상환하거나, 또는 사업자체를 포기하는 경우를 말한다.

(3) 중단사업손익

① 해당 회계기간에 중단사업으로부터 발생한 영업손익과 영업외손익으로서 사업중단직접비용과 중단사업자산감액손실을 포함한다. 사업중단에 대한 최초공시사건이 일어나면 사업중단과 직접적으로 관련하여 발생할 것으로 예상되는 사업중단직접비용을 중단사업손익에 포함하고 충당부채로 계상한다.

② 사업중단계획을 승인하고 발표하는 경우에는 일반적으로 중단사업에 속하는 자산에 감액손실이 새로이 발생 또는 추가되거나, 드문 경우이지만 과거에 인식하였던 감액손실의 회복이 수반된다. 따라서, 사업중단계획의 발표시점에서 중단사업에 속하는 자산의 회수가능가액을 추정하여 감액손실을 인식하거나 감액전의 장부가액을 한도로 하여 과거에 인식한 감액손실을 환입한다.

③ 중단사업에 속하는 자산에 대한 감액손실을 인식하는 경우에는 자산의 회수가능가액에 대한 추정을 개별자산별로 할 것인지, 또는 현금창출단위별로 할 것인지를 정해야 한다. 중단사업손익은 손익계산서에 법인세효과를 차감한 금액으로 보고하고 법인세효과는 주기한다.

적중예상문제

1 다음 ( ) 안에 순차적으로 들어갈 내용으로 옳은 것은?

> 수익이란 기업실체의 경영활동과 관련된 재화의 판매 또는 용역의 제공 등에 대한 대가로 발생하는 자산의 ( ) 또는 부채의 ( )이다.

① 유입, 증가 ② 유출, 감소

③ 유출, 증가 ④ 유입, 감소

TIP ④ 수익은 자산의 유입 또는 부채의 감소이다.

2 다음 자료를 바탕으로 순매입액을 계산하면 얼마인가?

> - 기초상품재고액　　　　　45,000원
> - 총매입액　　　　　　　　530,000원
> - 매입환출액　　　　　　　40,000원
> - 매입에누리액　　　　　　10,000원
> - 매입할인액　　　　　　　25,000원
> - 매출할인액　　　　　　　10,000원
> - 상품 매입운임　　　　　　15,000원

① 460,000원 ② 465,000원

③ 470,000원 ④ 475,000원

TIP ③ 상품 순매입액 = 총매입액 − (매입에누리액 + 매입환출액 + 매입할인액) + 매입운임
= 530,000 + 15,000 − 40,000 − 10,000 − 25,000 = 470,000원

Answer 1.④ 2.③

3 다음 자료에서 매출원가를 구하면 얼마인가?

• 기초상품재고액	1,500,000원
• 매입에누리	90,000원
• 당기매입액	3,000,000원
• 기말상품재고액	2,000,000원
• 매입운임	200,000원
• 매입환출	50,000원

① 2,560,000원 　　　　　　② 2,580,000원
③ 2,610,000원 　　　　　　④ 2,700,000원

TIP ① 매출원가 = 기초상품재고액 + 당기매입액 + 매입운임 − 기말재고액 − 매입환출액 − 매입에누리
　　　 = 1,500,000 + 3,000,000 + 200,000 − 90,000 − 2,000,000 − 50,000 = 2,560,000원

4 다음 자료를 이용하여 매출총이익을 계산하면 얼마인가?

• 총매출액	500,000원
• 기말상품재고액	100,000원
• 매출에누리	10,000원
• 매출할인	20,000원
• 매입할인	5,000원
• 총매입액	200,000원
• 매입환출	5,000원
• 기초상품재고액	100,000원

① 300,000원 　　　　　　② 295,000원
③ 290,000원 　　　　　　④ 280,000원

TIP ④ 판매가능재고 = 기초상품재고액 + 총매입액 − 매입할인 − 매입환출
　　　 = 100,000 + 200,000 − 5,000 − 5,000 = 290,000
　　매출원가 = 판매가능재고 − 기말상품재고 = 290,000 − 100,000 = 190,000
　　순매출액 = 총매출액 − 매출에누리 − 매출할인 = 500,000 − 10,000 − 20,000 = 470,000
　　매출총이익 = 순매출액 − 매출원가 = 470,000 − 190,000 = 280,000

5 다음 중 진행기준을 적용하여 수익을 인식할 수 없는 것은?

① 광고제작사의 광고제작용역수익
② 방송사의 광고수익
③ 주문개발하는 소프트웨어의 대가로 수취하는 수수료
④ 재화판매에 부수적으로 제공되지 않는 설치수수료

TIP ② 방송사의 광고수익은 광고가 대중들에게 전달되는 시점에 수익을 인식한다.

6 다음의 비용의 인식과 관련된 설명 중에서 잘못된 것은?

① 매출원가는 인과관계에 따라 매출수익에 대응하는 비용이다.
② 감가상각비는 수익이 창출되는 기간동안 체계적이고 합리적으로 배분하여 인식한다.
③ 매출수익과 간접대응하여 비용인식하는 계정은 보험료, 임차료, 광고선전비, 경상연구개발비 등이 있다.
④ 매출수익과 직접대응하여 비용인식하는 계정은 매출원가, 판매원수수료, 판매원수당, 감가상각비 등이 있다.

TIP ④ 감가상각비는 매출수익에 간접대응하여 비용을 인식하는 계정이다.

7 다음 중 수익인식 기준으로 옳지 않은 것은?

① 위탁판매는 수탁자가 제3자에게 재화를 판매한 시점에 수익을 인식한다.
② 시용판매는 고객이 매입의사를 표시하는 시점에 수익을 인식한다.
③ 장기할부판매는 재화를 고객에게 판매한 시점에 수익을 인식한다.
④ 배당수익은 주주로서 배당을 받을 권리가 확정되는 시점에 수익을 인식한다.

TIP ③ 할부판매는 일반적으로 재화를 고객에게 판매한 시점에 수익을 인식하지만, 장기할부판매의 경우에는 이자부분을 제외한 판매가격을 수익으로 인식하고 이자부분은 유효이자율법을 사용하여 수익으로 인식한다.

Answer 5.② 6.④ 7.③

(자료) ㈜단무지는 2023년 1월 1일에 원가가 ₩4,500,000인 상품을 판매하면서 그 대금은 매년 말 ₩2,000,000씩 3회에 걸쳐 현금을 수취하기로 하였다. 단, 유효이자율은 10%이며, 현가계수는 아래 표를 이용한다.

기간	기간 말 단일금액 1원의 현재가치	정상연금 1원의 현재가치
	할인율 = 10%	할인율 = 10%
1년	0.90909	0.90909
2년	0.82645	1.73554
3년	0.75131	2.48685

8 동 거래로 2023년도의 포괄손익계산서상 당기순이익은 얼마나 증가되는가?

① ₩473,700
② ₩497,370
③ ₩971,070
④ ₩1,500,000

TIP ③ 장기매출채권의 현재가치(10%) = 2,000,000 × 2.48685 = 4,973,700

2025년도의 포괄손익계산서상 당기순이익에 미치는 영향 = 매출총이익 + 이자수익

2025년 당기순이익 = 4,973,700 − 4,500,000 + 497,370 = 971,070

1년 분개

판매 시	(차) 장기매출채권	4,973,700	(대) 매출	4,973,700	
	매출원가	4,500,000	재고자산	4,500,000	
2023년 말	(차) 현금	2,000,000	(대) 이자수익	497,370	
			장기매출채권	1,502,630	

2년 분개

2024년 말	(차) (차) 현금	2,000,000	(대) 이자수익	347,107	
			장기매출채권	1,652,893	

9 동 거래로 2024년도의 포괄손익계산서상 당기순이익은 얼마나 증가되는가?

① ₩0
② ₩347,107
③ ₩497,370
④ ₩500,000

TIP 2024년도의 포괄손익계산서상 당기순이익에 미치는 영향
= (2,000,000 × 2.48685 + 4,973,700 × 10% − 2,000,000) × 10% = 347,107

Answer 8.③ 9.②

10 프랜차이즈 수수료에 관한 내용으로 옳지 않은 것은?

① 계약에 의한 권리의 계속적인 사용에 부과되는 수수료나 계약기간 동안 제공하는 기타 용역에 대한 수수료는 권리를 사용하는 시점이나 용역을 제공하는 시점에 수익으로 인식한다.

② 창업지원용역 수수료가 장기간에 걸쳐 회수되고 모두 회수하는데 유의적인 불확실성이 존재하는 경우에는 할부금을 현금으로 수취하는 시점에 수익으로 인식한다.

③ 설비와 기타 유형자산을 제공하는 경우 해당 자산을 인도하거나 소유권을 이전할 때 제공하는 자산의 공정가치에 기초한 금액을 수익으로 인식한다.

④ 프랜차이즈 본사가 가맹점에게 공급할 재화를 대신 주문하고 원가로 인도하는 대리거래는 인도시점에 수익을 인식한다.

TIP ④ 프랜차이즈 본사가 가맹점에게 공급할 재화를 대신 주문하고 원가로 인도하는 대리거래는 수익으로 보지 아니한다.

[11 ~ 15] 「K－IFRS 제1115호(고객과의 계약에서 생기는 수익)」에 근거하여 물음에 답하시오.

11 다음 중 '고객과의 계약 식별' 단계에서 계약으로 회계처리하기 위한 요건에 해당하지 않는 것은?

① 계약당사자들이 계약을 승인하고 의무를 수행하기로 확약한다.
② 상업적 실질이 존재한다.
③ 재화나 용역의 지급조건을 식별할 수 있다.
④ 계약에 법적 구속력이 존재하지 않아도 수익으로 인식할 수 있다.

TIP ④ 계약으로 수익을 인식하기 위해서는 법적 구속력이 있는 계약이어야 하며, 상업적 실질과 회수가능성 등의 요건을 충족해야 한다. 법적 효력이 없는 단순한 의사합의는 회계상 '고객과의 계약'으로 보지 않는다. 즉, 계약이 집행가능한 권리와 의무를 수반해야 수익인식의 대상이 된다.

Answer　10.④　11.④

12 '수행의무 식별' 단계에서 구별되는 재화나 용역으로 보기 위한 기준으로 옳은 것은?

① 계약서에 명시된 금액이 동일해야 한다.
② 고객이 그 재화나 용역에서 효익을 얻을 수 있어야 한다.
③ 공급자 입장에서 동일한 상품이어야 한다.
④ 계약기간이 1년 이하인 경우에 한한다.

TIP ② 재화나 용역이 구별되려면 효익획득가능성과 식별가능성 을 충족해야 하므로 효익획득가능성이 핵심이며, 이는 고객의 관점에서 판단한다.

13 다음 중 거래가격 산정 시 고려해야 할 사항에 해당하지 않는 것은?

① 변동대가
② 비현금 대가
③ 계약의 유의적인 금융요소
④ 제조원가 계산 방식

TIP ④ 거래가격은 고객에게 이전할 재화·용역의 대가로 기업이 받을 권리를 갖게 될 금액으로, 계약조건과 사업관행을 반영하여 변동대가, 변동대가 추정치의 제약, 유의적인 금융요소, 비현금대가, 고객에게 지급할 대가 등을 고려한다. 제조원가는 원가계산과 관련된 사항으로 거래가격 산정 항목에 해당하지 않는다.

14 다음 설명 중 '거래가격을 계약 내 수행의무에 배분' 단계에 대한 설명으로 옳은 것은?

① 거래가격은 무조건 균등하게 배분한다.
② 각 수행의무별 상대적 개별판매가격을 기준으로 배분한다.
③ 할인액은 특정 수행의무에만 전액 배분해야 한다.
④ 개별판매가격은 반드시 계약서에 명시되어야 한다.

TIP ② 거래가격은 계약에서 식별된 수행의무에 상대적 개별판매가격 비율로 배분한다. 개별판매가격이 직접 관측되지 않는 경우, 시장평가조정법, 예상원가이윤가산법, 잔여접근법 등을 사용하여 추정할 수 있다. 균등배분이나 전액배분 방식은 원칙적으로 허용되지 않는다.

15 수익 인식의 마지막 단계인 '수행의무 이행 시점'에 대한 설명으로 옳은 것은?

① 고객이 계약을 체결한 시점에 수익을 인식한다.
② 재화나 용역의 통제가 고객에게 이전될 때 수익을 인식한다.
③ 계약금 지급 시점에 자동으로 수익을 인식한다.
④ 수행의무 이행 전이라도 청구서 발행 시점에 수익을 인식한다.

TIP ② 수익은 고객이 재화나 용역의 통제를 획득할 때, 즉 기업의 수행의무가 이행될 때 인식한다. '통제'란 자산의 사용을 지시하고 그 효익의 대부분을 획득할 수 있는 능력을 말하며, 이는 단순히 청구서 발행이나 계약금 수령만으로 충족되지 않는다. 따라서 수익은 통제이전 시점 또는 기간에 걸쳐 진행률 기준으로 인식한다.

실전기출문제

제93회 기업회계 3급

1 다음 중 외상매출금을 일정 조건으로 조기 회수하는 경우 외상 대금의 일부를 할인하여 주는 것을 무엇이라고 하는가?

① 어음할인 ② 매출할인
③ 대손 ④ 매출에누리

> **TIP** PART 07. 수익과 비용의 회계처리 | Chapter 01. 매출액과 매출원가 | 난이도 하
>
> ② 외상매출금의 조기 회수 시 지급기일 전 납부를 유도하기 위해 일정 금액을 깎아주는 것이 매출할인이다. 이는 판매비용으로 처리한다.

제93회 기업회계 3급

2 다음은 ㈜세무의 제9기 상품 관련 자료이다. 이를 통해 알 수 있는 ㈜세무의 제9기 순매출액을 계산한 금액으로 옳은 것은?

- 기초상품재고액 : 40,000원
- 순매입액 : 300,000원
- 기말상품재고액 : 50,000원
- 매출총이익 : 100,000원

---

① 360,000원 ② 370,000원
③ 380,000원 ④ 390,000원

> **TIP** PART 07. 수익과 비용의 회계처리 | Chapter 01. 매출액과 매출원가 | 난이도 중
>
> ④ 매출원가 = 기초재고 + 순매입 − 기말재고 = 40,000 + 300,000 − 50,000 = 290,000, 매출액 = 매출총이익 + 매출원가 = 100,000 + 290,000 = 390,000원이다.

Answer 1.② 2.④

3 다음 중 영업이익에 영향을 미치는 계정과목으로만 짝지어진 것은?

① 상품매출, 급여
② 잡이익, 기부금
③ 제품매출, 재해손실
④ 용역매출, 잡손실

TIP PART 07. 수익과 비용의 회계처리 │ Chapter 02. 판매비와 관리비 │ 난이도 중

① 영업이익은 매출총이익에서 판매비와관리비를 차감하여 산출된다. 상품매출과 급여는 영업활동 관련 항목이지만, 잡이익 · 재해손실 등은 영업외손익 항목이다.

4 다음의 거래에서 차변에 분개되는 계정과목은 무엇인가?

> 본사 홍길동 대리가 결혼하여 회사에서 축의금 300,000원을 현금으로 지급하였다.

① 보험료
② 복리후생비
③ 광고선전비
④ 접대비(업무추진비)

TIP PART 07. 수익과 비용의 회계처리 │ Chapter 02. 판매비와 관리비 │ 난이도 하

② 직원 복리 목적의 금품 제공은 복리후생비로 처리한다. 이는 판매비와관리비 중 인사 · 복지 관련 비용 항목에 속한다.

Answer 3.① 4.②

5 다음의 자료를 이용하여 당기순이익을 계산한 것으로 옳은 것은?

> • 영업이익 : 440,000원
> • 이자수익 : 100,000원
> • 기부금 : 60,000원
> • 이자비용 : 80,000원

① 300,000원 ② 400,000원
③ 480,000원 ④ 540,000원

TIP PART 07. 수익과 비용의 회계처리 │ Chapter 03. 영업외수익과 영업외비용, 중단사업손익 │ 난이도 중

② 당기순이익 = 영업이익 + 이자수익 − 이자비용 − 기부금 = 440,000 + 100,000 − 80,000 − 60,000 = 400,000원이다.

6 다음은 세무상점의 2025년 4월 중 매출과 관련된 자료이다. 다음의 자료를 이용하여 순매출액을 계산한 금액으로 옳은 것은?

> • 4월의 총매출액은 1,000,000원이다.
> • 매출액 중 하자로 인한 반품 금액은 100,000원이다.
> • 매출 대금의 조기 회수로 인한 에누리 금액은 50,000원이다.
> • 매출과 관련한 운반비 30,000원이 지출되었다.

① 820,000원 ② 830,000원
③ 850,000원 ④ 900,000원

TIP PART 07. 수익과 비용의 회계처리 │ Chapter 01. 매출액과 매출원가 │ 난이도 중

③ 순매출액은 총매출액에서 매출환입(반품)과 매출에누리를 차감하여 계산한다. 운반비는 판매비용으로 처리하므로 순매출액 계산에서 제외된다. 즉, 1,000,000 − (100,000 + 50,000) = 850,000원이다.

Answer 5.② 6.③

7 다음 보기의 계정과목 중 판매비와관리비에 해당하는 계정의 합계액은 얼마인가?

> - 접대비 : 50,000원
> - 임차료 : 60,000원
> - 기타의 대손상각비 : 30,000원
> - 잡손실 : 100,000원

① 110,000원
② 180,000원
③ 220,000원
④ 300,000원

TIP PART 07. 수익과 비용의 회계처리 | Chapter 02. 판매비와 관리비 | 난이도 하

① 판매비와관리비에는 기업의 영업활동에 직접적으로 필요한 관리·판매 관련 비용이 포함된다. 접대비(대외비용)와 임차료(관리비용)가 이에 해당하므로 합계는 110,000원이다. 대손상각비와 잡손실은 영업외비용이다.

8 다음 중 손익계산서의 영업외비용 계정과목에 해당하지 않는 것은?

① 광고선전비 ② 기부금
③ 외화환산손실 ④ 이자비용

TIP PART 07. 수익과 비용의 회계처리 | Chapter 02. 판매비와 관리비 | 난이도 하

① 광고선전비는 판매활동을 위한 비용이므로 영업외비용이 아니라 판매비와관리비에 속한다. 기부금·외화환산손실·이자비용은 영업외비용이다.

Answer   7.① 8.①

9 다음 중 영업외수익에 해당하는 내용으로 옳은 것은?

① 가구점의 침대 판매액
② 택시회사의 택시요금 수입액
③ 커피전문점의 커피 판매 수입액
④ 완구회사의 일부 건물 임대 수입액

TIP PART 07. 수익과 비용의 회계처리 │ Chapter 03. 영업외수익과 영업외비용, 중단사업손익 │ 난이도 중

④ 기업의 주된 영업활동이 아닌 활동에서 생기는 수익을 영업외수익이라 한다. 완구회사가 보유 건물을 임대해 얻는 임대료 수입은 영업외수익이다.

10 다음을 이용하여 매출액을 계산하면 얼마인가?

> • 기초 상품 재고액 : 120,000원
> • 기말 상품 재고액 : 180,000원
> • 당기 상품 매입액 : 410,000원
> • 매출총이익 : 220,000원

① 520,000원   ② 570,000원
③ 630,000원   ④ 690,000원

TIP PART 07. 수익과 비용의 회계처리 │ Chapter 01. 매출액과 매출원가 │ 난이도 중

② 매출원가 = 기초 + 매입 − 기말 = 120,000 + 410,000 − 180,000 = 350,000원,
매출액 = 매출원가 + 매출총이익 = 350,000 + 220,000 = 570,000원

Answer 9.④ 10.②

11 개인기업에서 납부하는 각종 세금에 대해 회계처리를 하는 경우 계정과목이 잘못 연결된 것은?

① 건물 취득 시 납부한 취득세 : 건물 계정

② 회사 소유 화물 차량에 대한 자동차세 : 차량운반구 계정

③ 사업주 개인 소유 건물의 재산세 : 인출금 계정

④ 종업원 급여 지급 시 원천 징수한 소득세 : 예수금 계정

TIP PART 07. 수익과 비용의 회계처리 │ Chapter 02. 판매비와 관리비 │ 난이도 중

② 자동차세는 매년 납부하는 경상적 세금으로 세금과공과로 처리한다. 건물 취득세는 자산취득 부대비용, 개인 재산세는 인출금으로 본다.

12 다음 중 손익계산서 영업외비용 계정은 몇 개인가?

• 복리후생비	• 지급임차료
• 이자비용	• 기부금

① 1개

② 2개

③ 3개

④ 4개

TIP PART 07. 수익과 비용의 회계처리 │ Chapter 03. 영업외수익과 영업외비용, 중단사업손익 │ 난이도 중

② 복리후생비 · 지급임차료 → 판매비와관리비, 이자비용 · 기부금 → 영업외비용이다. 따라서 영업외비용은 2개이다.

Answer　　11.②　12.②

13 다음의 자료를 이용하여 손익계산서에 표시될 매출액을 계산하면 얼마인가?

- 총매출액은 700,000원이며 매출환입액은 20,000원이다.
- 매출 대금의 선입금으로 10,000원을 매출할인 하였다.
- 매출과 관련한 판매비 100,000원이 지출되었다.

① 570,000원 ② 580,000원
③ 670,000원 ④ 680,000원

TIP PART 07. 수익과 비용의 회계처리 | Chapter 01. 매출액과 매출원가 | 난이도 중

③ 순매출액 = 총매출액 − 매출환입 − 매출할인 = 700,000 − 20,000 − 10,000 = 670,000원이다. 매출운반비는 비용으로 처리하며 매출액에 포함되지 않는다.

14 다음 자료를 이용하여 매출원가를 계산한 금액으로 옳은 것은?

- 총매출액 : 800,000원
- 매출총이익 : 200,000원
- 판매비와관리비 : 30,000원

① 550,000원 ② 570,000원
③ 600,000원 ④ 650,000원

TIP PART 07. 수익과 비용의 회계처리 | Chapter 01. 매출액과 매출원가 | 난이도 하

③ 매출총이익 = 매출액 − 매출원가 → 매출원가 = 800,000 − 200,000 = 600,000원

Answer 13.③ 14.③

15 다음 거래를 회계처리 한 후 재무상태의 변화로 옳은 것을 〈보기〉에서 고르면?

> 직원들의 체육대회에 경품으로 사용하기 위해 냉장고를 500,000원에 구입하고 대금은 소지하고 있던 자기앞수표로 지급하다.

〈보기〉

㉠ 유동자산의 감소 　　　　　　㉡ 비유동자산의 증가
㉢ 영업외비용의 발생 　　　　　　㉣ 판매비와관리비의 발생

① ㉠, ㉡ 　　　　　　　　② ㉠, ㉣
③ ㉡, ㉢ 　　　　　　　　④ ㉢, ㉣

TIP PART 07. 수익과 비용의 회계처리 | Chapter 02. 판매비와 관리비 | 난이도 중

② 복리후생비는 판매비와관리비(영업비용) 에 속한다. 자기앞수표는 현금에 포함되므로 유동자산 감소 + 판매비와관리비 발생 관계이다.

Answer 15.②

16 다음의 자료를 이용하여 당기순손익을 계산하면 얼마인가?

> • 매출총이익 : 35,000원
> • 급여 : 10,000원
> • 세금과공과 : 5,000원
> • 보험료 : 4,000원

① 당기순이익 16,000원
② 당기순이익 10,000원
③ 당기순이익 10,500원
④ 당기순손실 16,000원

TIP   PART 07. 수익과 비용의 회계처리 │ Chapter 02. 판매비와관리비 │ 난이도: 하

① 총비용 = 10,000 + 5,000 + 4,000 = 19,000, 매출총이익 35,000 − 19,000 = 당기순이익 16,000원이다.

17 다음은 특정 비용 항목에 대한 일반기업회계기준의 설명이다. 이에 해당하지 않는 계정과목은?

> 이것은 제품, 상품, 용역 등의 판매활동과 기업의 관리활동에서 발생하는 비용으로서 매출원가에 속하지 아니하는 모든 영업비용을 포함한다.

① 급여
② 기부금
③ 감가상각비
④ 접대비(기업업무추진비)

TIP   PART 07. 수익과 비용의 회계처리 │ Chapter 03. 영업외수익과 영업외비용. 중단사업손익 │ 난이도 하

② 판매비와관리비는 영업활동 관련비용이며, 기부금은 영업외비용에 해당한다. 따라서 기부금은 손익계산서상 영업이익 이후에 반영된다.

Answer   16.① 17.②

18 다음 중 아래의 손익계산서의 (가), (나)에 들어갈 수 있는 계정과목으로 바르게 짝지어진 것은?

<table>
<tr><td colspan="4" align="center">손익계산서</td></tr>
<tr><td>㈜세무</td><td colspan="2" align="center">2025.01.01. ~ 2025.12.31.</td><td align="right">(단위 : 원)</td></tr>
<tr><td>(가)</td><td align="right">200,000</td><td>(나)</td><td align="right">300,000</td></tr>
<tr><td></td><td align="right">80,000</td><td></td><td align="right">40,000</td></tr>
<tr><td></td><td align="right">70,000</td><td></td><td align="right">60,000</td></tr>
<tr><td>당기순이익</td><td align="right">50,000</td><td></td><td></td></tr>
<tr><td></td><td align="right">400,000</td><td></td><td align="right">400,000</td></tr>
</table>

	(가)	(나)
①	수수료수익	급여
②	복리후생비	이자수익
③	여비교통비	세금과공과
④	차량운반구	수선비

TIP　PART 07. 수익과 비용의 회계처리 | Chapter 03. 영업외수익과 영업외비용, 중단사업손익 | 난이도 하

② 손익계산서의 차변은 비용, 대변은 수익을 기록한다. 따라서 (가)는 비용계정인 복리후생비, (나)는 수익계정인 이자수익이 들어가야 한다.

Answer　18.②

19 다음 중 판매비와 관리비가 발생하는 거래를 모두 고른 것은?

> ㉠ 기말에 영업용 사무실건물에 대한 감가상각비 60,000원을 계상하였다.
>
> ㉡ 화재로 인하여 영업용 차량 500,000원이 소실되었다.
>
> ㉢ 차입금에 대한 이자 100,000원을 현금으로 지급하였다.
>
> ㉣ 거래처 사장의 결혼 축의금 200,000원을 현금으로 지급하였다.

① ㉠, ㉡　　　　　　　　　　② ㉠, ㉣

③ ㉡, ㉣　　　　　　　　　　④ ㉢, ㉣

TIP PART 07. 수익과 비용의 회계처리 │ Chapter 02. 판매비와 관리비 │ 난이도 중

㉠ 사무실 감가상각비
㉣ 축의금
㉡ 재해손실
㉢ 이자비용

20 다음 중 영업외비용 계정은 몇 개인가?

㉠ 복리후생비	㉡ 지급임차료
㉢ 잡손실	㉣ 기부금

① 1개　　　　　　　　　　② 2개

③ 3개　　　　　　　　　　④ 4개

TIP PART 07. 수익과 비용의 회계처리 │ Chapter 03. 영업외수익과 영업외비용, 중단사업손익 │ 난이도 하

② 복리후생비, 지급임차료 → 판매비와관리비(영업비용), 잡손실 및 기부금 → 영업외비용, 영업외비용은 본업과 직접 관련이 없는 비용으로, 기업의 주된 영업활동 외에서 발생하는 손실을 말한다.

Answer　19.②　20.②

제89회 기업회계 3급

21 다음 중 영업이익의 계산과 관련이 없는 계정은?

① 이자수익
② 세금과공과
③ 수도광열비
④ 기업업무추진비

TIP PART 07. 수익과 비용의 회계처리 │ Chapter 03. 영업외수익과 영업외비용, 중단사업손익 │ 난이도 하

① 영업이익은 매출액 − 매출원가 − 판매비와관리비로 계산된다. 이자수익은 영업외수익으로, 영업활동과 직접 관련이 없으므로 영업이익 계산에는 포함되지 않는다.

제88회 기업회계 3급

22 다음 중 수익이 발생하는 분개를 할 때 나타날 수 있는 영향으로 올바른 것은?

① 자본의 감소
② 자산의 증가
③ 부채의 증가
④ 비용의 발생

TIP PART 07. 수익과 비용의 회계처리 │ Chapter 01. 매출액과 매출원가 │ 난이도 하

② 수익 인식 시 대가 수취(현금·매출채권)로 자산이 증가하거나, 선수수익 감소로 부채가 감소한다.

Answer 21.① 22.②

23 다음의 자료를 이용하여 손익계산서에 표시될 매출액을 계산하면 얼마인가?

- 총매출액 : 500,000원
- 매출할인 : 30,000원
- 매출환입 : 50,000원
- 매출운반비 : 20,000원

---

① 400,000원

② 420,000원

③ 450,000원

④ 540,000원

TIP   PART 07. 수익과 비용의 회계처리 │ Chapter 01. 매출액과 매출원가 │ 난이도 하

② 순매출액 = 총매출 500,000 − 환입 50,000 − 할인 30,000 = 420,000원, 매출운반비는 판관비 항목이다.

24 다음 자료에 의해 계상될 판매비와 관리비 금액은 얼마인가?

- 매출액 : 1,500,000원
- 급여 : 300,000원
- 여비교통비 : 70,000원
- 소모품비 : 50,000원

- 매출원가 : 700,000원
- 복리후생비 : 100,000원
- 유형자산처분손실 : 80,000원
- 기부금 : 20,000원

---

① 320,000원

② 520,000원

③ 550,000원

④ 600,000원

TIP   PART 07. 수익과 비용의 회계처리 │ Chapter 02. 판매비와 관리비 │ 난이도 하

② 판관비 = 급여 300,000 + 복리후생비 100,000 + 여비교통비 70,000 + 소모품비 50,000 = 520,000원이다. 기부금 · 유형자산처분손실은 영업외비용이다.

Answer   23.②   24.②

제88회 기업회계 3급

25 다음 중 영업이익의 감소에 영향을 주는 것은?

① 재해손실 발생　　　　　　　　　　② 기업업무추진비 지출
③ 법인세비용 납부　　　　　　　　　　④ 유형자산처분손실 발생

> **TIP**　PART 07. 수익과 비용의 회계처리 ｜ Chapter 02. 판매비와 관리비 ｜ 난이도 하

② 판관비가 증가하면 영업이익은 감소한다. 재해손실 · 처분손실은 영업외손실, 법인세비용은 당기순이익 단계에서 반영된다.

제88회 기업회계 3급

26 다음 중 영업외수익에 해당하는 내용으로 옳은 것은?

① 문구점의 노트 판매액　　　　　　　② 가구점의 소파 판매액
③ 택시회사의 택시요금 수입액　　　　④ 전자제품 판매회사의 예금이자 수익액

> **TIP**　PART 07. 수익과 비용의 회계처리 ｜ Chapter 03. 영업외수익과 영업외비용, 중단사업손익 ｜ 난이도 하

④ 주된 영업과 무관한 이자수익은 영업외수익이다.
①②③ 주된 영업수익

제88회 기업회계 3급

27 현금 1,000,000원을 출자하여 영업을 시작한 세무상사의 기말자본금은 1,700,000원이다. 해당 회계 기간에 발생한 총수익이 1,800,000원이라면 총비용은 얼마인가?

① 700,000원
② 900,000원
③ 1,100,000원
④ 1,300,000원

> **TIP**　PART 07. 수익과 비용의 회계처리 ｜ Chapter 01. 매출액과 매출원가 ｜ 난이도 하

③ 기말자본 1,700,000 − 기초자본 1,000,000 = 당기순이익 700,000, 총비용 = 총수익 1,800,000 − 순이익 700,000 = 1,100,000원

Answer　　25.② 26.④ 27.③

제87회 기업회계 3급

28 다음 중 손익계산서의 작성기준으로 올바르지 않은 것은?

① 발생주의   ② 현금주의
③ 수익비용대응원칙   ④ 실현주의

TIP   PART 07. 수익과 비용의 회계처리 | Chapter 01. 매출액과 매출원가 | 난이도 하

② 손익계산서는 발생주의 회계기준에 따라 작성되며, 현금주의는 단식부기나 가계회계에 적용된다. 즉, 현금의 수수 여부
와 관계없이 수익과 비용을 발생 시점에 인식한다.

제87회 기업회계 3급

29 다음 중 상품권에 대한 수익을 인식하는 시기로 옳은 것은?

① 상품권을 할인하여 판매한 때
② 상품권을 발행하여 판매한 때
③ 상품권의 유효기간이 경과한 때
④ 물품 등을 제공 또는 판매하여 상품권을 회수한 때

TIP   PART 07. 수익과 비용의 회계처리 | Chapter 01. 매출액과 매출원가 | 난이도 하

④ 상품권은 판매 시 선수금(부채)으로 처리하고, 실제로 상품이나 용역을 제공할 때 수익을 인식한다. 즉, 회수 시점이 수
익 인식 시점이다.

제87회 기업회계 3급

30 수익은 재화의 판매, 용역의 제공이나 자산의 사용에 대하여 받았거나 또는 받을 대가의 (　　)로 측정한다. (　　) 안에 들어갈 단어로 옳은 것은?

① 역사적원가   ② 상각후원가
③ 공정가치   ④ 미래가치

TIP   PART 07. 수익과 비용의 회계처리 | Chapter 01. 매출액과 매출원가 | 난이도 하

③ 수익은 공정가치로 측정한다. 공정가치는 독립된 당사자 간의 거래에서 형성되는 교환가치로, 재화·용역의 판매 또는
자산 사용으로 얻는 대가를 의미한다.

Answer   28.②   29.④   30.③

제87회 기업회계 3급

31 다음 중 손익계산서에 표시될 수 없는 계정과목은?

① 선수수익   ② 감가상각비

③ 여비교통비   ④ 기부금

TIP   PART 07. 수익과 비용의 회계처리 | Chapter 01. 매출액과 매출원가 | 난이도 하

① 선수수익은 대가를 먼저 받은 뒤 아직 용역을 제공하지 않은 상태의 의무를 나타내는 부채이므로 재무상태표에 표시된다. 손익계산서에는 기간의 수익·비용만 표시하므로 선수수익은 포함되지 않는다. 감가상각비·여비교통비·기부금은 손익계산서상 비용 항목이다.

제87회 기업회계 3급

32 다음 중 영업이익을 계산할 때 아무 영향이 없는 계정과목의 합계액은 얼마인가?

> • 이자비용 : 50,000원
> • 임차료 : 30,000원
> • 기부금 : 40,000원
> • 유형자산처분손실 : 20,000원
> • 건물 감가상각비 : 10,000원
> • 퇴직급여 : 50,000원

① 90,000원   ② 110,000원

③ 130,000원   ④ 150,000원

TIP   PART 07. 수익과 비용의 회계처리 | Chapter 03. 영업외수익과 영업외비용 | 난이도 중

② 영업외비용(이자비용·기부금·처분손실)은 영업이익에 영향을 미치지 않는다. 이들의 합계는 50,000 + 40,000 + 20,000 = 110,000원이다. 감가상각비, 임차료, 퇴직급여는 판매비와 관리비 항목으로 영업이익 계산에 포함된다.

Answer   31.①   32.②

33 다음 자료를 이용하여 순매출액을 계산하면 얼마인가?

- 총매출액 : 600,000원
- 매출에누리 : 40,000원
- 매출운임 : 30,000원
- 매출환입 : 40,000원

---

① 490,000원   ② 520,000원

③ 600,000원   ④ 630,000원

TIP   PART 07. 수익과 비용의 회계처리 │ Chapter 01. 매출액과 매출원가 │ 난이도 하

② 순매출액 = 총매출액 − (매출에누리 + 매출환입) = 600,000 − (40,000 + 40,000) = 520,000원이다.
순매출액은 실제 수익 인식금액으로 손익계산서에 표시된다.

34 다음 자료를 이용하여 매출총이익을 계산하면 얼마인가?

- 총매출액 : 1,100,000원
- 당기상품매입액 : 900,000원
- 기초상품재고액은 없다.
- 기말상품재고액은 당기상품매입액의 20%이다.

---

① 320,000원   ② 340,000원

③ 360,000원   ④ 380,000원

TIP   PART 07. 수익과 비용의 회계처리 │ Chapter 01. 매출액과 매출원가 │ 난이도 하

④ 매출원가 = 매입액 − 기말재고액 = 900,000 − (900,000 × 0.2) = 720,000원, 매출총이익 = 매출액 − 매출원가 = 1,100,000 − 720,000 = 380,000원이다.

Answer   33.②   34.④

35 다음의 거래를 분개한 것으로 옳은 것은?

> 업무용 차량의 자동차세 300,000원을 소지하고 있던 자기앞수표로 납부하였다.

① (차) 여비교통비   300,000원   (대) 현금   300,000원
② (차) 여비교통비   300,000원   (대) 당좌예금   300,000원
③ (차) 세금과공과   300,000원   (대) 현금   300,000원
④ (차) 세금과공과   300,000원   (대) 당좌예금   300,000원

TIP   PART 07. 수익과 비용의 회계처리 │ Chapter 02. 판매비와 관리비 난이도 하

③ 자동차세, 상공회의소 회비 등은 판매비와 관리비 중 '세금과공과'로 처리한다. 자기앞수표는 통화대용증권이므로 '현금' 계정으로 본다. 따라서 차변에 세금과공과, 대변에 현금이 기록된다.

36 다음 중 손익계산서의 계정과목이 아닌 것은?

① 대손상각비   ② 감가상각비
③ 임차료   ④ 미지급법인세

TIP   PART 07. 수익과 비용의 회계처리 │ Chapter 02. 판매비와 관리비 난이도 하

④ 손익계산서에는 수익과 비용 계정이 포함되며, 미지급법인세는 재무상태표상 '유동부채'로 분류된다. 즉, 비용의 인식은 발생주의에 따라 손익계산서에 기록되지만, 미지급 상태 자체는 부채로 처리한다.

Answer   35.③   36.④

37 다음 중 영업이익의 계산에 영향을 미치지 않는 것은?

① 당기 상품 매입액
② 매출환입 및 에누리
③ 상품 매입 운반비
④ 당기 발생분 이자비용

TIP PART 07. 수익과 비용의 회계처리 | Chapter 03. 영업외수익과 영업외비용 | 난이도 중

④ 영업이익은 매출총이익에서 판매비와 관리비를 차감하여 산출한다. 이자비용은 영업활동 외에서 발생한 비용으로 '영업외비용' 항목에 해당하므로 영업이익 계산에는 포함되지 않는다. 즉, 영업활동 이외의 금융비용은 당기순이익 계산 단계에서 반영된다.

38 [중소기업회계기준] 다음 중 손익계산서에 대한 설명으로 틀린 것은?

① 수익과 비용은 총액으로 표시하는 것을 원칙으로 하고 허용하는 경우에는 상계하여 표시할 수 있다.
② 수익은 재화를 판매하거나, 용역을 제공한 대가로 측정하고 매출에누리, 매출할인, 매출환입은 수익에서 가산한다.
③ 손익계산서는 한 회계연도의 회사의 경영성과에 대한 정보를 제공하는 재무보고서이다.
④ 매출원가에 속하지 않는 모든 영업비용은 판매비와관리비에 포함된다.

TIP PART 07. 수익과 비용의 회계처리 | Chapter 01. 매출액과 매출원가 | 난이도 중

② 매출에누리, 매출할인, 매출환입은 수익에서 차감해야 한다. 이는 중소기업회계기준 제25조(수익의 측정)에 따라, 수익은 재화·용역 제공의 대가로 측정하되 각종 할인과 환입은 차감하도록 규정되어 있다.

Answer 37.④ 38.②

39 다음 중 임차료 계정과목에 대한 설명으로 옳은 것은?

<table>
<tr><td colspan="4" align="center">임차료</td></tr>
<tr><td>12/1 현금</td><td align="right">100,000원</td><td>12/31 선급임차료</td><td align="right">60,000원</td></tr>
<tr><td></td><td></td><td>12/31　　손익</td><td align="right">40,000원</td></tr>
<tr><td></td><td align="right">100,000원</td><td></td><td align="right">100,000원</td></tr>
</table>

① 당기분 임차료는 60,000원이다.
② 차기분 임차료는 40,000원이다.
③ 손익계산서에 기입될 임차료는 40,000원이다.
④ 당기분 임차료는 100,000원이다.

TIP PART 07. 수익과 비용의 회계처리 | Chapter 02. 판매비와 관리비 난이도 하

③ 손익계산서에는 당기분 임차료만 비용으로 인식된다. 60,000원은 차기분(선급비용)이므로 자산으로 처리한다. 따라서 당기비용은 40,000원이다.

40 다음은 회계 구성 요소에 대한 설명이다. 이에 해당하는 계정과목으로 옳은 것은?

> 수익을 얻기 위하여 희생되거나 소비된 경제 가치로, 자본의 감소 원인이 되는 것

① 광고선전비
② 미지급금
③ 보통예금
④ 단기차입금

TIP PART 07. 수익과 비용의 회계처리 | Chapter 02. 판매비와 관리비 난이도 하

① 광고선전비는 영업활동을 위한 비용으로, 자본을 감소시키는 요인이다. 수익을 얻기 위한 경제적 희생은 모두 비용으로 분류된다.

Answer　39.③　40.①

41 다음의 거래를 잘못 분개하였다. 이를 수정 분개한 것으로 옳은 것은?

종업원의 급여 3,000,000원을 지급할 때 종업원이 부담할 소득세 10,000원을 차감한 잔액을 현금으로 지급하다.			
(차) 급여	2,990,000원	(대) 현금	2,990,000원

① (차) 급여　　　　　　　　　10,000원　　　(대) 현금　　　　　　　　　10,000원
② (차) 급여　　　　　　　　　10,000원　　　(대) 소득세예수금　　　　　10,000원
③ (차) 소득세　　　　　　　　10,000원　　　(대) 현금　　　　　　　　　10,000원
④ (차) 소득세　　　　　　　　10,000원　　　(대) 소득세예수금　　　　　10,000원

> **TIP** PART 07. 수익과 비용의 회계처리 | Chapter 02. 판매비와 관리비 난이도 중

② 종업원에게 지급할 급여에서 원천징수된 소득세는 회사가 대신 납부할 의무가 있으므로 '소득세예수금'(부채)으로 인식한다. 급여 계정에는 세전 금액 전체를 차변에 기록한다.

42 다음 중 판매비와관리비가 발생하는 거래가 아닌 것은?

① 대리점 건물 감가상각비 50,000원을 계상하다.
② 차입금에 대한 이자 50,000원을 현금으로 지급하다.
③ 종업원의 결혼 축의금 50,000원을 현금으로 지급하다.
④ 기업의 홍보를 위해 신문 광고비 50,000원을 지급하다.

> **TIP** PART 07. 수익과 비용의 회계처리 | Chapter 03. 영업외수익과 영업외비용 | 난이도 중

② 이자비용은 영업활동 외의 금융비용으로, 손익계산서상 영업외비용으로 분류된다. 나머지 감가상각비 · 축의금 · 광고비는 모두 판매비와 관리비에 해당한다.

Answer　　41.②　42.②

제85회 기업회계 3급

43 다음의 빈칸 ㈎에 해당하는 계정과목만으로 짝지어진 것은?

> ㈎는(은) 기업의 주된 영업활동이 아닌 활동으로부터 발생한 수익과 차익을 말한다.

① 매출액, 자기주식처분이익
② 임차료, 유형자산처분이익
③ 감자차익, 매도가능증권평가이익
④ 이자수익, 매도가능증권처분이익

TIP PART 07. 수익과 비용의 회계처리 │ Chapter 03. 영업외수익과 영업외비용 │ 난이도 하

④ 영업외수익은 영업활동 이외의 거래에서 발생하는 수익을 의미한다. 이자수익과 매도가능증권처분이익이 대표적인 영업외수익 항목이다. 매출액은 영업수익, 감자차익은 자본잉여금에 해당한다.

제85회 기업회계 3급

44 다음 중 기업의 순자산을 증가시키는 계정과목만으로 짝지어진 것은?

① 임차료, 이자수익
② 임대료, 복리후생비
③ 접대비, 채무면제이익
④ 외환차익, 자산수증이익

TIP PART 07. 수익과 비용의 회계처리 │ Chapter 03. 영업외수익과 영업외비용 │ 난이도 하

④ 수익 발생은 자본의 증가를, 비용 발생은 자본의 감소를 초래한다. 외환차익과 자산수증이익은 기업의 순자산을 증가시키는 수익 항목이다. 임차료 · 복리후생비 · 접대비는 비용에 해당한다.

Answer   43.④   44.④

45 다음 중 아래의 자료에서 설명하고 있는 원칙에 해당하는 비용으로 옳은 것은?

> 수익과 직접 관련하여 발생한 비용은 동일한 거래나 사건에서 발생하는 수익을 인식할 때 대응하여 인식한다.

① 접대비
② 매출원가
③ 복리후생비
④ 광고선전비

TIP PART 07. 수익과 비용의 회계처리 | Chapter 01. 매출액과 매출원가 | 난이도 중

② 매출원가는 판매된 상품이나 제품의 원가로서 수익과 직접적으로 대응되는 비용이다. 이러한 대응 개념은 수익·비용 대응의 원칙이라 하며, 수익 발생 시 관련 비용을 동일 기간에 인식해야 한다.

46 다음 중 매출원가를 산정할 때 관계가 없는 항목은?

① 매출에누리
② 매입에누리
③ 기초상품재고액
④ 기말상품재고액

TIP PART 07. 수익과 비용의 회계처리 | Chapter 01. 매출액과 매출원가 | 난이도 하

① 매출에누리는 매출액에서 차감되는 항목이며, 매출총이익 산정 시 영향을 준다. 매출원가는 '기초상품재고액＋당기매입액－기말상품재고액'으로 계산되며, 매입에누리는 매입원가에서 차감된다.

Answer   45.②   46.①

47 다음 중 비용의 인식기준에 해당하지 않는 것은?

① 수익과 비용의 대응
② 발생 기간 비용처리
③ 실현기준
④ 체계적이고 합리적인 배분 절차에 따른 비용 배분

TIP PART 07. 수익과 비용의 회계처리 │ Chapter 01. 매출액과 매출원가 │ 난이도 하

③ 실현기준은 수익인식의 요건으로, 비용의 인식기준에는 포함되지 않는다. 비용은 수익과의 대응관계, 발생주의, 체계적 배분의 원칙에 따라 인식된다.

48 다음 중 손익계산서 작성 시 매출총이익과 관련이 없는 것은?

① 대손상각비
② 매입할인
③ 기말재고자산
④ 매출원가

TIP PART 07. 수익과 비용의 회계처리 │ Chapter 02. 판매비와 관리비 │ 난이도 중

① 대손상각비는 판매비와 관리비 항목으로, 매출총이익 계산에는 포함되지 않는다. 매출총이익은 매출액에서 매출원가를 차감해 계산된다.

Answer 46.① 47.③ 48.①

49 다음 자료에 의하여 계산된 영업이익은 얼마인가?

> • 상품매출
> − 판매수량 1,000개
> − 단위당 판매가격 1,000
> • 매출원가 600,000원
> • 판매비와관리비 150,000원
> • 영업외비용 50,000원

① 200,000원

② 250,000원

③ 300,000원

④ 350,000원

TIP PART 07. 수익과 비용의 회계처리 | Chapter 02. 판매비와 관리비 | 난이도 중

② 영업이익 = 매출총이익 − 판매비와관리비이다. 매출총이익은 1,000,000 − 600,000 = 400,000원이므로, 영업이익 = 400,000 − 150,000 = 250,000원이다. 영업외비용은 영업이익 이후 항목으로 차감되지 않는다.

50 ㈜한국은 상품판매업을 영위하는 기업으로 당기의 비용에 관한 자료는 아래와 같다. 아래 자료에서 ㈜한국의 당기 손익계산서상 영업외비용으로 표시되는 금액의 합계액 얼마인가?

> • 매출채권의 대손상각비 150,000원
> • 차입금에 대한 이자비용 200,000원
> • 이재민 구호금품의 기부금 100,000원
> • 유형자산에 대한 세금과공과 300,000원

① 250,000원

② 300,000원

③ 350,000원

④ 400,000원

TIP PART 07. 수익과 비용의 회계처리 | Chapter 03. 영업외수익과 영업외비용 | 난이도 중

④ 영업외비용은 본업 외의 활동으로 발생한 손실 또는 비용이다. 차입금 이자비용과 기부금이 이에 해당하므로 200,000 + 100,000 = 300,000원이다. 대손상각비와 세금과공과는 영업활동 관련 항목이다.

Answer 49.② 50.②

고난도기출문제

제93회 기업회계 2급

1 다음은 ㈜세무의 도급공사 현황이다. 도급금액은 3,000,000원이며, 2024년 7월에 공사를 개시하여 2025년 10월 31일에 완공 예정이다. 2024년 공사진행율은 얼마인가?

구분	2024년	2025년	합계
연도별 발생원가	900,000원	?	?
공사대금 수령액	600,000원	2,400,000원	3,000,000원
공사수익	900,000원	2,100,000원	

① 10%   ② 20%
③ 30%   ④ 40%

TIP PART 07. 수익과 비용의 회계처리 | Chapter 01. 매출액과 매출원가 | 난이도 하

③ 도급금액 3,000,000원, 2024년 공사수익 900,000원 → 공사진행률 = 900,000 / 3,000,000 = 30%이다. 이는 총도급액 대비 누적수익의 비율로 계산된다.

제93회 기업회계 2급

2 ㈜대한의 2025년 상품에 대한 재고액으로서 기초는 10,000원, 당기 매입은 40,000원, 기말은 20,000원이다. ㈜대한의 손익계산서상 매출총이익이 20,000원일 때 매출액은 얼마인가?

① 20,000원
② 30,000원
③ 50,000원
④ 100,000원

TIP PART 07. 수익과 비용의 회계처리 | Chapter 01. 매출액과 매출원가 | 난이도 하

③ 매출원가 = 기초 10,000 + 매입 40,000 − 기말 20,000 = 30,000원, 매출액 = 매출원가 + 매출총이익 = 30,000 + 20,000 = 50,000원이다.

Answer   1.③ 2.③

3 다음 중 수익에 대한 설명으로 옳지 않은 것은?

① 성격과 가치가 유사한 재화나 용역간의 교환은 수익을 발생시키는 거래로 보지 않는다.

② 수익은 재화의 판매, 용역의 제공이나 자산의 사용에 대하여 받았거나 또는 받을 대가의 장부가치로 측정한다.

③ 대부분의 경우 판매대가는 현금 또는 현금성자산의 금액이다.

④ 한 거래에서 판매자가 재화와 용역을 함께 제공하는 경우에는 적합한 회계처리를 위해서 먼저 거래의 주목적을 식별하여야 한다.

TIP PART 07. 수익과 비용의 회계처리 | Chapter 01. 매출액과 매출원가 | 난이도 중

② 수익은 재화의 판매, 용역의 제공, 자산의 사용 등에서 발생하며 공정가치로 측정한다. 문항의 '장부가치로 측정한다'는 표현은 잘못이다.

4 다음 중 2025년 영업이익에 영향을 주지 않는 거래는?

① 2025년 12월분 전기요금 10,000원을 미납하였다.

② 2025년 9월에 장부가액 30,000원의 비품을 35,000원에 매각하였다.

③ 2025년 11월에 광고비용 20,000원을 지불하였다.

④ 2025년 12월분 종업원급여 5,000원을 2026년 1월 10일에 지급하였다.

TIP PART 07. 수익과 비용의 회계처리 | Chapter 02. 판매비와 관리비 | 난이도 중

② 유형자산처분이익은 영업외수익으로 영업이익에는 영향을 주지 않는다.

Answer 3.② 4.②

5 **다음 중 수익의 인식에 대한 설명으로 옳지 않은 것은?**

① 수익은 통상적인 경영활동에서 발생하는 경제적 효익의 총유입을 말하며 자산의 증가 또는 부채의 감소로 나타난다.

② 수익은 재화의 판매, 용역의 제공이나 자산의 사용에 대하여 받았거나 또는 받을 대가의 공정가치로 측정한다.

③ 수익은 실현되었거나 또는 실현가능한 시점에서 인식한다.

④ 매출에누리와 할인 및 환입은 수익에서 차감하고 금액이 중요한 경우에는 차감하지 않는다.

> **TIP** PART 07. 수익과 비용의 회계처리 | Chapter 01. 매출액과 매출원가 | 난이도 중

④ 수익은 실현 또는 실현가능할 때 인식하며, 매출에누리·할인·환입은 차감한다. 단, 금액이 중요할 경우 손익계산서에 차감 표시하거나 주석에 기재한다.

6 **㈜한국은 2024년 1월 1일에 건설공사를 100,000원에 수주하여 즉시 공사에 착공하여 2025년 말에 완공하였다. 관련 자료가 다음과 같을 때 진행기준을 적용하는 경우 ㈜한국의 2025년 공사 손익은 얼마인가?**

구분	2024년 말	2025년 말
누적 발생 원가	20,000원	80,000원
총 추정원가	80,000원	80,000원

① 20,000원 손실

② 20,000원 이익

③ 15,000원 손실

④ 15,000원 이익

> **TIP** PART 07. 수익과 비용의 회계처리 | Chapter 01. 매출액과 매출원가 | 난이도 상

④ 진행률 = 1 − (미완성원가/총원가) = 1 − (20,000/80,000) = 75%, 공사이익 = (100,000 − 80,000) × 75% = 15,000원

Answer 5.④ 6.④

7 ㈜은퇴는 확정기여형 퇴직연금제도(DC형 퇴직연금)를 도입하고 있다. 관련 거래가 다음과 같을 때 2025년 비용으로 인식할 금액은 얼마인가?

> • 2025년 12월 1일 ㈜은퇴는 퇴직연금 부담금 8,000,000원을 납입했다.
> • 2025년 12월 31일 ㈜은퇴의 퇴직급여추계액은 12,000,000원이다.
> • 2025년 중 ㈜은퇴에서는 실제 어떠한 퇴직자도 발생하지 않았다.

① 0원
② 8,000,000원
③ 12,000,000원
④ 20,000,000원

TIP PART 07. 수익과 비용의 회계처리 │ Chapter 01. 매출액과 매출원가 │ 난이도 중

② 확정기여형(DC)은 납입 시점에 비용으로 전액 인식하고, 충당금은 설정하지 않는다. 따라서 8,000,000 납부액이 전액 비용으로 처리된다.

8 다음 중 시용판매의 수익 인식 시점은 언제인가?

① 상품의 발송을 위한 선적이 시작되는 시점
② 구매자에게 상품이 인도되는 시점
③ 구매자가 구입의사 표시를 하는 시점
④ 구매자로부터 판매대금을 회수하는 시점

TIP PART 07. 수익과 비용의 회계처리 │ Chapter 01. 매출액과 매출원가 │ 난이도 중

③ 시용판매는 구매자가 구입 의사를 표시할 때 수익을 인식한다. 이는 통제권 이전시점을 기준으로 하는 K-IFRS 제1115호의 원칙과 동일한 개념이다.

Answer   7.② 8.③

9 ㈜공정은 50,000,000원의 공사도급계약(공사기간 : 2024년 4월 1일 ～ 2025년 9월 30일)을 체결하였으며 공사관련 원가는 다음과 같다. 진행기준에 따라 수익을 인식하는 경우 2025년의 공사원가와 공사이익은 얼마인가?

구분	2024년	2025년
실제발생한 공사원가	10,000,000원	25,000,000원
추가예정 공사원가	30,000,000원	

	공사원가	공사이익
①	25,000,000원	12,500,000원
②	25,000,000원	07,500,000원
③	35,000,000원	12,500,000원
④	30,000,000원	07,500,000원

> **TIP** PART 07. 수익과 비용의 회계처리 | Chapter 01. 매출액과 매출원가 | 난이도 중

① 총도급금액 50,000,000, 당기진행률 = 100% − [10,000,000 / (10,000,000+30,000,000)] = 75%, 공사수익 = 50,000,000 × 75% = 37,500,000원, 공사이익 = 37,500,000 − 25,000,000 = 12,500,000원

Answer 9.①

10 컴퓨터를 판매하는 ㈜전자는 2025년 4월 1일에 컴퓨터 100대를 총 5,000,000원에 판매하였고 판매 대금의 20%는 현금으로, 50%는 어음으로 받고 나머지 잔액은 2026년 중에 받기로 하였다. 이 경우 해당 거래와 관련하여 2025년 4월 1일 매출채권으로 계상해야 할 금액은 얼마인가?

① 5,000,000원
② 1,500,000원
③ 2,500,000원
④ 4,000,000원

TIP   PART 07. 수익과 비용의 회계처리 │ Chapter 01. 매출액과 매출원가 │ 난이도 중

④ 판매대금 5,000,000 중 현금 20%, 어음 50%, 잔액(30%)은 외상이다. 따라서 매출채권 = 어음 2,500,000 + 외상매출금 1,500,000 = 4,000,000원이다. 이는 인도기준에 따라 매출이 인식된 시점에서 채권으로 계상된다.

11 백신프로그램을 제조 판매하는 ㈜제조는 백신프로그램을 2025년 11월 1일 300,000원에 판매하였다. 백신프로그램은 4년간 사후관리를 진행하며 사후관리의 대가 120,000원은 판매대금에 포함되어 있다. 이 경우 2025년에 수익으로 인식할 금액은 얼마인가?

① 180,000원
② 185,000원
③ 190,000원
④ 300,000원

TIP   PART 07. 수익과 비용의 회계처리 │ Chapter 01. 매출액과 매출원가 │ 난이도 중

② 상품판매(180,000원)와 사후관리용역(120,000원)을 포함한 총 300,000원 중, 사후관리 4년치에서 2개월분만 인식(120,000×2/48=5,000)한다. 따라서 당기 수익 = 180,000 + 5,000 = 185,000원이다.

Answer   10.④ 11.②

12 2024년 1월 1일 ㈜대전은 총도급금액 10,000,000원인 건설공사계약(공사기간 : 2024.1.1. ~ 2026.12.31.)을 체결하였다. 공사원가 내역이 다음과 같을 때 2025년 공사수익으로 인식할 금액은?

구분	2024년	2025년	2026년
연도별 발생(예상)원가	3,000,000원	2,500,000원	2,500,000원
연도별 공사대금 수령액	3,500,000원	3,000,000원	3,500,000원

① 2,500,000원

② 3,000,000원

③ 3,125,000원

④ 6,875,000원

> **TIP** PART 07. 수익과 비용의 회계처리 | Chapter 01. 매출액과 매출원가 | 난이도 하

③ 공사진행률 = 누적발생원가 / 총예상원가이므로,

2024년 : 3,000,000 / 8,000,000 = 37.5% → 수익 3,750,000

2025년 : 5,500,000 / 8,000,000 = 68.75% → 누적수익 6,875,000

당기 수익 = 6,875,000 - 3,750,000 = 3,125,000원이다.

13 다음은 ㈜사과의 비용항목이다. 영업외비용은 얼마인가?

- 복리후생비 : 1,000원
- 접대비 : 1,500원
- 이자비용 : 3,000원
- 유형자산처분손실 : 1,000원
- 미수금 : 2,500원

① 2,500원 ② 4,000원

③ 5,500원 ⑤ 6,500원

> **TIP** PART 07. 수익과 비용의 회계처리 | Chapter 03. 영업외수익과 영업외비용 | 난이도 하

② 영업외비용에는 본업과 직접 관련 없는 이자비용, 자산처분손실 등이 포함된다. 복리후생비와 접대비는 판매관리비, 미수금은 자산항목이다. 따라서 영업외비용 = 3,000 + 1,000 = 4,000원이다.

Answer 12.③ 13.②

14 다음 중 수익의 인식기준에 대한 설명으로 틀린 것은?

① 인도기준 : 판매자가 재화를 구매자에게 판매한 시점에 수익을 인식한다.

② 완성기준 : 재화가 생산이 완료된 시점에 수익을 인식한다.

③ 회수기준 : 판매대금을 회수하는 시점에 수익을 인식한다.

④ 진행기준 : 재화의 생산이 진행되는 정도에 따라 수익을 인식한다.

TIP PART 07. 수익과 비용의 회계처리 | Chapter 01. 매출액과 매출원가 | 난이도 하

① 인도기준은 재화를 인도한 시점에 수익을 인식한다. 수익은 판매계약 체결 시점이 아니라 재화의 통제권이 구매자에게 이전된 시점에서 인식한다.

Answer 14.①

PART

08

결산과 재무제표

01 결산

section 1 결산

(1) 시산표의 작성

기중에 발생한 거래들에 대한 분개 및 총계정원장의 계정기록이 정확한가를 검증하기 위하여 작성하는 표이다. 즉, 기중거래 기록의 타당성을 우선 검증한다.

① 시산표의 작성 절차

    ㉠ 시산표의 계정과목란에 계정원장의 순서대로 각 계정의 차변잔액 또는 대변잔액을 해당란에 그대로 기입한다.

    ㉡ 차변란 합계와 대변란 합계를 구한다.

    ㉢ 대차가 일치되는지를 검사한다.

    • 수정전시산표 작성 : 결산의 첫 단계로 결산 정리분개를 하기 전에 분개의 정확성 확인, 원장의 차변과 대변이 일치하는지를 확인할 수 있게 해준다.

    • 수정후시산표 작성 : 결산 정리분개를 원장에 전기한 후에는 수정후시산표가 작성된다. 수정후시산표를 작성하는 목적은 회계기간 중에 발생한 모든 재무적 사상의 영향을 표시하기 위한 것이다.

    • 수정후시산표는 재무제표 작성의 주요한 근거가 된다.

② 시산표의 종류

    ㉠ 합계시산표 : 원장에 있는 각 계정의 차변합계액과 대변합계액을 모은 표이다.

    ㉡ 잔액시산표 : 원장의 각 계정의 잔액만을 모은 표로 시산표등식과 일치하고 재무상태표와 손익계산서의 작성에 용이하다.

    ㉢ 합계잔액시산표 : 원장계정의 잔액과 합계액을 모두 나타낸 표이다.

③ 시산표는 총계정원장에 있는 모든 계정인 자산, 부채, 자본, 비용, 수익계정을 모아 작성된다.

> 기말자산 + 총비용 = 기말부채 + 기초자본 + 총수익

(2) 정산표의 작성

수정전시산표와 수정후시산표를 작성한 후 포괄손익계산서와 재무상태표를 보다 쉽게 도출할 수 있는 양식이 정산표이다.

정산표는 재무제표의 작성을 위한 필수적 절차가 아니라 임의적인 절차로 선택적으로 작성할 수 있다.

> **tip** 10위식 정산표의 작성방법
> ① 계정과목란에 잔액시산표의 계정과목을 옮겨 적는다.
> ② 잔액시산표란에 잔액시산표의 차변/대변의 금액을 옮겨 적는다.
> ③ 정리기입란에 결산정리사항에 대한 정리분개, 오류에 대한 수정사항의 정정분개를 기입한다.
> ④ 잔액시산표란과 정리기입란의 금액을 합계 또는 차감하여 수정후시산표를 작성한다.
> ⑤ 수정후시산표에서 포괄손익계산서항목에 속하는 것은 포괄손익계산서란으로, 재무상태표항목에 속하는 것은 재무상태표란으로 금액을 옮겨 적는다.
> ⑥ 포괄손익계산서란과 재무상태표란의 대차의 차액이 각각 반대로 일치함을 확인한 다음, 그 금액을 당기순이익 또는 당기순손실로 하여 각각 합계가 적은 쪽에 기입한다.
> ⑦ 각 란의 합계액을 적고, 두 줄의 밑줄을 그어 정산표를 마감한다.

section 2 자산에 관한 결산정리

(1) 의의

① 결산수정분개란 재무제표 작성을 위해 기말에 장부잔액을 실제잔액으로 수정하는 작업, 특히 수익과 비용의 경우 현금주의 회계를 발생주의 회계로 전환하는 과정이다. 정확한 기간손익을 계산하기 위해 회계기간 중에 실현된 수익과 발생된 비용을 정확하게 계상해야 한다.

② 수익은 실현주의 원칙에 따라 계상하는 한편, 비용은 발생주의 회계원칙에 따라 발생된 비용을 정확하게 인식해야 하며, 또한 수익과 비용의 대응의 원칙에 따라 기간 중의 수익과 관련하여 발생한 비용을 정확하게 계상하여야 한다. 이와 같이 결산일에 발생주의(accrual basis)와 실현주의에 따라 기업의 정확한 재무상태와 기간손익을 계산하기 위해 분개를 행하는 것을 결산수정분개라고 한다.

③ 수정분개를 해야 하는 이유는 수정분개 전 분개는 현금주의로 작성되어서 이를 발생주의 장부금액으로 조정하는 절차이며 현행 회계제도가 현금주의 회계를 사용하지 않고 발생주의 회계를 사용하기 때문에 필요한 절차이다. 이러한 결산수정분개 과정에서는 차변이나 대변에 현금계정이 사용되지 않는 특징이 있다.

(2) 결산정리의 유형

① **자산에 관한 결산수정사항** : 제품(상품)계정의 정리, 제품(상품)의 감모손실과 평가손실, 유가증권의 평가, 대손충당금의 설정, 유형(무형)자산의 감가상각 등이 있다.

> **tip** 3분법
>
> 3분법에서 상품계정은 상품, 매입, 매출로 분할된다. 즉, 상품을 매입하면 매입계정에 차기하고, 반대로 상품을 매출하면 매출계정에 대기한다. 또한, 매입에누리와환출은 매입계정에서 차감하고, 매출에누리와 환입은 매출계정에서 차감한다. 따라서, 3분법에 있어서 매입계정의 잔액은 순매입액을, 매출계정의 잔액은 순매출액을 나타낸다.
>
> 3분법을 사용할 경우 상품의 매입/매출 시 상품계정이 나타나지 않아 기말에는 기말상품재고액을 계상함으로써 상품계정에 대한 정리분개를 하여야 한다. 즉, 전기이월상품액을 차기이월상품액으로 수정하는 분개가 필요하다. 이를 위해서 전기이월액을 매입계정에 대체하고, 차기이월액을 매입계정에서 차감한다. 그 이유는 전기이월액과 당기매입액을 합치면 판매가능상품액이 되고, 이로부터 차기이월액을 차감하면 매출원가를 산출할 수 있기 때문이다. 따라서 전기이월액을 당기에 매입한 것으로 간주하여 매입에 가산하고, 차기이월액을 매입에서 차감하여 매출원가를 산출한다. 즉, 매출원가는 매입계정의 차변잔액이 된다. 따라서 매입계정은 매출원가계산을 위해 설정된 임시계정이며, 기말 수정분개를 거치고 나면 그 계정잔액은 0이 되므로 최종적으로 포괄손익계산서나 재무상태표에 나타나지 않는다. 이 경우의 분개와 계정기입은 다음과 같다.
>
> ㉠ 전기이월상품액의 매입계정 대체
>
>   (차) 매입 ***　　　　　　　　　　(대) 상품 ***
>
> ㉡ 차기이월상품액의 매입계정 대체
>
>   (차) 상품 ***　　　　　　　　　　(대) 매입 ***
>
> ㉢ 매입계정잔액의 집합손익계정 대체
>
>   (차) 집합손익 ***　　　　　　　　(대) 매입 ***
>
> ㉣ 매출계정잔액의 집합손익계정 대체
>
>   (차) 매출 ***　　　　　　　　　　(대) 집합손익 ***

> **tip** 대손충당금의 설정
>
> 매출채권(외상매출금, 받을어음) 중 회수가 불확실한 금액을 합리적으로 추정하여 비용(대손상각비)으로 인식하고 자산(매출채권)에서 차감하는 형식으로 표시(대손충당금)하는 절차이다. 이는 수익·비용 대응의 원칙과 자산의 순실현가능가치 평가를 충족시키기 위함이다.

> **tip** 유형·무형자산의 감가상각
>
> 토지를 제외한 유형자산과 내용연수가 한정된 무형자산은 시간의 경과나 사용에 따라 그 가치가 감소한다. 감가상각은 자산의 취득원가를 내용연수 동안 체계적이고 합리적인 방법으로 배분하여 비용(감가상각비)으로 인식하는 과정이다.

② **기타 수정사항** : 현금과부족의 정리, 가지급금과 가수금의 처리, 인출금계정의 정리와 부가가치세의 정리 등이 있다.

수익(비용)의 발생과 이연, 소모품의 회계처리 등이 있다.

(1) 발생계정

당기 중에 수익이나 비용은 발생하였으나 기말 현재 현금의 유입이나 유출이 없는 경우의 수정분개사항을 말하며 크게 미수수익과 미지급비용으로 구분된다. 이러한 발생계정은 기중에 현금의 유출·입이 없었기 때문에 현금주의에 의하면 아무런 회계처리가 이루어지지 않았을 것이므로 반드시 기말에 결산시점에서 적절한 당기의 성과를 파악하기 위하여 수정분개가 필요하다.

① 미수수익
  ㉠ 당기 중에 당해 기간 귀속되는 수익은 발생하였으나 결산일까지 현금을 수령하지 못한 경우 결산일까지 발생된 수익을 인식하며 상대계정으로 미수수익(자산계정)을 인식한다.
  ㉡ 미수수익은 발생수익의 계상을 말하는 것으로 당기에 속하는 수익으로서 아직 받지 못한 부분이 있을 경우에는 해당하는 금액을 당기의 수익으로 대변에 기록하는 동시에 같은 금액을 미수수익이라는 자산으로 차변에 기록하는 수정분개를 하여야 한다.

연 습 해 보 기

2024년 10월 1일 대여금 1,000,000원 발생, 1년후 연 10% 이자수령조건

현금주의				
2024년 10월 1일 : 현금을 수령하지 않아서 이자수익은 인식하지 않는다.				
2025년 9월 30일	(차) 현금	100,000	(대) 이자수익	100,000
발생주의				
2024년 12월 31일	(차) 미수이자	25,000	(대) 이자수익	25,000
2025년 9월 30일	(차) 현금	100,000	(대) 미수이자	25,000
			이자수익	75,000

② 미지급비용

    ㉠ 당기 중에 비용은 발생하였으나 결산일까지 현금으로 지급하지 못한 경우 결산일에 당기 중에 발생된 비용을 인식하며 상대계정으로 미지급비용(부채계정)을 인식한다.

    ㉡ 미지급비용은 발생비용의 계상을 말하는 것으로 이미 재화나 용역을 제공받아 수익의 획득을 위해 사용 또는 소비하였으나 결산일 현재 아직 비용으로 계상하지 않은 금액이 있으면 결산일에 정확히 파악하여 비용으로 계상하는 수정분개를 하여야 한다.

연 습 해 보 기

2024년 10월 1일 차입금 1,000,000원 발생, 1년 후 연 10% 이자지급조건

현금주의				
2024년 10월 1일 : 현금을 지급하지 않았으므로 회계처리하지 않음				
2025년 9월 30일	(차) 이자비용	100,000	(대) 현금	100,000
발생주의				
2024년 12월 31일	(차) 이자비용	25,000	(대) 미지급이자	25,000
2025년 9월 30일	(차) 미지급이자 이자비용	25,000 75,000	(대) 현금	100,000

(2) 이연계정

발생주의 원칙에 따라 선급비용, 선수수익과 같이 이미 현금의 수취나 지급은 완료되었지만 당해 기간에 귀속하지 않은 차기 또는 차기 이후의 손익계정을 말하며 이 금액은 당기 손익계산에 포함하지 않고 자산이나 부채로서 차기로 이월해야 하는 계정을 말한다.

① 선급비용

    ㉠ 당기에 지출한 금액 중에서 차기 이후에 기간경과분이 도래하는 비용은 당기에 비용으로 인식하지 않고 선급비용으로 자산처리한 후 차기 이후에 기간이 경과하면 비용으로 인식한다.

    ㉡ 선급비용은 비용의 이연을 말하는 것으로 이미 비용으로 지출한 금액 중에서 당기에 전액 비용화되지 않고 차기에 비용화되어야 할 금액이 있는 경우가 있다. 이러한 경우, 결산시에 차기에 속할 비용을 당기의 비용으로부터 차감하고 미리 지급한 선지급 부분을 자산으로 계상하여야 한다. 자산으로 계상된 부분을 선급비용이라고 하며, 이는 비용의 미경과분 또는 비용의 이연부분이라고 할 수 있다.

2024년 10월 1일 임차료 100,000원 발생(임차기간 2024년 10월 1일 ~ 2025년 9월 30일)

현금주의				
2024년 10월 1일	(차) 임차료	100,000	(대) 현금	100,000

2024년 12월 31일, 2017년 9월 30일 : 현금지급액이 없으므로 분개하지 않음

발생주의				
현금지급 시 모두 비용으로 처리하는 경우				
2024년 10월 1일	(차) 임차료	100,000	(대) 현금	100,000
2024년 12월 31일	(차) 선급임차료	75,000	(대) 임차료	75,000
2025년 9월 30일	(차) 임차료	75,000	(대) 선급임차료	75,000
현금지급 시 모두 자산처리하는 경우				
2024년 10월 1일	(차) 선급임차료	100,000	(대) 현금	100,000
2024년 12월 31일	(차) 임차료	25,000	(대) 선급임차료	25,000
2025년 9월 30일	(차) 임차료	75,000	(대) 선급임차료	75,000

② 선수수익

   ㉠ 선수수익은 차기 이후에 귀속될 수익을 당기에 대금을 선수취하는 경우 받은 대가를 말하며 당기에 귀속되는 수익이 발생하지 않았고 그 대금만 먼저 수취했으므로 선수수익이라는 부채로 재무상태표에 반영한다.

   ㉡ 선수수익은 수익의 이연을 말하는 것으로 장래에 용역을 제공하기로 하고 대금을 미리 받았으나 결산기말까지 용역을 제공하지 못한 경우, 용역을 제공하지 못한 부분을 당기의 수익에서 차감하고 같은 금액을 선수수익이라는 부채로 계상하는 수정분개를 해야 한다.

2024년 10월 1일 임대료 100,000원 발생(임대기간 2024년 10월 1일 ~ 2025년 9월 30일)

현금주의				
2024년 10월 1일	(차) 현금	100,000	(대) 임대료	100,000

2024년 12월 31일, 2017년 9월 30일 : 현금을 수취하지 않았으므로 별도의 분개는 없음

발생주의				
현금수취 시 모두 수익으로 처리하는 경우				
2024년 10월 1일	(차) 현금	100,000	(대) 임대료	100,000
2024년 12월 31일	(차) 임대료	75,000	(대) 선수임대료	75,000
2025년 9월 30일	(차) 선수임대료	75,000	(대) 임대료	75,000
현금지급 시 모두 부채로 처리하는 경우				
2024년 10월 1일	(차) 현금	100,000	(대) 선수임대료	100,000
2024년 12월 31일	(차) 선수임대료	25,000	(대) 임대료	25,000
2025년 9월 30일	(차) 선수임대료	75,000	(대) 임대료	75,000

section 4 재무제표의 작성과 장부마감

(1) 재무제표의 작성

기말수정분개를 한 후 총계정원장상 각 계정들의 기말잔액은 발생주의로 작성된 금액이 된다. 이들 잔액을 기초로 수정후시산표를 작성한 후 오류여부를 확인하고, 오류가 없다면 총계정원장상의 각 계정들의 기말잔액을 기초로 재무제표를 작성한다.

수정후시산표의 자산, 부채, 자본계정은 재무상태표에 나타나며, 수익과 비용계정은 손익계산서에 나타나는데, 이때 차변합계와 대변합계의 금액이 일치하지 않는데 이는 당기순손익이 된다. 당기순손익은 손익거래의 결과로 자본이 증가한 금액이므로 재무상태표에 표시할 때는 이익잉여금이라 표시한다.

재무제표의 구성요소는 재무상태표, 포괄손익계산서, 자본변동표, 현금흐름표, 주석이 있다.

(2) 장부마감

① 장부마감절차

    ㉠ 손익계산서 계정을 집합손익 계정으로 대체하고 마감

    ㉡ 집합손익계정에서 구한 당기순이익을 미처분이익잉여금 계정으로 대체

    ㉢ 재무상태표 계정마감

    ㉣ 이월시산표 작성

    ㉤ 개시기입 : 전기이월 기입과 재수정분개

② 손익계산서 계정마감

    ㉠ 손익계산서 계정인 수익계정과 비용계정은 여러 회계기간에 걸쳐 사용되는 재무상태표 계정과는 달리 특정회계기간에만 사용된다.

    ㉡ 결산일에는 다음 회계기간에 사용하기 위하여 잔액을 영(0)으로 만드는 절차를 수행해야 하는데 이를 손익계산서 계정마감이라 한다. 즉, 차기의 경영성과의 파악을 위해 당기의 수익과 비용을 영으로 만들어 차기에 새롭게 기록하기 위한 절차이다.

    ㉢ 집합손익(또는 손익)이란 별도의 계정을 설정한 다음에, 수익계정의 대변 잔액은 집합손익계정 대변으로, 비용계정의 차변 잔액은 집합손익계정 차변으로 대체한다.

    ㉣ 집합손익계정은 당기의 수익과 비용을 총괄적으로 집계하기 위한 계정이며, 이때의 수익과 비용 계정은 회계기간 종료로 소멸하므로 임시계정에 해당된다.

③ 재무상태표 계정마감

    ㉠ 재무상태표 계정인 자산계정, 부채계정 및 자본계정은 여러 회계기간에 걸쳐 사용되는 계정이므로 잔액을 영(0)으로 만들 필요가 없다. 따라서 각 계정들의 기말잔액을 다음 회계기간의 기초잔액으로 이월시킨다.

    ㉡ 차변잔액을 가지는 자산계정은 대변합계가 부족하므로 대변에 차기이월이라 쓰고 부족한 금액을 기록하여 차변합계와 대변합계를 일치시킨다. 반대로 대변잔액을 가지는 부채계정과 자본계정은 자산계정과 반대로 하면 된다.

④ 기초재수정분개

    ㉠ 기초재수정분개는 전기말의 기말수정분개를 취소하는 분개를 말하며 역분개라고 한다.

    ㉡ 기초재수정분개는 장부기장을 편하게 하기 위한 것이므로 필수적인 절차는 아니다.

1. 다음 거래를 보고 구입일과 결산일의 분개를 하시오.

(1) 2025년 12월 1일 ㈜백석은 사무용으로 사용할 소모품 ₩30,000을 현금 구입하였다.

(2) 2025년 12월 31일 ㈜백석은 미사용한 소모품 ₩10,000을 사무용품 창고에 보관하고 있다는 것을 확인하였다.

구분	비용법	자산법
구입일	소모품비 ₩30,000 / 현금 ₩30,000	소모품 ₩30,000 / 현금 ₩30,000
결산일	소모품 ₩10,000 / 소모품비 ₩10,000	소모품비 ₩20,000 / 소모품 ₩20,000

2. ㈜백석은 다음의 자료를 이용하여 발생주의와 현금주의의 차이에 대하여 분석하려고 한다. 다음 자료를 참고로 물음에 답하시오.

[자료]		
2017년 포괄손익계산서		
임대료수익	₩18,000	
이자비용	₩15,600	
급여	₩166,000	
재무상태표		
계정과목	2024년 말	2025년 말
선수임대료	–	₩4,600
미지급이자	₩3,600	–
미지급급여	₩12,000	₩18,500

(1) 2025년 회계기간 동안 현금으로 수취한 임대료수익은 얼마인가?

현금수취 임대료수익 = I/S상 임대료 수익 + 선수임대료 증가분

임대료수익 = ₩18,000 + ₩4,600 = ₩22,600

(2) 2025년 회계기간 동안 현금으로 지급한 이자비용은 얼마인가?

현금지금 이자비용 = I/S상 이자비용 + 미지급이자 감소분

이자비용 = ₩15,600 + ₩3,600 = ₩19,200

(3) 2025년 회계기간 동안 현금으로 지급한 급여는 얼마인가?

현금지급 급여 = I/S상 급여 − 미지급급여 증가분

급여 = ₩166,000 − ₩6,500 = ₩159,500

총계정원장의 마감

section 1 의의

분개장은 거래의 발생순서별로 거래의 분개를 기입하는 장부로 거래를 발생순으로 기입하므로 발생순서별 거래의 추적이 용이하다. 또한 발생된 거래를 직접 총계정원장에 기입하는 경우 발생할 수 있는 오류를 줄여준다.

총계정원장은 거래로 인하여 발생하는 각 계정의 증감내용을 기입, 계산하기 위한 각 계정계좌를 모은 장부로 각 계정의 증감내용을 일목요연하게 파악할 수 있게 해준다. 또한 재무상태표와 포괄손익계산서를 작성할 수 있는 최신 정보를 제공한다.

전형적인 회계처리과정은 발생된 거래를 먼저 분개장에 분개하고 총계정원장에 이를 전기하면서 동시에 보조장부에 관련내용을 기입한 후 결산 시 총계정원장을 이용하여 재무제표를 작성하게 된다. 그러나 실무에서는 전표를 주로 이용하고 있다.

tip 분개장과 총계정원장의 작성 사례

다음 거래를 분개장에 분개하여 총계정원장에 전기하면 다음과 같다.

1/1 주식 10주(액면금액 ₩5,000)를 주당 ₩5,000에 발행하고 대금은 현금으로 납입받다.

1/5 비품 ₩20,000을 구입하고 대금은 현금으로 지급하다.

1/7 상품₩14,000을 매입하고 대금은 현금으로 지급하다.

1/11 원가 ₩3,000의 상품을 ₩5,000에 판매하고 대금은 현금으로 받다.

1/17 상품 ₩15,000을 매입하고 대금은 현금으로 지급하다.

1/23 핸드폰요금 ₩3,000을 현금으로 지급하다.

1/28 원가 ₩4,000의 상품을 ₩6,000에 판매하고 대금은 현금으로 받다.

일자		적요	원면	차변	대변
1	1	(현금)	1	50,000	
		(자본금)	4		50,000
		회사설립(10주 보통주 발행)			
	5	(비품)	3	20,000	
		(현금)	1		20,000
		비품을 현금 구입			
	7	(상품)	2	14,000	
		(현금)	1		14,000
		상품을 현금 구입			
	11	제좌			
		(현금)	1	5,000	
		(매출원가)	6	3,000	
		제좌			
		(매출)	5		5,000
		(상품)	2		3,000
		원가 ₩3,000의 상품을 ₩5,000에 현금매출			
	17	(상품)	2	15,000	
		(현금)	1		15,000
		상품을 현금 구입			
	23	(통신비)	7	3,000	
		(현금)	1		3,000
		핸드폰요금을 현금 지급			
	28	제좌			
		(현금)	1	6,000	
		(매출원가)	6	4,000	
		제좌			
		(매출)	5		6,000
		(상품)	2		4,000
		원가 ₩4,000의 상품을 ₩6,000에 현금매출			
				120,000	120,000

현금

일자		적요	분면	금액	일자		적요	분면	금액
1	1	자본금	1	50,000		5	비품	1	20,000
	11	제좌	1	5,000	1	7	상품	1	14,000
	28	제좌	2	6,000		17	상품	1	15,000
						23	통신비	1	3,000

상품

일자		적요	분면	금액	일자		적요	분면	금액
1	7	현금	1	14,000	1	11	제좌	1	3,000
	17	현금	1	15,000		28	제좌	2	4,000

비품

일자		적요	분면	금액	일자		적요	분면	금액
1	5	현금	1	20,000					

자본금

일자		적요	분면	금액	일자		적요	분면	금액
					1	1	현금	1	50,000

매출

일자		적요	분면	금액	일자		적요	분면	금액
					1	11	제좌	1	5,000
						28	제좌	2	6,000

매출원가

일자		적요	분면	금액	일자		적요	분면	금액
1	11	제좌	1	3,000					
	28	제좌	2	4,000					

통신비

일자		적요	분면	금액	일자		적요	분면	금액
1	23	현금	1	3,000					

03 재무상태표의 작성

section 1 재무상태표의 의의

특정 시점(일반적으로 회계기간 종료일) 현재 기업이 보유·통제하고 있는 자원(자산)으로 해당 자원에 대한 외부의 청구권(부채), 그리고 잔여지분(자본)을 구조적으로 나타내는 재무보고서이다.

회계등식 '자산 = 부채 + 자본'을 기본 틀로 하며, 정보이용자의 경제적 의사결정을 위해 기업의 유동성, 지급능력, 재무건전성을 파악할 수 있도록 구성된다.

작성 기반 자료는 결산조정이 반영된 수정후 시산표의 잔액이다.

section 2 재무상태표의 구성 논리

(1) 자산

과거의 거래·사건으로부터 기업이 통제하고 미래 경제적 효익 유입이 기대되는 자원을 말한다.

① 유동자산 : 1년 이내 현금화·실현될 자산 또는 영업주기 내 실현되는 자산으로 현금 및 현금성자산, 매출채권, 재고자산 등이 있다.

② 비유동자산 : 장기간(1년 초과) 보유·사용하는 자산으로 유형자산, 투자부동산, 무형자산, 장기금융자산 등이 있다.

(2) 부채

과거 거래·사건으로 발생한 현재 의무로서, 이행 시 경제적 자원의 유출이 예상된다.

① 유동부채 : 1년 이내 상환해야 할 의무로 매입채무, 단기차입금, 미지급금 등이 있다.

② 비유동부채 : 상환기한이 1년 초과하는 것으로 사채, 장기차입금, 장기충당부채 등이 있다.

(3) 자본

자산총액에서 부채총액을 차감한 잔여지분을 말한다. 자본금, 자본잉여금, 이익잉여금, 기타포괄손익누계액 등으로 구성되며 특히 이익잉여금은 손익계산서의 당기순이익과 직접 연결된다(재무제표 간 연계성 핵심).

04 손익계산서의 작성

section 1 손익계산서의 의의

일정 기간(회계기간) 동안 기업의 경영성과를 측정·보고하는 재무제표로 발생한 수익과 비용을 대응시켜 당기순이익을 산출한다.

수정후시산표의 수익·비용 계정 잔액을 기초로 작성된다.

section 2 손익계산서의 구성 단계

(1) 매출총이익 = 매출액 − 매출원가

① 기업의 핵심 영업활동(상품·제품 판매)에서 얻는 가장 기초적인 이익이다.

② 제조기업의 경우 원가계산, 재고자산 회계처리 등이 매출원가 결정에 직접 영향을 미친다.

(2) 영업이익 = 매출총이익 − 판매비와관리비

① 기업의 핵심 영업활동 성과를 가장 명확히 보여주는 지표이다.

② 판관비에는 급여, 광고비, 감가상각비 등 영업 관련 비용이 포함된다.

③ 영업이익은 기업의 본질적 경쟁력·사업 지속가능성 평가에 필수적 지표이다.

(3) 법인세비용차감전순이익 = 영업이익 + 영업외수익 − 영업외비용

영업 외 활동(금융활동·투자활동 등)의 영향을 반영한 이익으로 이자수익, 이자비용, 처분손익 등이 있다.

(4) 당기순이익 = 법인세비용차감전순이익 − 법인세비용

① 기업의 경영활동 전체에서 창출된 최종 성과 지표이다.

② 재무상태표의 자본(이익잉여금)에 누적되어 자본 변동을 야기한다.

적중예상문제

1 다음 중 시산표를 통해 발견할 수 있는 오류는?

① 차변과 대변의 계정과목을 바꾸어 전기한 경우
② 거래 전체의 기입 누락
③ 어느 한 계정의 전기를 누락시킨 경우
④ 동일 거래의 분개가 이중으로 전기된 경우

TIP 시산표에서 발견할 수 있는 오류
　㉠ 분개장에서 분개시 대차불일치 기입의 오류
　㉡ 분개장에서 총계정원장으로 전기할 때 대차불일치 전기의 오류
　㉢ 총계정원장에서 시산표에 이기할 때 대차금액을 다르게 이기하는 경우
　㉣ 분개, 전기, 이기시 대차 한쪽을 기입하기 않는 경우
　※ 시산표에서 발견할 수 없는 오류
　　㉠ 거래 전체의 분개누락, 전기누락의 경우
　　㉡ 이중분개, 이중전기의 경우
　　㉢ 대차가 다같이 틀린 동일금액으로 분개하거나 전기한 경우
　　㉣ 오류가 우연히 상쇄된 경우

Answer 1.③

2 다음 자료에 의하여 12월 31일 결산정리분개로 옳은 것은? (단, 월할계산 한다.)

> 6월 1일 1년분 임대료 120,000원을 현금으로 받다. 결산일은 12월 31일이다.
> (차변) 현금 120,000원　　　　　　　　　　　(대변) 임대료 120,000원

① (차변) 임대료 50,000원　　　　　　　　　(대변) 선수임대료 50,000원
② (차변) 임대료 70,000원　　　　　　　　　(대변) 선수임대료 70,000원
③ (차변) 미수임대료 50,000원　　　　　　　(대변) 임대료 50,000원
④ (차변) 미수임대료 70,000원　　　　　　　(대변) 임대료 70,000원

TIP ㉠ 회계기간 : 1월 1일 ~ 12월 31일
　　　 ㉡ 임대료기간 : 6월 1일 ~ 다음해 5월 31일
　　　 6월 1일 1년분 임대료를 받고 그 전액을 임대표라는 수익에 기록
　　　 1개월분 임대료는 120,000 / 12 = 10,000
　　　 기말결산 시 미경과 임대료는 10,000 × 5 = 50,000
　　　 (차) 임대료(수익) 50,000　　　　(대) 선수임대료 50,000

3 당기중에 사무용 소모품을 30,000원에 현금으로 구입하고, 소모품비계정차변에 기입하였으며, 결산일 현재 소모품 사용액이 20,000원이다. 다음 중 소모품에 대한 결산정리 분개로 옳은 것은?

① (차변) 소모품 20,000원　　　　　　　　　(대변) 소모품비 20,000원
② (차변) 소모품비 10,000원　　　　　　　　(대변) 소모품 10,000원
③ (차변) 소모품 10,000원　　　　　　　　　(대변) 소모품비 10,000원
④ (차변) 소모품비 20,000원　　　　　　　　(대변) 소모품 20,000원

TIP ③ 소모품 10,000원을 차변에 기입하고 소모품비 10,000원은 대변에 기입한다.

Answer　　2.① 3.③

4 다음 땡땡상점의 거래를 분개할 때, 차변에 기입될 계정과목으로 옳은 것은?

> 땡땡상점에 상품 500,000원을 매출하고, 대금은 동점 발행 약속어음으로 받다.

① 당좌예금   ② 외상매출금
③ 보통예금   ④ 받을어음

TIP ④ 약속어음이나 환어음을 수취하여 어음상의 채권이 발생하면 받을어음 계정 차변에 기입한다.
    (차) 받을어음 500,000   (대) 매출 500,000
    ※ 동점발행어음은 타인이 발행한 것을 의미하고, 당점발행어음은 자신이 발행한 것을 의미한다.
    예 상품 700,000원을 매출하고 500,000원은 당점발행 약속어음을 받고, 잔액은 동점발행 약속어음으로 받다.
      (차변) 지급어음 500,000   (대변) 상품매출 700,000
              받을어음 200,000

5 집합손익을 마감하는 분개를 할 때 그 상대계정과목은 무엇인가?

① 비용계정   ② 자산계정
③ 부채계정   ④ 자본계정

TIP ① 집합손익계정으로 마감하는 것은 수익과 비용계정이다.
    (차) 수익계정   ×××   (대) 집합손익계정 ×××
        집합손익계정 ×××   비용계정   ×××

6 차기이월로 마감하는 분개를 할 때 그 상대계정과목은 무엇인가?

① 비용계정   ② 자산계정
③ 수익계정   ④ 집합손익계정

TIP ② 차기이월계정으로 마감하는 것은 자산, 부채, 자본계정이다.

Answer   4.④ 5.① 6.②

7 장부마감 절차에 대한 설명으로 옳지 않은 것은?

① 손익계산서계정을 집합손익계정으로 대체하고 마감한다.
② 집합손익계정에서 구한 당기순이익을 미처분이익잉여금계정으로 대체한다.
③ 재무상태표계정을 마감한 후 이월시산표를 작성한다.
④ 이월시산표를 작성하는 경우에 재무상태표와 마찬가지로 차감적 평가계정은 차감하는 형식으로 기재한다.

(TIP) ④ 이월시산표를 작성하는 경우에는 재무상태표와 달리 차감적 평가계정을 차감하는 형식으로 표시하지 않는다.

8 기초재수정 분개에 대한 설명으로 옳지 않은 것은?

① 기초재수정분개는 발생항목에 대해서 이루어진다.
② 이연항목은 기초재수정분개를 하지 않는 경우도 있다.
③ 기초재수정분개는 필수적 절차이다.
④ 기초재수정분개는 전기말의 기말수정분개를 취소하는 분개이며 역분개라고도 한다.

(TIP) ③ 기초재수정분개는 필수적 절차가 아니다. 이는 선택적 절차로서 어느 한 거래가 두 기간에 영향을 미칠 때 나중에 기록되는 분개를 할 때 정상분개를 가능하게 하고, 한 손익거래가 두 기간에 걸쳐서 이중으로 계상되는 것을 방지하는 역할을 한다.

9 다음 중 제조기업의 재무제표를 작성하는 순서로 옳은 것은?

① 제조원가명세서 → 이익잉여금처분계산서 → 재무상태표 → 손익계산서
② 손익계산서 → 이익잉여금처분계산서 → 재무상태표 → 제조원가명세서
③ 제조원가명세서 → 손익계산서 → 이익잉여금처분계산서 → 재무상태표
④ 이익잉여금처분계산서 → 재무상태표 → 제조원가명세서 → 손익계산서

(TIP) ③ 제조기업의 재무제표작성은 제조원가명세서의 당기제품제조원가가 산출되고, 손익계산서의 당기순손익이 결정되고, 이익잉여금의 미처분이익잉여금이 결정되고 최종적으로 재무상태표가 작성된다.

Answer   7.④   8.③   9.③

10 특정 계정의 변동에 관한 정보를 한곳에 모으는 수단이 되는 회계장부는?

① 분개장   ② 원장
③ 매출장   ④ 매입장

TIP ② 특정 계정의 변동에 관한 정보를 한곳에 모으는 수단이 되는 회계장부는 원장(총계정원장)이다.

11 거래를 계정에 대체하기 전에 최초로 발생순서에 따라 기록하는 회계장부는?

① 분개장   ② 원장
③ 매출장   ④ 매입장

TIP ① 거래를 계정에 대체하기 전에 최초로 발생순서에 따라 기록하는 회계장부는 분개장이다. 분개장은 거래를 최초로
기록하는 장부로서 일반분개장과 특수분개장으로 구성된다.

12 다음 중 시산표 등식을 나타내는 것은?

① 자산 = 부채 + 자본
② 자산 − 부채 = 자본
③ 수익 − 비용 = 순이익
④ 자산 + 비용 = 부채 + 자본 + 수익

TIP ④ 시산표 등식은 '기말자산 + 총비용 = 기말부채 + 기초자본 + 총수익'을 말한다.

13 다음 중 보조기입장에 해당하지 않는 것은?

① 현금출납장   ② 매출장
③ 받을어음기입장   ④ 상품재고장

TIP ④ 상품재고장은 보조원장에 속한다.

Answer   10.② 11.① 12.④ 13.④

14 다음 중 보조원장에 해당하지 않는 것은?

① 매출처원장

② 적송품원장

③ 고정자산대장

④ 당좌예금출납장

TIP ④ 당좌예금출납장은 보조기입장에 속한다.

15 다음 중 분개장의 작성방법이 아닌 것은?

① 거래의 차변과 대변의 금액을 계정과목과 같은 줄에 기입한다.

② 한 거래의 기입이 완료되면 다음 거래와 구분하기 위하여 적요란에 붉은 줄을 긋는다.

③ 사용된 면의 적요란에 '다음 면으로'라는 내용을 기입한다.

④ 일련번호로 된 총계정원장의 면수나 계정과목의 번호를 기입한다.

TIP ④ 일련번호로 된 총계정원장의 면수나 계정과목의 번호를 기입하는 것은 총계정원장을 작성하는 방법이다.

16 다음 중 시산표의 작성형태에 따른 분류가 아닌 것은?

① 합계시산표

② 잔액시산표

③ 합계잔액시산표

④ 수정후시산표

TIP 시산표의 작성형태에 따른 분류
  ⊙ 합계시산표 : 모든 계정의 차변합계액과 대변합계액을 집계한 표
  ⓒ 잔액시산표 : 모든 계정의 잔액을 집계한 표
  ⓒ 합계잔액시산표 : 합계시산표와 잔액시산표를 하나로 만든 표

17 다음 중 이월시산표에 나타나지 않는 재무제표의 구성요소는?

① 자산

② 부채

③ 자본

④ 수익과 비용

TIP ④ 이월시산표는 차기로 이월되는 영구계정인 자산·부채·자본에 속하는 제계정의 잔액을 모아 작성한다. 임시계정인 수익·비용에 속하는 제계정은 이미 자본금에 대체되었기 때문에 이월시산표에는 기록하지 않는다.

Answer 14.④ 15.④ 16.④ 17.④

실전기출문제

제93회 기업회계 3급

1 다음은 세무상점의 임차료 지급과 관련된 자료이다. 2025년 결산 수정 분개 시 선급임차료 금액으로 옳은 것은?

> • 2025년 9월 1일 임차료 1년분 120,000원을 현금으로 지급하였다.
> • 회계처리 : (차) 임차료 120,000원 ┃ (대) 현금 120,000원

① 30,000원
② 40,000원
③ 80,000원
④ 90,000원

TIP PART 08. 결산과 재무제표 ┃ Chapter 01. 결산 ┃ 난이도 중

③ 연간 임차료 120,000÷12=10,000/월, 결산일(12월 31일) 기준으로 4개월 사용분 40,000원은 비용 처리한다. 미사용분 8개월(80,000원)은 선급임차료(자산)로 이월한다.

제93회 기업회계 3급

2 다음 중 결산 시 작성되는 잔액시산표에서 발견할 수 있는 오류로 옳은 것은?

① 분개장의 차변 기입 내용을 전기 누락한 경우
② 분개장의 한 거래 내용 모두를 전기 누락한 경우
③ 2개의 오류가 같은 금액으로 우연히 상계된 경우
④ 분개장의 한 거래 내용이 차변과 대변을 반대로 전기한 경우

TIP PART 08. 결산과 재무제표 ┃ Chapter 01. 결산 ┃ 난이도 중

① 분개장의 한쪽만 전기 누락 시 시산표 불일치로 발견 가능하다. 그러나 전기 전체 누락 · 금액 상계 · 차 · 대변 전기오류 등은 잔액시산표로 발견할 수 없다.

Answer 1.③ 2.①

3 다음 중 재무상태표 작성 시 통합 표시하는 과목으로 옳지 않은 것은?

	개별 과목		통합 표시 과목
①	외상매입금＋미지급금	→	매입채무
②	외상매출금＋받을어음	→	매출채권
③	현금＋당좌예금＋보통예금＋현금성자산	→	현금및현금성자산
④	단기예금＋단기매매증권＋단기대여금	→	단기투자자산

TIP PART 08. 결산과 재무제표 │ Chapter 03. 재무상태표의 작성 │ 난이도 중

③ 매입채무는 외상매입금과 지급어음을 합산하여 표시한다. 미지급금은 영업 외 거래에서 발생하므로 매입채무에 포함되지 않는다.

4 다음 중 재무제표의 종류와 제공하는 정보의 연결로 옳지 않은 것은?

① 재무상태표 – 일정 기간의 재무 상태를 보고
② 손익계산서 – 일정 기간의 경영 성과를 보고
③ 현금흐름표 – 일정 기간 현금 유출입 내역을 보고
④ 자본변동표 – 자본의 크기와 그 변동에 관한 정보를 보고

TIP PART 08. 결산과 재무제표 │ Chapter 03. 재무상태표의 작성 │ 난이도 하

① 재무상태표는 특정 시점의 재무상태를 보고한다. 손익계산서 · 현금흐름표 · 자본변동표는 일정 기간 동안의 성과를 보고한다.

5 다음 중 재무상태표를 작성할 때 자산의 배열 순서로 옳은 것은?

① 당좌자산 – 재고자산 – 투자자산 – 무형자산 – 기타비유동자산 – 유형자산
② 재고자산 – 당좌자산 – 기타비유동자산 – 유형자산 – 투자자산 – 무형자산
③ 기타비유동자산 – 무형자산 – 유형자산 – 재고자산 – 투자자산 – 당좌자산
④ 당좌자산 – 재고자산 – 투자자산 – 유형자산 – 무형자산 – 기타비유동자산

TIP PART 08. 결산과 재무제표 │ Chapter 03. 재무상태표의 작성 │ 난이도 하

④ 일반기업회계기준(§ 2.19)에 따라 자산은 유동성 배열법에 의한다. 즉, 당좌자산 → 재고자산 → 투자자산 → 유형자산 → 무형자산 → 기타비유동자산 순서로 표시한다.

Answer　　3.③　4.①　5.④

6 다음 중 재무상태표의 작성 기준으로 옳지 않은 것은?

① 구분표시
② 총액주의
③ 실현주의
④ 유동성배열법

TIP PART 08. 결산과 재무제표 │ Chapter 03. 재무상태표의 작성 │ 난이도 하

③ 실현주의는 손익계산서의 수익 인식 기준에 해당한다. 재무상태표의 작성 기준은 총액주의, 유동성 배열법, 구분표시 등이 있으며, 기업의 자산과 부채를 유동성 순서에 따라 표시한다.

7 다음 중 결산에 대한 설명으로 옳지 않은 것은?

① 자산, 부채, 자본은 차기로 이월하여 마감한다.
② 결산 예비 절차에서는 수정전 시산표를 작성하고 결산수정분개를 실시한다.
③ 결산 본 절차에서는 수정후 시산표와 이월시산표를 작성한다.
④ 결산보고서 작성 단계에서는 재무상태표와 손익계산서 등의 재무제표를 작성한다.

TIP PART 08. 결산과 재무제표 │ Chapter 01. 결산 │ 난이도 중

③ 결산 본 절차에서는 장부 마감과 이월시산표 작성이 이루어진다. '수정후 시산표'는 결산 예비 절차 단계에서 작성된다. 결산은 재무상태표 · 손익계산서 등 작성으로 마무리된다.

Answer   6.③ 7.③

8 다음의 자료를 이용하여 2025년 당기분 임차료를 계산한 금액은 얼마인가?

> 2025년 9월 1일에 업무용 건물의 임차료 1년분 120,000원을 현금으로 지급하였다. 회계기간은 1년이며 결산일은 매년 12월 31일이고 임차료는 월할 계산한다.

① 40,000원

② 50,000원

③ 80,000원

④ 120,000원

TIP PART 08. 결산과 재무제표 │ Chapter 02. 총계정원장의 마감 │ 난이도 중

① 9월 1일부터 12월 31일까지 4개월간의 임차료만 당기비용으로 인식한다. 따라서 120,000 × 4/12 = 40,000원만 당기비용으로 인식한다. 나머지 8개월분은 선급비용(자산)으로 이월한다.

9 ㈜성남의 장부 기입에 오류가 있어 잔액시산표의 합계가 일치하지 않음을 발견하였다. 오류 수정 후 정확한 잔액시산표의 합계액은 얼마인가?

잔액시산표

차변	원면	계정과목	대변
210,000	1	현금	
	2	외상매출금	110,000
200,000	3	상품	
70,000	4	차량운반구	
80,000	5	외상매입금	
	6	자본금	510,000
560,000		합계	620,000

㈜성남　2025.1.1. ~ 2025.12.31.　(단위 : 원)

① 510,000원

② 560,000원

③ 590,000원

④ 710,000원

TIP PART 08. 결산과 재무제표 │ Chapter 03. 재무상태표의 작성 │ 난이도 상

③ 자산·비용은 차변, 부채·자본·수익은 대변에 기입해야 한다. 오류 수정 후 자산(현금, 외상매출금, 상품, 차량운반구) 합계 590,000원, 부채(외상매입금 80,000) + 자본(510,000) = 590,000원으로 일치한다.

Answer　8.①　9.③

10 다음 중 손익계산서 항목이 아닌 것은?

① 복리후생비
② 유형
③ 선급임차료
④ 대손상각비

TIP PART 08. 결산과 재무제표 | Chapter 04. 손익계산서의 작성 | 난이도 하

③ 선급임차료는 아직 사용되지 않은 자산으로, 재무상태표에 표시된다. 손익계산서에는 비용성 항목만 포함된다.

11 다음 거래의 분개 시 대변 계정과목으로 옳은 것은?

> 결산일에 현금계정의 장부 잔액이 60,000원, 실제 잔액이 65,000원으로 확인되어 조사하였으나 원인을 알 수 없었다.

① 현금
② 현금과부족
③ 잡이익
④ 잡손실

TIP PART 08. 결산과 재무제표 | Chapter 02. 총계정원장의 마감 | 난이도 중

③ 실제 현금이 장부보다 많을 경우, 차액은 잡이익으로 처리한다. 반대의 경우 잡손실이다. 현금과부족은 원인 파악 전의 임시계정이다.

Answer 10.③ 11.③

12 다음은 ㈜세무의 기말 재무상태표이다. 기말 재무상태표상 ㈎의 자본금은 얼마인가?

<table>
<tr><td colspan="5" align="center">재무상태표</td></tr>
<tr><td>㈜세무</td><td colspan="3" align="center">(2025.12.31.)</td><td align="right">단위 : 원</td></tr>
<tr><td>보통예금</td><td align="right">200,000원</td><td>외상매입금</td><td></td><td align="right">400,000원</td></tr>
<tr><td>재고자산</td><td align="right">400,000원</td><td>미지급금</td><td></td><td align="right">100,000원</td></tr>
<tr><td>임차보증금</td><td align="right">500,000원</td><td>자본금</td><td></td><td align="right">㈎</td></tr>
<tr><td>영업권</td><td align="right">300,000원</td><td>이익잉여금</td><td></td><td align="right">600,000원</td></tr>
</table>

① 1,200,000원

② 900,000원

③ 600,000원

④ 300,000원

TIP PART 08. 결산과 재무제표 │ Chapter 03. 재무상태표의 작성 │ 난이도 하

③ 자본금 = 자산 − 부채 − 이익잉여금 = 1,400,000 − 500,000 − 600,000 = 300,000원이다.

13 다음의 계정과목 중에서 기말 재무상태표에는 표시하지 않는 계정과목은 무엇인가?

① 대여금

② 매출채권

③ 현금과부족

④ 미지급금

TIP PART 08. 결산과 재무제표 │ Chapter 03. 재무상태표의 작성 │ 난이도 하

③ 현금과부족은 임시계정으로, 결산 시 원인이 규명되면 잡이익 또는 잡손실로 대체한다. 따라서 기말 재무상태표에는 표시되지 않는다.

Answer   12.④   13.③

제92회 기업회계 3급

14 다음 자료가 설명하고 있는 장부로 옳은 것은?

> • 분개장에서 총계정원장으로 정확하게 전기되었는지를 확인할 수 있다.
> • 대차평균의 원리를 이용하여 장부기장의 오류를 검증하여 결산 절차를 보다 쉽게 도와준다.

① 분개장
② 시산표
③ 손익계산서
④ 총계정원장

TIP PART 08. 결산과 재무제표 │ Chapter 01. 결산 │ 난이도 하

② 시산표는 총계정원장의 차·대변 합계를 검증하는 장부이다. 대차평균원리로 오류를 확인하여 결산 전 기초점검 역할을 한다.

제91회 기업회계 3급

15 세무상점은 10월 10일에 발생한 거래를 다음과 같이 잘못 분개하였다. 이를 결산과정에서 수정하기 위한 분개로 옳은 것은?

> • 10월 10일 거래 : 거래처의 외상매입금 100,000원을 현금으로 지급하다.
> • 분개 : (차) 외상매입금 10,000원　　　　　　　(대) 현금 10,000원

①	(차) 현금	90,000원	(대) 외상매입금	90,000원
②	(차) 현금	10,000원	(대) 외상매입금	10,000원
③	(차) 외상매입금	90,000원	(대) 현금	90,000원
④	(차) 외상매입금	10,000원	(대) 현금	10,000원

TIP PART 08. 결산과 재무제표 │ Chapter 01. 결산 │ 난이도 하

③ 실제 지급액보다 적게 기록되었으므로 부족분(90,000)을 추가 인식해야 한다. 즉, 외상매입금 차감(차변), 현금 지급(대변)으로 보정한다.

Answer　14.②　15.③

16 다음 자료에서 결산 후 당기순이익 금액으로 옳은 것은?

> ㈎ 결산정리 전 순이익 : 500,000원
> ㈏ 결산정리사항
> - 이자미수액 : 150,000원
> - 급여미지급액 : 100,000원
> - 보험료선급액 : 50,000원

① 500,000원

② 550,000원

③ 600,000원

④ 650,000원

TIP PART 08. 결산과 재무제표 │ Chapter 02. 총계정원장의 마감 │ 난이도 중

③ 결산 후 당기순이익 = 결산전이익 + 이자미수(수익추가) − 급여미지급(비용추가) + 보험료선급(비용감소) = 500,000 +150,000 −100,000 +50,000 = 600,000원

17 ㈜세무의 다음 분개로 추정할 수 있는 것은?

> (차) 보험료 70,000원   (대) 선급보험료 70,000원

① 기간 미경과 보험료를 자산 처리하였다.

② 전기에 보험료를 미지급하고 당기에 지급하였다.

③ 전기에 이연 처리한 보험료를 당기의 비용으로 대체하였다.

④ 당기에 보험료를 선지급하였다.

TIP PART 08. 결산과 재무제표 │ Chapter 02. 총계정원장의 마감 │ 난이도 중

③ 전기 선급보험료 중 당기분을 비용으로 인식하는 결산수정분개이다. 즉, 자산(선급보험료) 감소 + 비용(보험료) 증가의 거래이다.

Answer 16.③ 17.③

18 다음 중 장부 마감 시 잔액이 차기로 이월되지 않는 계정은?

① 당좌예금   ② 외상매입금
③ 받을어음   ④ 임대료

TIP PART 08. 결산과 재무제표 | Chapter 02. 총계정원장의 마감 | 난이도 하

④ 자산·부채·자본은 잔액을 다음기로 이월하지만, 수익·비용계정은 집합손익계정으로 대체되어 마감된다. 임대료는 비용계정이므로 차기로 이월되지 않는다.

19 다음 중 재무상태표 표시와 관련된 설명으로 옳지 않은 것은?

① 부채는 유동부채와 비유동부채로 구분한다.
② 자산은 유동자산과 비유동자산으로 구분한다.
③ 비유동자산은 재고자산, 유형자산, 무형자산, 기타비유동자산으로 구분한다.
④ 자본은 자본금, 자본잉여금, 이익잉여금, 기타포괄손익누계액, 자본조정으로 구분한다.

TIP PART 08. 결산과 재무제표 | Chapter 03. 재무상태표의 작성 | 난이도 하

③ 재고자산은 유동자산에 속한다. 비유동자산은 유형자산, 무형자산, 투자자산, 기타비유동자산으로 구성된다.

Answer   18.④   19.③

20 **[중소기업회계기준] 다음 중 재무제표에 대한 설명으로 옳은 것은?**

① 손익계산서는 한 회계연도의 회사의 경영성과에 대한 정보를 제공하는 재무보고서이다.

② 수익과 비용은 총액으로 표시하는 것을 원칙으로 하고 허용하는 경우에는 상계하여 표시할 수 있다.

③ 자산이란 과거의 거래나 사건의 결과로 현재 회사가 통제하고 미래에 경제적 효익을 창출할 것으로 예상되는 자원을 말한다.

④ 부채는 회계연도 말부터 1년 이내 상환 등을 통하여 소멸할 것으로 예상되면 비유동부채로, 그 밖의 경우는 유동부채로 구분한다.

> **TIP** PART 08. 결산과 재무제표 │ Chapter 03. 재무상태표의 작성 │ 난이도 중

④ 유동부채는 결산일로부터 1년 이내에 상환될 항목이다.

21 **다음 거래에 대한 전표를 연결한 것으로 틀린 것은? (단, 3전표제에 의하여 기입한다.)**

① 상품 100,000원을 외상으로 매출하였다 : 대체전표

② 상품에 대한 외상대금 40,000원을 현금으로 받았다 : 입금전표

③ 기말 결산 정리분개 중 감가상각비 50,000원을 계상하였다 : 출금전표

④ 회사에 필요한 소모품을 구입하고 현금 50,000원을 지급하였다 : 출금전표

> **TIP** PART 08. 결산과 재무제표 │ Chapter 01. 결산 │ 난이도 하

③ 감가상각비는 현금이 수반되지 않는 결산분개이므로 출금전표가 아니라 대체전표를 사용한다. 현금 입·출금이 없는 내부 회계처리는 모두 대체전표로 처리한다.

Answer　　20.④　21.③

22 ㈜안양의 수정후시산표를 통해 결산 전 보험료 금액을 계산하면 얼마인가? (단, ㈜안양은 보험료 지급 당시 전액을 비용으로 처리하였다.)

수정후시산표

㈜안양		2025.01.01. ~ 2025.12.31.	(단위 : 원)
차변	원면	계정과목	대변
⋮		⋮	⋮
100,000	원면생략	선급보험료	
⋮		⋮	⋮
220,000		보험료	
⋮		⋮	⋮

① 100,000원

② 120,000원

③ 220,000원

④ 320,000원

 PART 08. 결산과 재무제표 | Chapter 02. 총계정원장의 마감 | 난이도 하

④ 결산 전 지급보험료 = 당기보험료 + 선급보험료, 220,000 + 100,000 = 320,000원

23 다음 중 필요한 수정분개가 누락되었을 때 자산계정이 과대계상되는 경우는?

① 이자비용이 미지급된 경우

② 급여가 미지급된 경우

③ 선급보험료를 계상한 후 기간이 경과된 경우

④ 당기에 상품을 납품하지 않고 대금을 미리 받은 경우

 PART 08. 결산과 재무제표 | Chapter 02. 총계정원장의 마감 | 난이도 중

③ 선급보험료는 자산의 이연항목으로, 기간 경과분을 비용으로 대체해야 한다. 이를 누락하면 자산이 과대계상되고 비용은 과소계상된다.

Answer   22.④   23.③

24 다음 중 장부의 마감과정에서 집합손익계정으로 대체할 수 없는 것은?

① 건물 ② 보험료

③ 임대료 ④ 광고선전비

TIP PART 08. 결산과 재무제표 │ Chapter 02. 총계정원장의 마감 │ 난이도 하

① 자산·부채·자본은 결산 시 잔액이 다음기로 이월되며, 수익·비용계정만 손익계정으로 대체한다. 건물은 자산이므로 대체 대상이 아니다.

25 다음의 내용이 설명하는 보고서에 해당하지 않는 것은?

> 이것은 기업실체의 외부 정보이용자에게 기업실체에 관한 재무정보를 전달하는 핵심적 재무보고 수단이다. 기업은 여러 형태의 보고서를 작성하여 기업의 경영성과나 재정상태 등을 외부에 공개한다.

① 현금흐름표 ② 자본변동표

③ 합계시산표 ④ 재무상태표

TIP PART 08. 결산과 재무제표 │ Chapter 02. 총계정원장의 마감 │ 난이도 하

③ 재무제표는 재무상태표·손익계산서·자본변동표·현금흐름표 및 주석으로 구성된다. 합계시산표는 내부 검증용 장부이므로, 외부 공시용 재무보고서에 해당하지 않는다.

26 다음 중 손익계산서의 작성기준에 해당하지 않는 것은?

① 발생주의 ② 실현주의

③ 수익·비용대응 ④ 현금주의

TIP PART 08. 결산과 재무제표 │ Chapter 04. 손익계산서의 작성 │ 난이도 하

④ 손익계산서는 발생주의와 실현주의에 따라 작성된다. 현금의 유입·유출 시점이 아니라, 거래나 사건이 발생한 기간에 수익과 비용을 대응시켜 인식해야 한다. 즉, 현금주의는 회계기준에 부합하지 않는다.

Answer 24.① 25.③ 26.④

27 다음 중 시산표에서 발견할 수 있는 오류로 옳은 것은?

① 거래를 완전히 누락한 경우
② 거래를 중복하여 두 번 전기한 경우
③ 대차 중 어느 한 변의 전기를 누락한 경우
④ 차변과 대변의 계정과목을 바꾸어 전기한 경우

TIP PART 08. 결산과 재무제표 │ Chapter 04. 손익계산서의 작성 │ 난이도 하

③ 차변과 대변 중 한쪽만 전기하면 합계 불일치로 시산표에서 오류가 발견된다. 하지만 거래 누락이나 중복 전기, 차·대변 바꿔 전기한 경우는 합계가 일치할 수 있어 시산표상 오류가 발견되지 않는다.

28 세무상점은 2025년 4월 1일 건물의 1년분 임대료(2025년 4월 1일 ~ 2026년 3월 31일) 180,000원을 전액 현금으로 받고 임대료 계정으로 회계처리 하였다. 2025년 12월 31일 결산 재무상태표에 기록되는 선수임대료 금액은 얼마인가?

① 45,000원
② 60,000원
③ 120,000원
④ 135,000원

TIP PART 08. 결산과 재무제표 │ Chapter 02. 총계정원장의 마감 │ 난이도 하

① 연간 임대료 180,000원 ÷ 12개월 = 15,000원/월, 결산일 기준 3개월(1 ~ 3월)분은 다음기 수익이므로 선수임대료 45,000원으로 처리한다. 이는 수익의 이연 처리에 해당한다.

Answer　27.③　28.①

29 회계상점의 결산 결과 당기순이익은 900,000원이었으나 아래의 사항이 누락되었음을 발견하였다. 수정 후의 올바른 당기순이익은 얼마인가?

- 보험료 미지급액 : 150,000원
- 임대료 미수분 : 100,000원
- 이자비용 선급분 : 70,000원

---

① 750,000원
② 920,000원
③ 1,000,000원
④ 1,170,000원

TIP PART 08. 결산과 재무제표 │ Chapter 02. 총계정원장의 마감 │ 난이도 중

② 임대료 미수 → 수익 예상 (+), 보험료 미지급 → 비용 예상 (+), 이자비용 선급 → 비용 이연 (−), 순이익 = 900,000 + 100,000 − 150,000 + 70,000 = 920,000원이다.

30 [중소기업회계기준] 다음 중 재무제표 작성기준에 대한 설명으로 옳지 않은 것은?

① 수익과 비용을 상계하도록 요구하는 경우에는 상계하여 표시할 수 있다.
② 손익계산서에 중단사업손익을 별도 구분하여 표시하지 않는다.
③ 자본계정에 기타포괄손익누계액을 구분하여 표시하지 않는다.
④ 대차대조표에 기타비유동자산을 구분하여 표시하지 않는다.

TIP PART 08. 결산과 재무제표 │ Chapter 03. 재무상태표의 작성 │ 난이도 중

④ 중소기업회계기준에서도 비유동자산은 투자자산 · 유형자산 · 무형자산 · 기타비유동자산으로 구분해 표시해야 한다.

Answer 29.② 30.④

31 다음 중 자산총액과 수익총액의 변동을 동시에 발생시키는 결산 정리 사항으로 옳은 것은?

① 보험료 중 기간미경과액은 100,000원이다.

② 소모품 중 미사용액은 200,000원이다.

③ 차입금에 대한 이자 선급액은 300,000원이다.

④ 임대료에 대한 미수액은 400,000원이다.

TIP PART 08. 결산과 재무제표 │ Chapter 02. 총계정원장의 마감 │ 난이도 중

④ 발생주의에 따라 아직 수취하지 않은 수익을 인식하면 자산(미수수익)↑, 수익↑

①②③ 자산↑와 비용↓(소멸)로 수익 총액 변화가 없다.

32 다음 중 재무상태표에 대한 설명으로 옳지 않은 것은?

① 재무상태표는 일정 기간 현재 기업실체가 보유하고 있는 자산, 부채, 자본에 대한 정보를 제공하는 재무보고서이다.

② 불확실성이나 비용 대비 효익의 고려 등으로 인해 재무상태표는 모든 자산과 부채를 나타내지 않을 수 있다.

③ 재무상태표는 다른 재무제표와 함께 기업가치의 평가에 유용한 정보를 제공하여야 한다.

④ 재무상태표는 정보이용자들이 기업실체의 유동성, 재무적 탄력성, 수익성, 위험 등을 평가하는 데 유용한 정보를 제공하여야 한다.

TIP PART 08. 결산과 재무제표 │ Chapter 03. 재무상태표의 작성 │ 난이도 하

① 재무상태표는 일정 시점 현재 기업실체가 보유하고 있는 자산과 부채 그리고 자본에 대한 정보를 제공하는 재무보고서이다.

Answer 31.④ 32.①

제87회 기업회계 3급

33 다음 중 결산정리분개 유형에 해당하지 않는 것은?

① 미지급비용　　　　　　　　　② 미수금
③ 미수수익　　　　　　　　　　④ 선급비용

TIP PART 08. 결산과 재무제표 │ Chapter 01. 결산 │ 난이도 하

② 결산정리분개는 기간귀속을 맞추기 위한 조정으로 미지급비용 · 미수수익 · 선수수익 · 선급비용 등이 해당한다. 반면 '미수금'은 상품 이외의 자산을 외상으로 처분했을 때 생기는 채권(자산)으로 결산조정 계정이 아니다.

제87회 기업회계 3급

34 결산의 절차 중 빈칸 ㈎의 단계에 해당하는 것은?

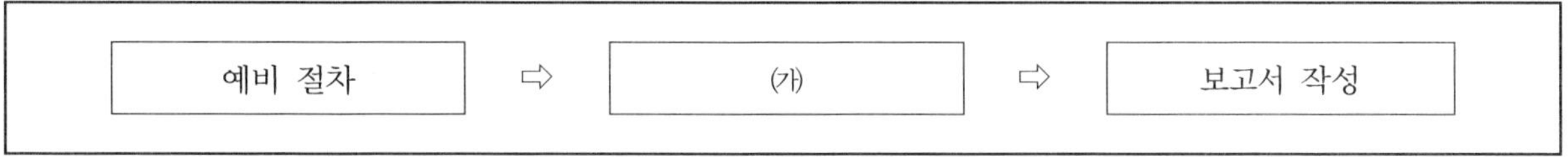

① 총계정원장 마감
② 결산 수정 분개
③ 시산표 작성
④ 재무상태표 작성

TIP PART 08. 결산과 재무제표 │ Chapter 01. 결산 │ 난이도 하

① 결산은 예비절차(시산표 작성, 수정분개) 후 본절차(총계정원장 마감)로 이어진다. 따라서 ㈎는 본절차인 총계정원장 마감에 해당한다.

Answer 33.② 34.①

35 다음 중 유동성배열법에 의한 재무상태표 작성 시 가장 나중에 기재되는 자산계정은 무엇인가?

① 전세권
② 단기대여금
③ 미지급비용
④ 차량운반구

TIP PART 08. 결산과 재무제표 │ Chapter 03. 재무상태표의 작성 │ 난이도 하

① 유동성배열법은 유동성이 낮은 항목일수록 뒤에 표시한다. 전세권은 기타비유동자산으로 가장 낮은 유동성을 가지므로 마지막에 배열된다.

36 다음 중 재무상태표의 구성요소가 아닌 것은?

① 자산   ② 부채
③ 자본   ④ 비용

TIP PART 08. 결산과 재무제표 │ Chapter 03. 재무상태표의 작성 │ 난이도 하

④ 재무상태표는 일정 시점의 재무상태를 나타내며, 구성요소는 자산·부채·자본이다. 비용은 일정 기간의 경영성과를 나타내는 손익계산서 항목이다.

Answer   35.①   36.④

37 다음은 결산 절차를 나타낸 것이다. ㉠, ㉡ 단계에서 실시하는 절차를 바르게 연결한 것은?

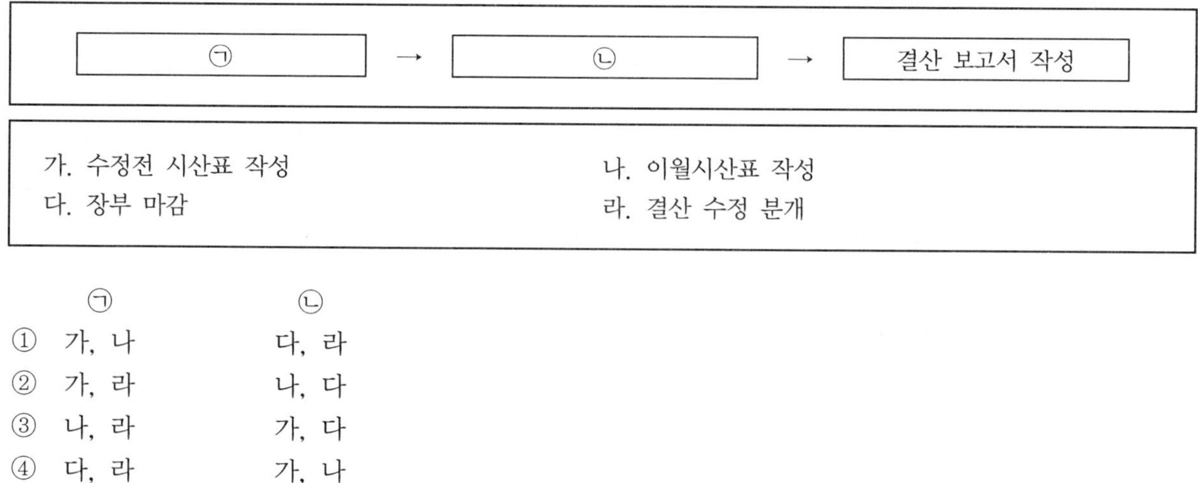

	㉠	㉡
①	가, 나	다, 라
②	가, 라	나, 다
③	나, 라	가, 다
④	다, 라	가, 나

TIP PART 08. 결산과 재무제표 | Chapter 01. 결산 | 난이도 하

② 결산 절차는 예비단계와 본단계로 구분된다. 예비단계에서는 수정전 시산표 작성, 결산수정분개, 정산표 작성이 수행된다. 본단계에서는 장부마감과 이월시산표 작성이 이루어진다. 따라서 '수정전 시산표 작성(예비)→장부마감(본)' 순서가 정답이다.

38 다음 중 결산 거래가 아닌 것은?

① 유가증권의 평가
② 유형자산의 감가상각
③ 대손충당금의 설정
④ 투자자산의 처분

TIP PART 08. 결산과 재무제표 | Chapter 01. 결산 | 난이도 하

④ 결산 거래란 회계기간 종료 시 장부마감을 위한 조정거래를 말한다. 이는 기말평가나 감가상각, 대손예상 등의 회계추정 활동을 포함하지만, 투자자산 처분은 일상적 영업 중 발생하는 일반거래로 결산특유의 절차는 아니다.

Answer 37.② 38.④

39 7월 1일에 1년분 보험료 360,000원을 현금으로 지급한 거래에 대하여 결산 시 다음과 같이 결산 정리 분개를 하였다. 이러한 오류가 재무제표에 미치는 영향으로 옳은 것은?

07월 01일(보험료 지급 시) : (차) 보험료	360,000원	(대) 현금	360,000원
12월 31일(결산 정리 분개) : (차) 선수수익	180,000원	(대) 보험료	180,000원

① 유동자산이 과소계상된다.

② 유동부채가 과대계상된다.

③ 판매비와관리비가 과소계상된다.

④ 영업이익이 과대계상된다.

TIP

PART 08. 결산과 재무제표 │ Chapter 01. 결산 │ 난이도 하

① 선급보험료(자산)로 처리해야 할 항목을 선수수익(부채)으로 잘못 분개하였다. 따라서 자산이 과소계상되고 부채는 과소계상된다. 올바른 분개는 차(선급비용) 180,000 │ 대(보험료) 180,000이다.

Answer 39.①

40 ㈜서울은 잔액시산표를 작성하였으나 차변과 대변이 일치하지 않음을 발견하였다. 잔액시산표상 오류가 있는 계정과목은?

잔액시산표

㈜서울　　　2024.1.1. ~ 2024.12.31.　　　(단위 : 원)

차변	원면	계정과목	대변
120,000	1	현금	
90,000	2	외상매출금	
170,000	3	상품	
	4	건물	220,000
	5	외상매입금	70,000
	6	자본금	530,000
380,000			820,000

① 현금　　　　　　　　　　　　　② 상품
③ 건물　　　　　　　　　　　　　④ 외상매입금

TIP　PART 8. 결산과 재무제표 │ Chapter 01. 결산 │ 난이도 하

③ 자산계정(현금, 외상매출금, 상품, 건물)은 모두 차변 잔액을 가져야 한다. 따라서 건물이 대변에 기록된 것은 오류이며, 차변 잔액으로 수정되어야 한다.

Answer　　40.③

41 시산표 등식에서 다음의 빈칸 ㈎, ㈏, ㈐에 해당하는 내용으로 올바른 것은?

㈎＋총비용＝㈏＋㈐＋총수익

	㈎	㈏	㈐
①	기초 자산	기초 부채	기말 자본
②	기초 자산	기말 부채	기초 자본
③	기말 자산	기초 부채	기말 자본
④	기말 자산	기말 부채	기초 자본

TIP PART 08. 결산과 재무제표 | Chapter 02. 총계정원장의 마감 | 난이도 중

④ 시산표의 등식은 다음 관계를 가진다. 기말자산 + 총비용 = 기말부채 + 기초자본 + 총수익이다. 이는 자산·부채·자본의 변동이 회계기간 동안의 손익과 연결됨을 나타내는 기본 구조이다.

42 다음 중 기업의 재무제표에 해당하지 않는 것은?

① 재무상태표   ② 현금흐름표

③ 이월시산표   ④ 손익계산서

TIP PART 08. 결산과 재무제표 | Chapter 02. 총계정원장의 마감 | 난이도 중

③ 이월시산표는 회계기록의 검증용 보조표로, 재무제표에 포함되지 않는다. 재무제표에는 재무상태표, 손익계산서, 현금흐름표, 자본변동표가 포함된다.

Answer 41.④ 42.③

43 다음의 자산 계정들을 재무상태표에 기록할 경우 유동성배열법에 따라 표기했을 때 가장 먼저 배열되는 것은?

① 건물　　　　　　　　　　　② 투자부동산
③ 산업재산권　　　　　　　　④ 당좌예금

TIP PART 08. 결산과 재무제표 | Chapter 03. 재무상태표의 작성 | 난이도 하

④ 유동성배열법은 유동성이 높은 자산부터 나열하는 방식이다. 당좌예금은 즉시 현금화 가능성이 가장 높으므로 가장 먼저 기재된다.

44 다음 자료에서 재무상태표의 계정과목을 모두 고른 것은?

㉠ 개발비	㉡ 복리후생비
㉢ 매도가능증권처분이익	㉣ 매도가능증권평가손실

① ㉠, ㉡　　　　　　　　　　② ㉠, ㉣
③ ㉡, ㉢　　　　　　　　　　④ ㉢, ㉣

TIP PART 08. 결산과 재무제표 | Chapter 03. 재무상태표의 작성 | 난이도 하

② 개발비는 무형자산 항목, 매도가능증권평가손실은 기타포괄손익누계액(자본항목) → 모두 재무상태표에 표시된다. 복리후생비는 판매비와 관리비, 매도가능증권처분이익은 영업외수익으로 손익계산서 항목이다.

Answer　43.④　44.②

45 다음 중 결산 시 집합손익계정을 설정하여 마감할 수 없는 계정과목은 무엇인가?

① 이자수익

② 미수이자

③ 임대료

④ 소모품비

TIP PART 08. 결산과 재무제표 │ Chapter 01. 결산 │ 난이도 하

② 손익계정은 수익·비용 계정을 마감하기 위한 임시계정이다. 미수이자는 자산계정으로서 손익마감의 대상이 아니다. 반면 이자수익·임대료·소모품비는 손익계산서 계정이므로 마감 대상이다.

46 다음은 합계잔액시산표의 일부이다. ㈎와 ㈏에 들어갈 금액으로 알맞은 것은?

합계잔액시산표						
차변		원면	계정과목	대변		
잔액	합계			합계	잔액	
㈎	160,000원		보통예금	70,000원		
20,000원			미지급금	㈏	40,000원	

	㈎	㈏
①	90,000원	20,000원
②	90,000원	60,000원
③	230,000원	20,000원
④	230,000원	60,000원

TIP PART 08. 결산과 재무제표 │ Chapter 01. 결산 │ 난이도 하

② 가(잔액) = 차변합계 − 대변합계 = 160,000 − 70,000 = 90,000

나(합계) = 차변합계 + 대변잔액 = 20,000 + 40,000 = 60,000

Answer 45.② 46.②

47 다음 중 시산표에서 발견할 수 있는 오류로 옳은 것은?

① 하나의 거래를 이중으로 분개 또는 전기한 경우
② 거래 전체의 분개나 전기가 누락된 경우
③ 둘 이상의 오류가 우연히 상계된 경우
④ 차변 또는 대변의 어느 한쪽의 전기를 누락한 경우

TIP PART 08. 결산과 재무제표 │ Chapter 01. 결산 │ 난이도 하

④ 차변 또는 대변 중 한쪽만 전기하면 합계 불일치가 발생하므로 시산표 작성 시 오류가 발견된다. 반면 거래 전체 누락이나 상계 오류는 시산표로는 발견되지 않는다.

48 다음 중 총계정원장을 마감하는 순서로 올바른 것은?

> 가. 자산계정과 부채계정의 잔액은 차기이월 한다.
> 나. 이월시산표를 작성하여 마감의 정확성을 알아본다.
> 다. 집합손익계정의 잔액을 자본금계정에 대체한다.
> 라. 수익계정과 비용계정의 잔액을 집합손익계정에 대체한다.

① 가 → 다 → 라 → 나
② 나 → 다 → 라 → 가
③ 다 → 라 → 가 → 나
④ 라 → 다 → 가 → 나

TIP PART 08. 결산과 재무제표 │ Chapter 02. 총계정원장의 마감 │ 난이도 중

④ 수익·비용 계정과목의 잔액을 집합손익계정에 대체 → 집합손익계정의 잔액을 자본금에 대체 → 자산, 부채 계정과목의 잔액을 차기이월 → 이월시산표를 작성 순으로 회계 결산 마감이 진행된다.

Answer 47.④ 48.④

제85회 기업회계 3급

49 다음 중 재무상태표의 계정이 아닌 것은?

① 미지급비용
② 이자수익
③ 매출채권
④ 자본금

TIP PART 08. 결산과 재무제표 | Chapter 03. 재무상태표의 작성 | 난이도 하

② 재무상태표는 자산·부채·자본을 나타내는 표이다. 이자수익은 손익계산서의 수익 계정에 속하며, 재무상태표에는 포함되지 않는다.

제84회 기업회계 3급

50 다음 중 기업이 기말 재무상태와 당기 경영성과를 파악하기 위하여 기말에 장부를 마감하는 절차를 무엇이라 하는가?

① 결산
② 분개
③ 대체
④ 전기

TIP PART 08. 결산과 재무제표 | Chapter 01. 결산 | 난이도 하

① 결산은 일정 회계기간이 종료된 후 자산, 부채, 자본, 수익, 비용을 정리하여 재무제표를 작성하는 절차를 말한다. 이는 회계순환과정의 마지막 단계이며, 기업의 재무성과를 최종적으로 파악하기 위한 과정이다.

Answer 49.② 50.①

51 다음 중 아래의 거래에 대한 기말결산 시 수정분개로 가장 옳은 것은?

> 2024년 7월 1일에 업무용 승용차의 1년분 보험료 1,000,000원을 현금으로 지급하고, 선급보험료로 전액을 자산 처리하였다. 회사의 결산일은 매년 12월 31일이다.

① (차) 보험료   500,000원   (대) 선급보험료   500,000원
② (차) 선급보험료   450,000원   (대) 보험료   450,000원
③ (차) 보험료   450,000원   (대) 현금   450,000원
④ (차) 현금   500,000원   (대) 보험료   500,000원

TIP PART 08. 결산과 재무제표 │ Chapter 01. 결산 │ 난이도 중

① 선급보험료는 자산으로 처리된 비용성 지출이므로, 기간경과분을 비용으로 인식해야 한다. 1년 중 6개월이 경과하였으므로 500,000원을 비용으로 계상하고, 그만큼 자산에서 차감한다.

52 다음 중 결산과정에서 집합손익 계정과 관련이 없는 것은?

① 임시계정   ② 이익잉여금
③ 미수수익   ④ 감가상각비

TIP PART 08. 결산과 재무제표 │ Chapter 02. 총계정원장의 마감 │ 난이도 중

③ 집합손익은 결산 시 수익과 비용을 일시적으로 모아 순이익을 산출하는 임시계정이다. 결산 후 이익잉여금으로 대체되며, 미수수익은 자산이므로 관련이 없다.

Answer   51.①   52.③

53 다음 중 재무상태표를 유동성배열법에 의하여 작성하는 경우와 관련이 없는 것은?

① 자본금

② 매출채권

③ 단기차입금

④ 보통예금

TIP PART 08. 결산과 재무제표 │ Chapter 02. 총계정원장의 마감 │ 난이도 하

① 유동성배열법은 자산과 부채를 유동성이 높은 순서로 배열하는 방식이며, 이는 재무상태표의 '자산'과 '부채'에만 적용된다. 자본금은 자본 항목으로서 유동성과 무관하므로 적용대상이 아니다.

54 다음 중 아래의 결산 절차에서 빈칸 ⑺와 ⑷에서 각각 수행해야 하는 내용으로 옳은 것은?

| 결산 예비 절차 | ⇒ | ⑺ | ⇒ | ⑷ |

	(가)	(나)
①	결산 수정 분개	손익계산서 작성
②	총계정원장 마감	재무상태표 작성
③	시산표 작성	총계정원장 마감
④	분개장/보조부 마감	시산표 작성

TIP PART 08. 결산과 재무제표 │ Chapter 02. 총계정원장의 마감 │ 난이도 하

② 결산의 본 절차에서는 총계정원장을 마감하고, 그 결과를 바탕으로 손익계산서·재무상태표 등 재무제표를 작성한다. 즉, 시산표 작성(예비 절차) → 총계정원장 마감(본 절차) → 재무제표 작성(보고 절차) 순으로 진행된다.

Answer 52.① 54.②

55 [중소기업회계기준] 다음 중 대차대조표의 구성 요소에 대한 설명으로 옳지 않은 것은?

① 자산이란 과거의 거래나 사건의 결과로 현재 회사가 통제하고 미래에 경제적 효익을 창출할 것으로 예상되는 자원을 말한다.

② 부채란 과거의 거래나 사건의 결과로 현재 회사가 부담하고 있고 미래에 자원이 유출되거나 사용될 것으로 예상되는 의무를 말한다.

③ 부채는 회계연도 말부터 1년 이내 상환 등을 통하여 소멸할 것으로 예상되면 유동부채로, 그 밖의 경우는 비유동부채로 구분한다.

④ 자산은 유동자산과 비유동자산으로 구분하며, 유동자산의 종류에는 당좌자산, 재고자산, 투자자산이 있다.

> TIP PART 08. 결산과 재무제표 | Chapter 03. 재무상태표의 작성 | 난이도 하

④ 투자자산은 비유동자산에 속한다. 유동자산에는 당좌자산과 재고자산이 포함되고, 비유동자산은 투자자산·유형자산·무형자산·기타비유동자산으로 구분된다.

Answer 55.④

고난도기출문제

제93회 기업회계 2급

1 다음 중 당기순이익을 증가시키는 항목은?

> ㉠ 감자차익　　　　　　　　　　　　　　㉡ 외환차익
> ㉢ 매도가능금융자산 평가이익　　　　　　㉣ 유형자산처분이익
> ㉤ 자기주식처분이익

① ㉠, ㉡　　　　　　　　　　　　　　② ㉠, ㉤
③ ㉡, ㉢　　　　　　　　　　　　　　④ ㉡, ㉣

TIP　PART 08. 결산과 재무제표 ｜ Chapter 04. 손익계산서의 작성 ｜ 난이도 하

④ 외환차익과 유형자산처분이익은 손익계산서상 영업외손익 항목으로 당기순이익을 증가시킨다. 반면 감자차익, 자기주식
처분이익 등은 자본항목으로 처리되어 손익계산서에 반영되지 않는다.

제93회 기업회계 2급

2 [중소기업회계기준] 중소기업회계기준에 의한 손익계산서의 작성기준으로 옳지 않은 것은?

① 수익과 비용은 그 발생원천에 따라 명확하게 분류하고, 각 수익항목과 이에 관련되는 비용항목을 대
응 표시하여야 한다.
② 수익과 비용을 총액으로 기재하는 것을 원칙으로 하지만 수익과 비용항목을 상계하여 그 전부 또는
일부를 손익계산서에서 제외할 수 있다.
③ 수익은 실현시기를 기준으로 인식하고, 비용은 발생된 시점에 인식한다.
④ 손익은 매출총손익, 영업손익, 법인세비용차감전순손익, 당기순손익, 주당순손익으로 구분하여 표시
한다.

TIP　PART 08. 결산과 재무제표 ｜ Chapter 04. 손익계산서의 작성 ｜ 난이도 중

② 중소기업회계기준에 따르면 수익과 비용은 총액으로 기재해야 하며, 상계하여 일부를 제외해서는 안 된다.

Answer　1.④　2.②

3 다음 중 재무회계에 대한 설명으로 옳지 않은 것은?

① 회계정보이용자에는 투자자, 채권자, 정부 등이 있다.

② 복식부기는 일정한 원칙에 의하여 모든 재산의 변동 상황을 기록한다.

③ 유용한 정보가 되기 위해서는 근본적으로 목적적합성과 신뢰성이 있어야 하며, 보강적으로 비교가능성과 검증가능성, 적시성, 이해가능성이 있어야 한다.

④ 특정시점의 재무상태를 나타내는 보고서는 손익계산서이다.

TIP　PART 08. 결산과 재무제표 ｜ Chapter 03. 재무상태표의 작성 ｜ 난이도 하

④ 재무상태를 나타내는 보고서는 재무상태표이며, 손익계산서는 일정기간의 경영성과를 나타낸다.

4 다음 중 재무제표의 작성과 표시의 일반적인 원칙에 대한 설명으로 옳지 않은 것은?

① 재무제표는 일반적으로 보고기업이 계속기업이며, 예측가능한 미래에 영업을 계속할 것이라는 가정에 작성된다.

② 역사적 원가주의, 감가상각, 수익비용대응 개념 및 유동성배열법은 모두 계속기업 가정을 근거로 한 것이다.

③ 보고기업의 재무상태와 관련된 재무제표의 요소는 자산, 부채, 자본이며 재무상태의 변동 중 재무성과와 관련된 재무제표의 요소는 수익과 비용이다.

④ 기간별 비교가능성을 제고하기 위하여 재무제표 항목의 표시와 분류는 매기 새롭게 적용하는 것을 원칙으로 한다.

TIP　PART 08. 결산과 재무제표 ｜ Chapter 03. 재무상태표의 작성 ｜ 난이도 하

④ 재무제표는 계속기업을 전제로 하며, 일반기업회계기준에 따라 작성된다. 기간별 비교가능성을 위해 재무제표 항목의 표시와 분류는 매기 동일하게 적용해야 한다. 문항의 '매기 새롭게 적용하는 것을 원칙으로 한다'는 진술은 잘못된 것이다. 즉, 비교가능성 제고를 위해서는 일관된 회계처리기준과 분류방식의 유지가 필수적이다.

Answer　3.④　4.④

5 회계정보의 질적 특성 중 중립성은 무엇을 의미하는가?

① 회계정보가 특정 이해관계자의 이익을 위해 왜곡되지 않는다.

② 회계정보가 특정 시기에만 제공된다.

③ 회계정보가 검증 가능하다.

④ 회계정보가 표현의 충실성을 갖추고 있다.

> **TIP** PART 08. 결산과 재무제표 | Chapter 03. 재무상태표의 작성 | 난이도 하

① 중립성은 회계정보가 특정 이해관계자에게 유리하거나 불리하지 않도록 편향되지 않는 성격을 의미한다. 즉, 회계정보가 객관적으로 제공되어야 하며, 이는 '충실한 표현'의 하위 개념으로 연결된다.

6 ㈜대한은 2024년 1월 1일에 A기계를 110,000원에 취득하였는데, A기계의 잔존가치와 내용연수는 각각 10,000원과 5년이고 정액법으로 감가상각하고 있다. 2025년 1월 1일 A기계의 감가상각방법은 정액법으로 계속 유지하면서 잔존 내용연수와 잔존가치는 각각 6년과 0원으로 추정 변경하였다. 이러한 회계변경이 정당한 것으로 인정될 때 2025년에 인식할 A기계의 감가상각비는 얼마인가?

① 5,000원　　　　　　　　　② 8,000원

③ 12,000원　　　　　　　　④ 15,000원

> **TIP** PART 08. 결산과 재무제표 | Chapter 03. 재무상태표의 작성 | 난이도 하

④ 기계장부가 90,000, 잔존가치 0, 내용연수 6년 → 연 상각비 = (90,000 − 0)/6 = 15,000원 감가상각방법은 동일하되 잔존내용연수 변경은 회계추정의 변경으로 간주하여 전진법으로 처리한다.

Answer　　5.①　6.④

7 ㈜실수는 기말결산 마감 전에 다음에 대한 부분을 발견하였다. 수정 전 당기순이익이 6,200,000원일 경우 수정 후 당기순이익은 얼마인가?

- 대손충당금 과소계상 : 300,000원
- 급여와 관련된 미지급비용 과소계상 : 600,000원
- 재고자산 과대계상 : 400,000원
- 건물의 감가상각누계액 과소계상 : 500,000원

---

① 5,200,000원 ② 4,900,000원

③ 4,700,000원 ④ 4,400,000원

TIP PART 08. 결산과 재무제표 │ Chapter 01. 결산 │ 난이도 중

④ 과소계상·과대계상 항목 조정 : 6,200,000 − (300,000 + 600,000 + 400,000 + 500,000) = 4,400,000원이다. 따라서 수정 후 순이익은 4,400,000원이다.

8 다음 중 손익계산서상에 나타날 수 없는 계정과목은?

① 수입임대료
② 광고선전비
③ 이자수익
④ 선수수익

TIP PART 08. 결산과 재무제표 │ Chapter 04. 손익계산서의 작성 │ 난이도 중

④ 수입임대료, 광고선전비, 이자수익은 손익계산서 항목이다. 선수수익은 아직 수익이 실현되지 않았으므로 부채로 처리한다.

Answer 7.④ 8.④

9 ㈜한성은 다음과 같은 내용의 보험에 가입하였다. 이와 관련하여 2025년 ㈜한성에서 보험료로 인식할 금액은 얼마인가?

- 2025년 8월 1일 차량보험료 120,000원을 현금으로 납부하였다.
- 차량보험료의 보험기간은 2025년 8월 1일~2026년 1월 31일이다.

---

① 20,000원   ② 50,000원

③ 100,000원   ④ 120,000원

TIP   PART 08. 결산과 재무제표 │ Chapter 02. 총계정원장의 마감 │ 난이도 하

③ 보험료 120,000원, 기간 6개월(2025.8.1. ~ 2026.1.31), 당기비용(8 ~ 12월 5개월분) : 120,000 × 5/6=100,000원, 차기 선급비용(1개월분) : 20,000원

10 ㈜정밀의 기말 재무상태표상 계정의 잔액이 다음과 같을 때 기말 자본은 얼마인가?

- 현금 : 100,000원
- 상품 : 300,000원
- 선수금 : 250,000원
- 미수수익 : 130,000원
- 선급금 : 180,000원
- 미지급금 : 110,000원

---

① 150,000원   ② 350,000원

③ 590,000원   ④ 850,000원

TIP   PART 08. 결산과 재무제표 │ Chapter 03. 재무상태표의 작성 │ 난이도 하

② 자본 = 자산 − 부채(현금100 + 상품300 + 미수130 + 선급180) − (선수250 + 미지급110) = 350,000원이다. 즉, 순자산이 곧 자본이다.

Answer   9.③   10.②

11 다음 중 부채에 대한 설명으로 올바른 것은?

① 기업의 정상영업주기 이내에 상환이나 결제 등을 통하여 소멸할 것이 충분히 예상되는 부채의 경우 유동부채로 분류할 수 있다.

② 지급 시기나 금액이 불확실한 경우 부채의 정의에 부합해도 부채로 인식할 수 없다.

③ 우발부채는 재무제표에 인식한다.

④ 장기차입금, 장기매입채무는 유동부채에 해당한다.

TIP PART 08. 결산과 재무제표 │ Chapter 03. 재무상태표의 작성 │ 난이도 하

① 정상영업주기 내에 결제 가능한 부채는 유동부채로 분류한다. 충당부채는 시기나 금액이 불확실해도 인식 가능하며, 우발부채는 주석공시만 하고 재무제표에 인식하지 않는다.

12 다음 내용에 해당하는 질적 특성으로 올바른 것은?

> 재무정보는 오류, 편견으로부터 벗어나 충실하게 나타낼 수 있어야 한다. 이 특성에 대한 하부속성으로는 표현의 충실성, 중립성, 검증 가능성이 있다.

① 이해가능성

② 목적적합성

③ 신뢰성

④ 비교가능성

TIP PART 08. 결산과 재무제표 │ Chapter 03. 재무상태표의 작성 │ 난이도 하

③ 오류와 편견이 없는 충실한 표현은 신뢰성(충실한 표현)의 특성이다. 그 하위속성은 완전성, 중립성, 검증가능성이다.

Answer 11.① 12.③

13 [중소기업회계기준] 다음 중 손익계산서의 작성기준에 대한 설명으로 옳지 않은 것은?

① 수익과 비용은 순액으로 표시하는 것을 원칙으로 한다.

② 수익과 비용은 그 발생 원천에 따라 명확하게 분류하고, 수익항목과 이에 관련되는 비용항목은 대응하여 표시한다.

③ 손익계산서에는 그 회계연도에 속하는 모든 수익과 이에 대응하는 모든 비용을 적정하게 표시한다.

④ 손익계산서는 한 회계연도의 회사의 경영성과에 대한 정보를 제공하는 재무보고서이다.

TIP PART 08. 결산과 재무제표 │ Chapter 04. 손익계산서의 작성 │ 난이도 중

① 중소기업회계기준에 따르면 손익계산서는 총액표시를 원칙으로 한다. 손익계산서는 수익과 비용을 총액으로 표시하고, 대응관계에 따라 분류한다.

14 다음 중 결산 절차를 바르게 나열한 것은?

a. 거래의 발생	b. 분개
c. 수정전시산표 작성	d. 전기
e. 계정 마감	

① a→c→b→e→d

② a→b→d→e→c

③ a→b→d→c→e

④ a→b→c→d→e

TIP PART 08. 결산과 재무제표 │ Chapter 01. 결산 │ 난이도 중

③ 회계의 흐름은 거래발생 → 분개 → 전기 → 수정전시산표 작성 → 계정 마감 순이다. 이는 재무제표 작성의 표준 절차이며, 수정전표 작성 후 시산표의 정확성을 검토한 뒤 결산이 이루어진다.

Answer　13.①　14.③

15 **[중소기업회계기준] 다음 중 자산, 부채의 평가에 대한 설명으로 틀린 것은?**

① 같은 종류의 자산(토지와 건물 제외)을 교환하였을 때에는 제공한 자산의 장부금액을 취득원가로 한다.

② 재고자산의 취득 과정에서 정상적으로 발생한 부대원가는 취득원가에 포함하고, 매입에누리, 매입할인과 매입환출은 취득원가에서 차감한다.

③ 유형자산과 무형자산의 취득원가는 구입가격 또는 제작원가와 의도하는 방식으로 자산을 가동하는 데 필요한 장소와 상태에 이르게 하는 데 직접 관련되는 원가를 포함하며, 매입에누리, 매입할인과 매입환출을 차감한 금액을 말한다.

④ 유형자산과 무형자산의 생산능력을 향상시키거나 내용연수를 연장시키는 등 자산의 가치를 실질적으로 높이는 지출은 발생한 회계연도의 비용으로 인식하고, 원상을 회복시키거나 능률을 유지하기 위한 지출은 해당 자산의 장부금액에 가산한다.

TIP | PART 08. 결산과 재무제표 | Chapter 03. 재무상태표의 작성 | 난이도 중

④ 자산의 생산능력 향상이나 내용연수 연장은 자본적 지출로 자산가액에 가산한다. 반면 원상회복이나 효율유지 목적의 지출은 수익적 지출로 당기비용 처리한다.

Answer 15.④

16 다음은 ㈜세무의 재무제표에서 발췌한 항목이다. 다음 항목 중 유동자산으로 분류될 금액은?

- 단기매매목적으로 보유하고 있는 다른 회사가 발행한 주식 : 100,000원
- 거래처에 대한 대여금(보고기간 후 12개월 이내에 회수될 것으로 예상) : 230,000원
- 제품 제조를 위해 보유하고 있는 원재료 : 220,000원
- 거래처에 외상 판매한 상품 대금 : 340,000원
- 사용 용도가 제한된 예금(향후 6개월 내 차입금 상환에 사용될 예정) : 150,000원

① 550,000원

② 700,000원

③ 890,000원

④ 1,040,000원

TIP PART 08. 결산과 재무제표 | Chapter 03. 재무상태표의 작성 | 난이도 하

④ 유동자산에는 단기매매증권, 단기대여금(1년 내 회수), 매출채권, 1년 내 사용 예정 제한예금, 원재료 등이 포함된다. 따라서 100,000 + 230,000 + 340,000 + 150,000 + 220,000 = 1,040,000원이 유동자산에 해당한다.

Answer 16.④

17 다음은 ㈜한양의 2024년 자료이다. 손익계산서에 계상될 영업이익은 얼마인가?

- 매출액 : 20,000,000원
- 당기상품매입액 : 8,000,000원
- 광고선전비 : 2,500,000원
- 잡이익 : 300,000원
- 기초상품재고 : 2,000,000원
- 직원급여 : 5,000,000원
- 세금과공과 : 4,000,000원
- 배당금수익 : 800,000원
- 이자비용 : 2,000,000원
- 기말상품재고 : 5,000,000원
- 기부금 : 250,000원
- 재해손실 : 2,000,000원

---

① 1,250,000원

② 3,250,000원

③ 3,500,000원

④ 7,500,000원

TIP PART 08. 결산과 재무제표 │ Chapter 04. 손익계산서의 작성 │ 난이도 중

③ 영업이익 = 매출총이익 − 판매관리비

매출총이익 = 매출액 − (기초재고 + 매입 − 기말재고) = 20,000,000 − (2,000,000 + 8,000,000 − 5,000,000) = 15,000,000

판매관리비 = 5,000,000 + 2,500,000 + 4,000,000 = 11,500,000

영업이익 = 15,000,000 − 11,500,000 = 3,500,000원

Answer 17.③

01 재무제표 주요 계정과목

section 1 자산

구분			내용
유동자산	당좌자산	현금	지폐와 주화 타인발행수표, 우편환, 배당금지급통지표, 만기도래어음, 만기도래 국공채이자표
		당좌예금	당좌수표를 발행할 수 있는 은행 예금
		보통예금	요구불예금
		정기예적금	만기가 1년 이내 도래하는 저축성예금 등
		당기손익-공정가치 측정 지분상품	단기간 내의 매매차익을 목적으로 매입한 유가증권
		외상매출금	상거래(제품, 상품) 시 외상으로 판매한 경우의 채권
		받을어음	상거래(제품, 상품) 시 외상으로 판매하고 받은 어음
		단기대여금	차용증서를 받고 금전을 빌려준 경우의 채권
		미수수익	발생주의에 따라 수익의 당기 기간경과분에 대한 수익으로서 미수취한 것
		미수금	일반적인 상거래 이외의 유형자산 등의 매각거래에서 발생한 채권
		(대손충당금)	미래에 발생할 대손에 대비하여 미리 비용을 인식하는 것
		소모품	소모성비품(내용연수가 1년 미만)등 구입 시 자산으로 처리한 것
		선급금	상품·원재료 등의 구입조건으로 미리 지급하는 금액이나 계약금
		선급비용	발생주의에 따라 당기에 지급한 비용 중 차기비용으로 자산으로 처리할 금액
		가지급금	현금 지출이 있으나 계정과목이 미확정인 것
		부가세대급금	물품 등의 구입 시에 부담한 부가가치세로서 매입세액공제가 가능한 것
		선납세금	법인세 중간예납세액과 원천징수된 세액
유동자산	재고자산	상품	판매목적으로 외부에서 구입한 물품(도·소매업)
		제품	제조과정이 완료된 후 판매를 위해 보관하고 있는 것(제조업)
		반제품	자가제조한 중간제품과 부분품 등으로 판매가 가능한 것
		원재료	제품을 제조하기 위하여 구입한 주원료
		(매입환출)	매입한 상품이나 원재료를 반품하는 경우
		(매입에누리)	매입 후 하자나 결함 때문에 가격을 에누리 받은 경우
		(매입할인)	외상대금을 조기 결제 시 판매자가 외상대금을 할인하는 경우

		미착품	상품 · 원재료 등을 주문하였으나 운송 중, 통관 중으로서 도착하지 않은 경우
		재공품	제조과정이 완료되지 않아 아직 제품으로 대체되지 않은 재고자산
		저장품	소모품, 수선용 부분품 및 기타 저장품
비유동자산	투자자산	장기성예금	만기가 1년 이후에 도래하는 정기예금, 정기적금 등 금융상품
		기타포괄손익–공정 가치 선택 금융자산	최초인식시점에 평가손익을 기타포괄손익으로 인식하기로 선택한 지분상품
		기타포괄손익–공정 가치 측정 금융자산	원리금만을 수취하면서 매도할 목적으로 취득한 채무상품
		상각 후 원가 측정 금융자산	원리금만을 수취할 목적으로 취득한 지분상품 또는 채무상품
		투자부동산	영업활동과 무관하게 투자목적(시세차익)으로 보유하고 있는 토지나 건물
		장기대여금	대여금 중 만기가 1년 이내에 도래하지 않는 것
	유형자산	토지	영업용(업무용)으로 사용하기 위한 대지 등
		건물	영업용(업무용)으로 사용하는 건물 및 기타의 건물 부속설비 등
		기계장치	제품 등을 생산하기 위한 기계 및 장치
		차량운반구	회사의 영업활동을 위해 사용되는 승용차, 트럭 등
		비품	기업에서 사용하는 일반적인 용품으로서 내용연수가 1년 이상인 것
		(감가상각누계액)	취득원가를 합리적으로 비용 배분하는 것의 누적액
		건설중인 자산	유형자산을 건설하기 위해 지출한 금액으로서 아직 건설완료가 되지 않은 임시계정
	무형자산	영업권	영업상의 권리 또는 권리금(외부구입영업권만 인정)
		산업재산권	일정 기간 동안 독점적, 배타적으로 이용할 수 있는 권리(특허권, 실용신안권, 상표권 등)
		개발비	신기술개발과 관련된 비용으로 미래 경제적 효익을 기대할 수 있는 금액
		소프트웨어	컴퓨터 프로그램으로서 MS오피스, 한글 등
	기타 비유동자산	임차보증금	공장, 사무실, 기계, 차량 등의 임차 시 보증금액으로서 채권임
		전세권	전세금을 지급하고서 타인의 부동산을 그의 용도에 쫓아 사용, 수익하는 권리로서 물권
		장기매출채권	외상매출금 중 회수기간이 1년 이상인 채권
		부도어음과수표	지급이 거절된 어음으로서 추후 대손여부를 판단하여 대손처리한다.

구분		내용
유동부채	외상매입금	상품이나 원재료를 외상으로 매입한 경우의 채무
	지급어음	상품이나 원재료를 외상으로 매입 시 지급한 어음채무
	미지급금	상거래 이외(유형자산 등)의 물건을 구입한 경우의 채무
	예수금	일반적 상거래 이외에서 발생한 일시적 예수금액(소득세, 국민연금, 건강보험료 등)
	부가세예수금	매출 시 매입자로부터 거래징수한 부가가치세로서 세무서에 납부 예정
	가수금	현금 등 입금이 있었으나 내역이 불분명한 것으로서 처리하는 임시계정
	선수금	상품매출, 제품매출에 대한 계약금으로 미리 받은 금액
	단기차입금	1년 이내에 도래하는 금융거래에 의한 채무
	미지급세금	미지급법인세 및 미지급세금 등
	미지급비용	기간 경과분 비용(이자비용, 임차료 등)중 아직 지급되지 않은 것
	선수수익	수익 중 당기의 것이 아니고 차기 이후로 귀속되는 수익
	유동성장기부채	만기 1년 이상 장기차입금 중 만기가 1년 이내에 도래하는 차입금
비유동부채	사채	기업이 자금조달을 위해 직접 발행하는 채권
	장기차입금	상환기간이 1년을 초과하는 차입금
	임대보증금	부동산이나 동산을 임대하고 받는 보증금
	퇴직급여충당부채	임직원이 퇴직할 때 지급하게 될 퇴직금에 대비하여 부채로 설정
	(퇴직연금운용자산)	종업원의 퇴직금을 위해 사외에 예치한 금액

구분		내용
자본금	보통주자본금	상법상 법정자본금(액면가액 × 발행주식수)
자본잉여금	주식발행초과금	액면을 초과하여 주식발행 시 그 액면을 초과하는 금액(= 발행가액 > 액면가액)
	감자차익	자본금 감소 시 주주에게 반환되지 않고 불입자본으로 남아 있는 부분(= 감자대가 < 액면가액)
	자기주식처분익	자기주식을 처분하였을 때 취득원가를 초과하여 발생한 이익
자본조정	주식할인발행차금	액면을 미달하게 주식발행 시 그 액면에 미달하는 금액(= 액면가액 > 발행가액)
	감자차손	자본금 감소 시 주주에게 감소된 자본금이 감자대가에 미달된 경우(= 감자대가 > 액면가액)
	자기주식	회사가 발행한 자기회사 주식을 매입한 경우 당해 주식을 말함
	자기주식처분손실	자기주식을 처분 시 발생하는 손실
기타포괄손익누계액	기타포괄손익-공정가치 측정 금융자산평가손익	기타포괄손익-공정가치 측정 금융자산을 공정가액으로 평가해서 발생하는 평가손익
	해외사업환산손익	해외지점, 사무소의 외화자산·부채를 원화로 환산하는 경우 발생하는 환산손익
이익잉여금	이익준비금	상법에 의해 금전배당액의 1/10 이상을 적립하는 금액
	기타법정적립금	상법 이외의 법령규정에 의하여 적립된 유보이익(재무구조개선적립금 등)
	임의적립금	회사의 정관이나 주주총회의 결의로 임의로 적립된 금액
	미처분이익잉여금	주주총회에서 이익잉여금 처분하기 전의 금액

02 손익계산서 주요 계정과목

section 1 수익

구분		내용
매출	매출(제품, 상품)	상품, 제품 등의 판매 또는 용역의 제공으로 인하여 실현된 금액
	(매출환입)	매출된 상품이나 제품이 반품되는 경우
	(매출에누리)	매출 후 하자나 결함 때문에 가격을 에누리 하는 경우
	(매출할인)	외상대금을 조기 결제 시 판매자가 외상대금을 할인하는 경우
영업외 수익	이자수익	적금, 예금 등에 대해 지급받은 이자
	배당금수익	보유한 주식에 대한 현금 배당금
	수입임대료(임대료)	부동산을 임대하여 사용하게 하고 받는 대가
	단기매매증권평가익	단기매매증권을 기말에 평가했을 때 발생하는 이익
	××××처분익	유가증권, 유형자산 등을 장부가액 이상으로 처분하였을 때 생기는 이익
	외환차익	외화채권·채무의 발생 시와 결제 시의 환율변동으로 생기는 이익
	외화환산이익	외화채권·채무의 기말평가 시 생기는 이익
	자산수증이익	현금이나 기타재산을 무상으로 받았을 때 생기는 이익
	채무면제이익	채무를 면제받아 생기는 이익
	보험차익(보험수익)	보험의 만기 또는 재해로 인하여 납입한 보험금을 수령 시 수령 총액
	잡이익	금액적으로 중요성이 없는 것으로서 일시적이고 소액인 것

구분		내용
매출원가		상품 및 제품 등의 판매 등으로 인한 매출액에 직접 대응되는 원가
제조경비 (판관비)	급여	정기적인 급료와 임금, 상여금, 제수당.
	퇴직급여	퇴직급여충당부채 전입액을 말한다.
	복리후생비	일 · 숙직비, 직원회식비, 현물식대, 경조사비, 피복비, 건강보험료의 회사 부담금
	여비교통비	출장비, 시내교통비 등
	통신비	전화료, 우편료, 인터넷 사용료 등
	수도광열비	수도요금, 전기료(제조경비 : 가스수도료), 난방유, 가스요금 등
	세금과공과	재산세, 자동차세 일반협회비, 인지대금, 벌금, 과태료 등
	지급임차료(임차료)	부동산이나 동산을 임차하고 임대인에게 지급하는 대가
	차량유지비	차량에 대한 유지비용으로 유류대, 주차비, 차량수리비 등
	소모품비	소모성 비품 구입에 대한 비용으로서 사무용품, 기타소모자재 등
	교육훈련비	임직원의 직무능력향상을 위한 교육 및 훈련에 대한 비용
	도서인쇄비	도서구입 및 인쇄와 관련된 비용
	지급수수료(수수료비용)	제공받은 용역의 대가를 지불할 때 사용하거나 각종 수수료 등을 지급한 경우
	접대비	거래처에 대한 선물구입비, 경조사비, 식대 등을 지급한 경우
	광고선전비(판)	제품의 판매촉진활동과 관련된 비용
	감가상각비	유형자산의 취득원가를 내용 연수에 따라 합리적으로 배분하는 비용
	대손상각비(판)	회수가 불가능한 채권을 합리적이고 객관적인 기준으로 추정하여 비용으로 인식하는 것
	대손충당금환입(판)	대손추산액 < 기설정대손충당금으로서 충당금 환입 시
	퇴직급여충당부채환입	퇴직급여추계액 < 기설정 퇴직급여충당부채로서 충당부채 환입 시
영업외비용	매출채권처분손실	매출채권(받을어음)을 금융회사 등에 매각 시 발생하는 손실
	××자산평가손실	기말에 자산을 평가시 공정가액이 장부가액보다 낮을 경우 인식
	××자산처분손실	자산 처분시 처분가액이 장부가액보다 낮을 경우 인식
	외화환산손실	외환채권 · 채무의 기말평가 시 생기는 이익
	외환차손	외화채권 · 채무의 발생 시와 결제시의 환율변동으로 생기는 손실
	기부금	대가성 없이 무상으로 기증하는 금전, 기타의 재산가액 (불우이웃돕기성금, 수재의연금 등)
	기타의 대손상각비	상거래 이외(대여금, 미수금)에서 발생하는 대손상각비
	재고자산감모손실	기말재고자산 실사 시 수량부족분(비정상적)에 대하여 손실을 인식하는 것
	재해손실	화재, 수해, 지진 등 자연적 재해로 인해 발생하는 손실
	잡손실	금액적으로 중요성이 없는 것으로서 일시적이고 소액인 것
법인세비용		회사가 일정한 회계기간 동안 벌어들인 소득에 대해 부과되는 세금(법인세 + 지방소득세)

03 최신 회계 용어

(1) ISSB(International Sustainability Standards Board)

ISSB는 IFRS 재단 산하에서 설립된 기구로, 전 세계 기업들이 공통으로 사용할 수 있는 지속가능성(ESG) 공시 기준을 만드는 역할을 한다. 기존 재무보고 기준을 만드는 IASB와 짝을 이루며, 기업의 재무정보와 비재무정보를 통합적으로 비교·분석할 수 있는 기반을 제공한다.

(2) IFRS S1(General Requirements for Sustainability-related Disclosures)

IFRS S1은 기업이 지속가능성과 관련된 정보를 공시할 때 따라야 할 일반적인 원칙과 범위를 규정한 기준이다. 이 기준은 기업의 ESG 관련 정보가 재무제표와 동일한 연결범위 내에서 일관성 있게 공시되도록 요구하며, 이용자의 의사결정에 유용한 정보를 제공하는 것을 목표로 한다.

(3) IFRS S2(Climate-related Disclosures)

IFRS S2는 기후변화와 관련된 위험과 기회를 어떻게 공시할지에 초점을 맞춘 기준이다. 기업은 기후 관련 지배구조, 전략, 리스크 관리, 지표와 목표, 그리고 온실가스 배출량(Scope1·2·3)을 체계적으로 공개해야 하며, 이를 통해 기후리스크가 재무성과에 미치는 영향을 투명하게 드러내야 한다.

(4) 이중중대성(Double Materiality)

이중중대성은 기업에 미치는 재무적 영향뿐 아니라, 기업이 사회와 환경에 미치는 영향까지 동시에 중요하게 본다는 관점이다. 즉, 어떤 사안이 재무제표에 미치는 영향이 크지 않더라도 사회·환경적으로 매우 중요한 사안이라면 공시의 대상으로 보아야 한다는 개념이다.

(5) CSRD(Corporate Sustainability Reporting Directive)

CSRD는 유럽연합(EU)이 도입한 기업지속가능성보고 지침으로, 일정 규모 이상의 기업에게 ESG 관련 공시를 의무화하는 규정이다. 이 지침은 유럽 내 기업뿐 아니라 EU에서 활동하는 일정 규모의 비EU 기업도 대상에 포함하며, 공급망 전반에 걸친 지속가능성 영향과 리스크까지 폭넓게 보고하도록 요구한다.

(6) 탄소배출권 회계(Carbon Emission Accounting)

탄소배출권 회계는 국가나 제도로부터 할당받거나 시장에서 취득한 배출권을 자산으로 인식하고, 실제 배출량에 따라 부채와 비용을 인식하는 절차를 말한다. 무상으로 받은 배출권은 보통 무형자산으로 인식되고, 배출량이 할당량을 초과하면 추가로 확보해야 할 배출권에 대해 부채와 관련 비용이 발생한다.

(7) 탄소중립 비용(Cost of Net-zero)

탄소중립 비용은 기업이 탄소배출을 줄이고 장기적으로 탄소중립 목표를 달성하기 위해 투자해야 하는 설비, 기술, 에너지 전환 등의 모든 비용을 의미한다. 이 비용은 현재의 지출뿐 아니라, 향후 탄소감축 의무가 확정적이고 금액을 합리적으로 추정할 수 있다면 미래의 부담으로서 재무제표에 반영될 수 있다.

(8) Scope 1 · 2 · 3(온실가스 배출 범위)

Scope 1은 기업이 직접 보유하거나 통제하는 설비와 차량 등에서 발생하는 직접 배출을 의미한다. Scope 2는 외부에서 구입한 전기, 증기, 난방, 냉방 사용에 따른 간접배출이고, Scope 3는 원재료 조달, 물류, 제품 사용 · 폐기 등 가치사슬 전체에서 발생하는 기타 간접배출을 말한다.

(9) 동적 리스크 공시(Dynamic Risk Disclosure)

동적 리스크 공시는 한 번 정해 놓은 위험요인을 형식적으로 나열하는 방식이 아니라, 시간이 흐르며 변화하는 위험을 지속적으로 관찰하고 그 변화를 반영해 공시하는 접근이다. 기후변화, 사이버 공격, 공급망 차질과 같이 빠르게 변동하는 리스크에 대해 기업이 최신 정보를 제공함으로써 이해관계자의 판단을 돕는 것을 목표로 한다.

(10) 전과정평가(LCA, Life Cycle Assessment)

전과정평가는 제품이나 서비스가 탄생해 폐기될 때까지, 즉 원료 채굴 · 생산 · 유통 · 사용 · 폐기 전(全) 단계에서 환경에 미치는 영향을 종합적으로 분석하는 기법이다. 이를 통해 기업은 특정 제품이나 공정에서 어떤 부분이 환경부담을 가장 많이 발생시키는지 파악하고, 설계나 공정을 개선하는 근거로 활용할 수 있다.

(11) 디지털 자산 회계(Digital Asset Accounting)

디지털 자산 회계는 비트코인과 같은 가상자산이나 각종 토큰을 재무제표상에서 어떻게 분류하고 측정할지에 관한 회계처리를 뜻한다. 일반적으로 자체 보유한 코인이나 토큰은 무형자산으로 보되, 거래소가 고객 매매를 위해 보유하는 경우에는 재고자산으로 보는 등 보유 목적에 따라 분류가 달라질 수 있다.

⑿ 토큰증권(STO, Security Token Offering)

토큰증권은 주식, 채권, 펀드 지분 등 기존의 증권을 블록체인 기반 토큰 형태로 발행한 것으로, 법적 성격은 전통적인 증권과 유사하다. 회계상으로는 금융상품에 해당하므로 금융자산, 금융부채, 지분상품 중 어디에 속하는지 판단해야 하며, 전환권이나 옵션이 내재된 경우 복합금융상품으로서 보다 복잡한 회계처리가 필요하다.

⒀ NFT 회계(NFT Accounting)

NFT 회계는 대체불가능토큰(NFT)을 보유·발행·거래할 때 발생하는 경제적 실체를 재무제표에 어떻게 반영할지에 관한 것이다. 창작자가 장기간 보유하는 NFT는 무형자산으로 처리될 수 있고, 단기 판매를 목적으로 보유하는 경우 재고자산으로 분류될 수 있으며, 2차 거래 때 받는 로열티는 수익인식 기준에 따라 라이선스 수익으로 인식된다.

⒁ AI 기반 내부회계관리(AI-ICFR)

AI 기반 내부회계관리는 내부회계관리제도의 설계와 운영 과정에 인공지능 기술을 도입해 전표 오류, 이상거래, 패턴 변화를 자동으로 탐지하는 시스템을 의미한다. 이러한 시스템을 통해 기업은 사람의 표본 점검에 의존하던 영역을 자동화하고, 부정이나 오류를 조기에 발견할 수 있는 반면, AI 모델 자체의 신뢰성과 통제에 대한 새로운 관리 과제가 생긴다.

⒂ 실시간 결산(Continuous Closing)

실시간 결산은 회계 기간이 끝날 때마다 한 번에 결산하는 방식에서 벗어나, ERP와 자동화도구를 통해 일상적인 거래가 발생하는 즉시 회계정보를 갱신해 항상 결산 가능한 상태를 유지하는 개념이다. 이를 통해 경영진은 시차 없는 재무정보를 바탕으로 의사결정을 할 수 있지만, 그만큼 상시적인 데이터 품질 관리와 내부통제가 안정적으로 작동해야 한다는 조건이 따른다.

⒃ XBRL 태깅(XBRL Tagging)

XBRL 태깅은 재무제표나 공시자료의 각 항목에 표준화된 전자 태그를 부여해 컴퓨터가 자동으로 읽고 비교·분석할 수 있도록 만드는 작업이다. 이 방식은 여러 기업과 기간에 걸친 재무·비재무 정보를 구조화된 데이터 형태로 제공하여, 투자자와 규제기관이 보다 효율적으로 정보를 활용하게 해준다.

⒄ **클라우드 ERP 회계(Cloud ERP Accounting)**

클라우드 ERP 회계는 회계시스템을 기업 자체 서버에 설치하는 대신, 인터넷을 통해 제공되는 클라우드 기반 ERP 서비스를 이용해 회계처리를 수행하는 방식이다. 이 방식은 초기 투자비용을 줄이고 어디서든 접속할 수 있는 장점이 있지만, 데이터 보안, 접근 권한 관리, 서비스 장애 시 대응 등 새로운 형태의 리스크 관리가 중요해진다.

⒅ **사이버 리스크 공시(Cybersecurity Disclosure)**

사이버 리스크 공시는 해킹, 랜섬웨어, 내부 정보유출 등 정보시스템 관련 위험과 그 영향에 대해 이해관계자에게 설명하는 공시를 말한다. 중대한 사고가 발생하면 매출 손실, 평판 훼손, 법적 책임 등 재무적 영향이 생길 수 있으며, 경우에 따라 복구 비용이나 손해배상 가능성을 충당부채나 우발부채로 인식하고 공시하게 된다.

⒆ **데이터 기반 감사(Data-driven Audit)**

데이터 기반 감사는 전통적인 표본 위주의 감사에서 한 걸음 나아가, 기업의 전체 거래 데이터를 분석 도구로 처리해 이상 패턴을 찾아내는 감사 접근법이다. 이를 통해 감사인은 특정 계정이나 거래 집단을 선택적으로 살피기보다, 더 넓은 범위를 효율적으로 점검할 수 있지만, 데이터 품질과 IT 인프라에 대한 이해가 필수적으로 요구된다.

⒇ **ESG 보증(Assurance of ESG Report)**

ESG 보증은 기업이 발표한 ESG 보고서의 내용이 신뢰할 만한지에 대해 외부의 감사인이나 전문기관이 검토하고, 그 결과를 공식적으로 확인해 주는 절차를 의미한다. 이는 재무제표 감사와 유사하게 독립된 제3자가 정보의 적정성을 판단하는 역할을 하며, 투자자와 이해관계자가 ESG 정보를 신뢰하고 활용할 수 있는 기반을 마련해 준다.